KB239422

교육과정-수업-평가-기록

일체화

·실천편·

교육과정-수업-평가-기록 일체화
실천편

초판 1쇄 발행 2017년 11월 30일
초판 7쇄 발행 2022년 1월 3일

지은이 이명섭, 김학미, 이윤진, 정윤리, 최미현, 고은정, 고민성

발행인 김병주
COO 이기택 **CMO** 임종훈 **뉴비즈팀** 백헌탁, 이문주, 김태선, 백설
행복한연수원 배희은, 박세원, 이보름, 반성현 **에듀니티교육연구소** 조지연
경영지원 박란희 **편집부** 이하영, 최진영

펴낸 곳 (주)에듀니티
도서문의 070-4342-6110
일원화 구입처 031-407-6368 (주)태양서적
등록 2009년 1월 6일 제300-2011-51호
주소 서울특별시 종로구 인사동5길 29 태화빌딩 9층
편집부 이메일 book@eduniety.net
홈페이지 www.eduniety.net
페이스북 www.facebook.com/eduniety
포스트 post.naver.com/eduniety

ISBN 979-11-85992-70-9 (13370)
값은 표지에 있습니다.

• 이 책은 저작권법에 따라 한국 내에서 보호를 받는 저작물이므로 무단 전재 및 복제를 금합니다.
• 잘못된 책은 구입한 곳에서 바꿔드립니다.

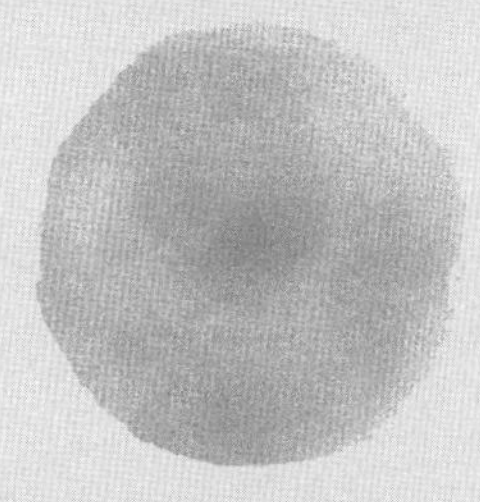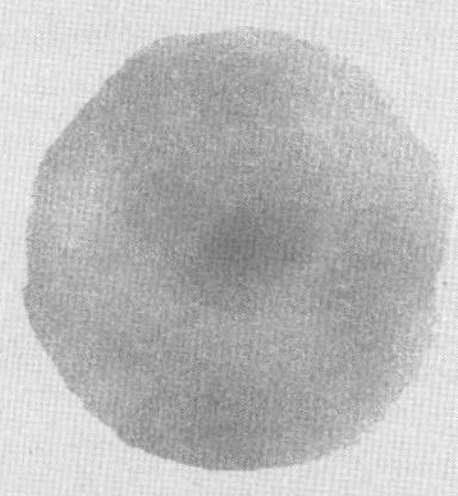

교육과정-수업-평가-기록

일체화

·실천편·

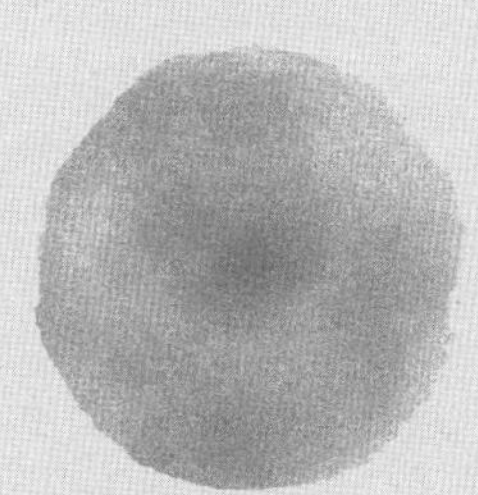

이명섭, 김학미, 이윤진, 정윤리
최미현, 고은정, 고민성 지음

실천으로 새로운 도약을 꿈꾸는 이들

간절했다.

2017년 2월에 『교육과정-수업-평가-기록 일체화』(이하 '일체화')라는 다소 생경하면서도 긴 이름의 책이 세상에 나왔다. 그리고 전국에서 많은 교사가 읽었다. 교실에서는 수업과 평가가 함께 이루어지고, 이를 기록으로 담아내는 일이 자연스럽게 일어났고, 초·중등교육과 대학이 연결고리를 찾았다.

일체화는 새로운 교육정책이 아니다. 우리 교사들이 낱낱이 하던 교육 활동을 하나로 꿰어 내는 일이었다. 그래서 호응은 더 컸고, 전국으로 퍼지는 속도도 빨랐다.

일체화는 교사와 학생들이 관계 맺는 가장 기본적인 모습에서 일어나는 교육 활동이다. 교사는 내 앞에 있는 학생들을 고려하여 교육과정을 재구성하고 배움중심수업으로 수업을 디자인하며 과정중심평가를 통해 학생의 학업역량을 확인한다. 이 과정에서 피드백이 일어난다. 그리고 이러한 일련의 과정을 정성적으로 기록한다. 수업 방법이나 평가 방법에 대한 접근이 아니다. 물론 학생부종합전형을 대비하기 위한 비책도 아니다. 그럼에도 불구하고 전국으로 확산된 것은 그동안 분절적으로 일어났던 교육 활동이 어떤 의미가 있는지, 서로 어떻게 연계되어 학생이 성장하는 데 밑거름이 되는지를 말하고 있기 때문이다.

그런데도 아쉬움은 있었다.
사례를 많이 담기는 했지만, 그래도 학교 현장을 떠나 있었기에 현장의 생생한 목소리가 필요했다.

그랬기에 '교수평기 일체화' 동아리 선생님들과의 만남은 나에게는 샘물과도 같았다. 매달 한 번 있는 정기모임은 선생님들의 수업 나눔을 보고 서로 이야기를 나누는 것으로도 맑아졌다. 워크숍이나 세미나 등은 지적 갈증을 충분히 풀어주었고, 에너지를 채우는 기회였다.
'일체화를 어떻게 할 것인가?'
'수업을 어떻게 풀어갈 것인가?'
'평가는 왜 하는가?'
'기록의 의미는 무엇인가?'
매번 던지는 고민은 끊임없이 우리를 성장하게 하였다.

요즘 동아리 선생님들은 새로운 도약을 준비하고 있다.
일체화는 새로운 개념이 아니다. 그동안 왜곡되고 파행적으로 이루어진 교육행태를 바로잡기 위한 '기본적이고 원칙적인 교육시스템으로의 회귀'다. 이러한 패러다임으로 바라보면 일체화가 중등교육 중심으로 학교 문화를 개선하고자 하는 실천적인 개념임을 알 수 있다.

이제 동아리 선생님들은 바로 '실천'에 더욱 충실할 방안을 찾기 위해서 고민하고 있다. 이 책『교육과정-수업-평가-기록 일체화 실천편』은 어떻게 일체화를 실천할 것인지 하는 고민의 맛보기이다. 일체화 과정에서 고민하고 답을 찾아가는 과정을 처절하게 그려내고 있다. 누구에게 설명하는 글도 아니고, 어디에 하소연하는 내용도 없다. 그저 자신들의 삶이 오롯이 녹아 있는 한 시간, 한 시간을 고스란히 드러낼 뿐이다.

아무리 훌륭한 생각을 지닌 성인(聖人)일지라도 실천하지 않으면 세상을 변화시킬 수 없다. 일체화는 이렇게 행동으로 옮기는 선생님들 속에서 더 자라고 단단하게 될 것이다.

감히 실천하시는 선생님들께 무어라 드릴 말씀은 없다. 그저 감동으로 글을 읽을 뿐이다.

– 김덕년(경기도교육청 장학사, 『교육과정-수업-평가-기록 일체화』 저자)

1부

일체화 알아보기

교육과정-수업-평가-기록 일체화란 무엇인가?

1장

왜 일체화를 하고자 했을까?

이명섭, 나루고등학교 수석교사

왜곡된 교육활동에 대한 변명과 반성

긴 시간을 수업으로 흔들리다

누구에게나 초심은 있다. 교사에게도 마찬가지이다. 교직에 들어서고 1~2년 정도는 마냥 교육적 이상이라는 기분 자체에 취해 있었다. 감성적인 시를 한판 칠판에 가득 쓰고 읽어 주기도 하고, 사회적 불의에 맞서는 작품 속 인물들에 대해 힘주어 말하기도 하고, '내 짝 죽이기'라는 소설 쓰기, 책 읽고 토론하기, 노래와 영화 속 세상 읽기 등의 수업을 하기도 했다. 그때, 수업시간은 그야말로 내가 꿈꾸던 문학과 삶이 만나는 이상적 공간 그 자체라고 생각했던 것 같다.

그러나 그런 수업은 오래가지 못했다. '난장이가 쏘아올린 작은 공'에 나타난 우리 사회의 부조리에 대하여 목소리를 높이고 있을 때, 교실 뒤편의 한 학생이 손을 들었다.

"선생님, 이제 그만 진도나 나가시죠!"

머릿속이 새하얗게 지워졌다. 그리고 "선생님 때문에 시험 망쳤어요." "그런 거 대학 가는 데 도움이 되요?" 등등의 마음 쓰라린 말들이 아이들의 입에서 쏟아져 나왔다.

그 일이 있고 난 다음 어느 날, 내 책상 위에 쌓여있는 책들을 보고 당황했다. 학생들에게 읽기를 권했던 인문학과 관련된 책들이었다. 전날 야간학습 때 학년부장 선생님이 학생들이 읽고 있는 것을 빼앗아서 내 책상 위에 올려놓은 것이었다. 쓸데없는 책 읽힌다고 꾸중을 들었다.

"나도 젊어서는 자네처럼 그랬었네. 그런데 말이야……."

그 후, 20여 년을 나 역시 그 선배의 말처럼 가장 평범하고도 현실적인 교사로 살았다. 내가 가르치는 아이 중 한 명이라도 좋은 대학에 밀어 올리는 것이 가장 중요한 사명이 되었다. 그러기 위해서 시험 성적을 올리는 일에 집중했다. 시험에 잘 출제되는 참고서 몇 권 짜깁기하여 진도 위주의 일제식 수업, 시험 유형 풀이식 수업을 20여 년 넘게 진행했다. 그러면 공부를 잘하는 아이들은 곧잘 따라와 주었다. 게다가, 그런 노력이 헛되지 않았음을 그 아이들은 좋은 대학에 입학함으로써 증명해 보여 주었다. 그 아이들의 초롱초롱한 눈망울을 보면서, 그것이 내 교직의 최선이라고 알고 살아왔다.

입시를 위한 성적을 잘 내기 위해서는 숫자로 된 성적들의 통계를 내는 것도 중요했다. 내신 성적과 모의고사 성적 그리고 그 숫자들을 매우 효과적으로 결합하여 다양한 통계를 내고, 거기에다가 보기 좋게 그 학생의 순위를 그래프로 그려 내는 작업을 게을리하지 않았다. 이

성적표 한 장이면 상담도 어렵지 않았다. 그 통계를 바탕으로 이렇게 말한다. "야, 인마. 너 그렇게 공부해 가지고, 네가 원하는 대학 가겠어, 응?!" 그러면, 대부분의 학생은 내 앞에서 눈물을 쏟아냈다. 나가면서는 90도 인사도 잊지 않았다. 내가 자신들의 희망이 될 거라고 믿었나 보다. 내가 자신들의 성적을 올려 주고, 좋은 대학을 보내줄 거라고 믿었던 것 같다.

고3 담임을 하면서는 성적 통계는 극에 달했다. 아이들의 모의고사 성적을 영역별로 10만 등까지 나누어 통계를 제시하고, 합격과 불합격을 예측해 주는 배치표를 만들었다. 이 배치표는 모 사교육업체가 만든 것을 참고한 것이다. 사교육업체의 배치표가 공개되는 순간, 대한민국은 들썩거린다. 고3 교사들, 학부모들, 학생들이 이 한 장으로 운명이 결정된다. 그동안 학생이 꿈꾸어온 특기와 흥미 등을 고려한 진로는 여기서는 전혀 의미가 없다. 오직 이 점수로 어느 대학 무슨 과를 갈 수 있느냐가 정해질 뿐이다. 가장 훌륭한 교사는 이 숫자에 강해야 했다. 그리고 그 숫자를 가지고 가급적 최상의 대학에 들어가게 해주어야 최고의 실력 있는 교사가 되는 것이었다. 나 역시 그런 숫자에 강한 진학 전문가가 되고자 노력했다.

그렇게 내가 한 일은

내가 그렇게 한 일은 학생들에게 그냥 '잘하라' 한 것이 아니었다. '남보다 잘하라' 한 것이었다. "무한 경쟁에서 살아남아라. 그래야 성공하고 출세한다. 그것이 가치이다"라고 외쳤던 것이다. 나름대로 소신도 있었고, 열심히도 했고, 일관성도 있어 보였다.

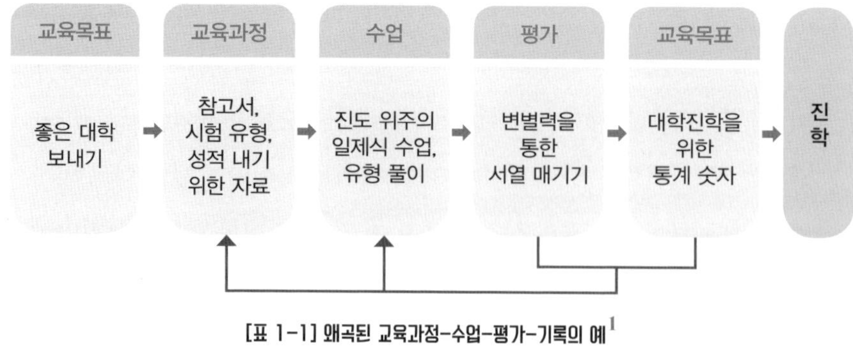

[표 1-1] 왜곡된 교육과정-수업-평가-기록의 예[1]

그런데 그렇게 내 앞에서 눈물을 쏟고 나간 학생 중에서 얼마나 많은 학생이 정말로 성공했을까? 뒤늦게 따져보니, 그런 학생은 소수에 불과했다. 공부 잘하는 몇몇, 그리고 그 몇몇에 들고 싶어 밤잠을 설치고 공부하는 또 다른 몇몇뿐이었다. 대다수 학생은 자신들이 원하는 성적을 올릴 수 없었다. 결국, 그들은 내가 제시하고 자신이 원한 대학이나 직업에 도달하지 못했다. 그들에게 남겨진 것은 절망감과 열등감과 패배감뿐이었다.

그 긴 세월 내가 학생들에게 한 일은 무엇이었을까? 먼 훗날 내게서 배운 이 아이들이 어쩌면 이렇게 이야기했을지도 모른다.

인생의 일 할을 나는 학교에서 배웠지.

아마 그랬을 거야.

매맞고 침묵하는 법과 시기와 질투를 키우는 법

---

1 뒤에 나오는 교육과정-수업-평가-기록 일체화의 바람직한 흐름과 비교했다.

그리고 타인과 나를 끊임없이 비교하는 법과

경멸하는 자를 짐짓 존경하는 법.

그 중에서도 내가 살아가는 데 가장 도움을 준 것은

이 많은 법들 앞에 내 상상력을 최대한 굴복시키는 법.

- 유하, 〈학교에서 배운 것들〉[2]

40대 중반이 넘어서야 고민하고 인식하다

아들 둘을 키웠다. 두 놈 다 자유로움이 몸에 밴 아이들이었다. 통제된 수업과 무한한 경쟁을 원하지 않았다. 갈등을 겪었다. 끝내 두 아들은 내 바람과 다른 방식을 선택했다. 그제야 내가 가르치는 또 다른 아이들의 모습이 보이기 시작했다. 교실에서 왜 딴짓을 하는지, 왜 잠을 자는지, 왜 공부를 열심히 하지 않는지, 왜 반항을 하는지……. 그 아이들에게 관심을 주고 싶었다. 그런데 그것이 너무도 힘이 들었다. 아무리 애써도 그들은 내 관심을 받고 싶어 하지 않았다. 그러면서 수업시간이 고통스러워졌다. 나는 내 수업의 어두운 바닥의 실체를 보았다.

그동안 나는 내가 썩~ 잘 가르치는 교사라 생각했다.

아니, 적어도 아이들에게 보탬이 되는 스승이라고 생각했다. 그런데 아이들이 보이고, 그들이 수업시간에 무엇을 하는지가 보이고, 그들이 해야 할 그 무엇인가를 잘 하지 않을 때가 보이기 시작한다.

나는 이 세상에서 가장 수업을 못 하는 교사라는 생각이 든다. 수업이

---

2 유하(1999), 나의 사랑은 나비처럼 가벼웠다, 열림원

고통스럽다. 어둡고 무거운 바닥에 떨어진 느낌이다.

2004년 5월, 교무수첩에서

내 수업 고민은 그 바닥에서 비로소 시작되었다. 첫 화두는 '가르친다는 것이 무엇일까? 과연 가르쳐야 할까?' 하는 것이었다.

내가 고민한 것들

고민 1. 가르치고 또 가르쳐야 할까?

내 수업시간에 집중하지 않는 아이들이 많다는 것을 알게 되면서, 가르치는 내용의 수준을 낮추고 양도 줄였다. 그리고 반복하여 가르치는 방식을 선택하였다. 그래도 알아듣지 못하고 집중하지 못하는 아이들은 줄지 않았다. 이유가 무엇일까? 일단 수업시간이 참 많다. 하루에 7시간씩, 적어도 4과목 이상 수업을 듣는다. 게다가 보충수업 1~2시간, 야간 심화학습 1~2시간, 이것도 부족하여 인터넷 강의에다가 학원에다가 과외까지……. 그런데 이 시간의 대부분은 그냥 앉아서 듣고 또 듣는 것이 반복될 뿐이다.

2006년 5월, 교무수첩에서

국어교사로서 교지편집을 맡았을 때, 많은 부분을 간섭하였다. 교지편집반 아이들은 "그다음은 어떻게 해야 할까요?"라고 묻는 것이 일상화

되었다. 그들이 해 가지고 온 것조차 많은 부분을 냉정하게 수정하였다. 그렇게 나온 교지는 아이들이 신기해할 정도로 그럴 듯하였고, 덕분에 아이들은 교육부장관 상도 받았다. 그러다가 내가 교지에서 손을 떼게 되고, 초보 선생님이 맡게 되자, 아이들이 할 수 있는 것은 아무것도 없었다. 힘들어했다. 그리고 수준도 뚝 떨어져 버렸다. 그러나 아이들은 조금씩 자신들의 힘으로 교지를 복구해 나갔다. 비록 세련되지는 못했지만, 아이들은 자신들이 만든 교지를 보고 많이들 뿌듯해했다. 어떤 것이 아이들을 더 배우게 하는 것일까?

2008년 12월, 수업일지에서

많이 가르친다고 학생들이 많이 배우는 것이 아니다. 어쩌면, 교사가 힘들게 가르치면 가르칠수록 학생들은 오히려 배움에서 점점 더 멀어지지 않을까 한다. 경험해야 하고, 생각해야 하고, 실패해 보아야 참 배움이 일어난다. 가르치고자 하는 의욕이 크면 클수록, 교사 중심이 되고, 학생들은 수동적이고 피상적으로 받아들이기만 한다. 그리고 여기에서는 진정한 이해와 이해를 넘어선 자기화가 일어날 수 없다.

이제 한발 물러서야 한다. '가르치는 것'에 집중하지 말고, 아이들이 '배운다는 것'에 집중해야 한다. 내가 아무리 열심히 많이 가르친다고 해도, 다수의 아이가 받아들이지 못한다면 그것은 더 이상 가르치는 것이 아니다. '가르침'이 아닌, '배움'이라는 화두가 수업 고민의 출발점이 되어야 한다.

고민 2. 학생이 배운다는 것은?

고등학교 1학년 국어 수업에 황순원의 소설인 '나무들 비탈에 서다'를 가르친 적이 있다. 아이들에게 제목이 가지는 비유의 의미를 물었다. 나름 아이들이 글을 읽기 전 예측해 보기를 기대했던 것이다. 그런데 한 아이가 무척 당당한 표정으로 손을 번쩍 든다. 그리고 자신감 넘치는 목소리로 대답한다.

"선생님, 그것은요. 6 · 25전쟁 때 전쟁터에 끌려간 젊은이들의 인간성이 파괴되고 상실된 것을 의미합니다."

수업은 여지없이 무너졌다. 이미 정답이 나왔기 때문이다. 이 아이는 어디서 배웠을까? 사교육, 선행학습의 힘이다. 물론 이 아이는 글 전체를 읽어 본 적은 없다. 그런데, 이 학생은 학교 내신 시험을 보면 1등급이다. 주제를 묻는 이런 문제는 시험에 반드시 나오기 때문이다.

또 다른 학생이 말을 한다.

"선생님, 저의 아버지가요. 술만 드시면 아버지의 할아버지 이야기를 하시는데요. 6 · 25전쟁 때 폭격으로 돌아가셨데요. 그런데요, 지금 이 소설을 읽어 보니까, 그 이야기가 생각이 나서, 너무 슬퍼요."

문학을 감상하고 공감하고 자기화하는 과정을 잘 설명하고 있다. 그런데 이 학생은 학교 내신 시험을 보면 5등급이다. 이처럼 공감성을 묻는 문제는 시험에 잘 내지 않기 때문이다.

과연 두 학생 중 누가 더 똑똑한 것일까? 누가 더 잘 배운 것일까? 지금도 이 부분이 매우 고민스럽다.

2015년 4월, 수업일지에서

우리는 흔히 잘 배운 학생이 성적도 좋다고 판단한다. 그런데 과연 위의 예처럼 1등급을 받은 학생이 5등급을 받은 학생보다 잘 배웠다고고 말할 수 있을까? 정답률이 60%가 넘는 2015학년도 수능 영어문제를 영어 원주민들에게 풀게 했더니, 다 틀린 외국인이 거의 절반에 가까웠다. 최승호 시인의 '수족관'에 관한 문제를 원작자에게 제시했는데, 모든 문제를 틀렸다. 세계에서 수학을 가장 잘하는 나라로 소문난 프랑스 명문 고등학교 3학년 학생들에게 우리나라 고1 수학 문제를 제시했더니, 점수가 매우 좋지 못했다.[3]

그렇다면 우리가 학생들에게 가르친 국어, 영어, 수학은 과연 무엇이었을까? 외국인도 풀지 못하는 영어와 수학 문제, 원작자도 모르는 국어 문제를 잘 푸는 학생들이 과연 똑똑한 것일까? 그렇지 않다는 의구심이 많이 든다.

우리 교육현장은 선발을 위한 변별 자체에 매우 민감하다. 그런데 그 변별의 기준은 객관성과 공정성과 신뢰성이다. 객관성과 공정성과 신뢰성을 가장 잘 갖춘 시험의 형태는 표준화 시험, 즉 지식과 퀴즈 위주의 선택형 문항일 수밖에 없다. 그리고 그 해법은 문제 유형 풀이에 있다. 이에 집착하다 보니, 정작 우리는 아이들이 배워야 할 역량, 즉 성장이라는 교육적 목적을 잃어버렸다. 과연 변별을 위한 객관적이고 공정한 성적을 위하여 성장을 버리는 것이 타당한 일일까?

한 TV 오디션 프로그램에서 심사위원을 맡은 가수 박진영은 '소리 반, 공기 반'이라는 심사 기준을 말했다. 이 기준은 우리가 보기에는 객

---

3 KBS, 〈명견만리〉(2015년 11월 27일), '어떻게 생각의 힘을 키울 것인가?'

관성이 결여되어 있다. 그런데 만약 그가 객관성과 신뢰성 때문에 '음정 1개 틀릴 때마다 -1점, 박자 1개 틀릴 때마다 -2점' 하는 식으로 채점을 해서 가수를 뽑는다면, 어떤 결과가 나올까? 과연 그렇게 뽑힌 가수가 노래를 잘할 수 있을지 의심스럽다. 박진영은 성적보다는 실질적인 역량으로 가수를 뽑고 싶었던 것은 아닐까?

성장은 지식에 국한된 것이 아니다. 지식을 넘어 이해하고, 실생활에 적용하고, 자기 내면화하여 공감하고 표현하는 역량까지 도달해야 하는 것이다. 듀이는 이미 100여 년 전에 이것이 학교 교육의 가치를 판단하는 기준이어야 한다고 말했다.

교육은 그 자체 이외의 다른 목적을 가지지 않는다. 학교 교육의 가치를 판단하는 기준은 그것이 계속적인 성장에의 열의를 얼마나 일으키는가, 그리고 그 열의를 실천에 옮기는 수단을 얼마나 제공하는가에 있다.[4]

고민 3. 성장을 위한 수업이란?

아이들은 수업시간에 흔히 머뭇거리거나 주춤거리기도 하고, 서성이기도 한다. 흥미 있는 이야기나 영상 등을 보여주면 반짝하고 집중력이 생긴다. 그러나 그것도 잠시일 뿐이다. 특히 내가 주도하는 수업일수록 아이들의 집중력은 떨어지고, 나의 수업 기대치도 여지없이 무너지곤

---

4 듀이, 『민주주의와 교육』, 1916

한다. 많은 시간을 공부에 매달려도 학생들이 잘 배웠다고 판단하기가 어렵다. 왜 아이들은 수업시간에 도약하지 못하고, 머뭇거리고 주춤거리고 서성일까?

2010년 6월, 수업일지에서

배움이 잘 일어나는 학생들은 메타인지를 잘한다는 특징이 있다고 한다. 메타인지란 자기가 무엇을 아는지, 무엇을 모르는지, 무엇을 할 수 있는지, 무엇을 할 수 없는지를 아는 것이다. 이 학생들은 끝없이 자기 자신을 스스로 테스트한다. 따라서 교사는 수업시간에 학생들이 스스로 계획하고-탐구하고-표현하게 해주어야 한다. 특히 학생들이 지적 호기심을 잃지 않고 지속적으로 탐구하는 시간이 많아야 한다. 그것은 상당 부분 시간이 소모되기도 하고, 때로는 산만하기도 하고, 오류투성이가 되기도 하지만, 그런 시간이 많이 보장될수록 아이들의 배움은 더 확실해질 수 있다.

또한 혼자 탐구하는 것보다 더 좋은 학습법은 학생끼리 질문하고 토의하는 학습법이다. 이 학습법을 수업에 적용하면 무척 소란스러워 보인다. 그러나 학생들은 서로 소통을 통해 공감하거나 비판하고, 자기 생각을 끝없이 수정해가면서 성장한다.

고민 4. 수업 방법을 바꾸어야 할까?

수업 고민을 하면서, 수업 방법과 관련된 많은 연수를 받았다. 협동학습, 놀이수업, TBL과 PBL, 스마트 수업 등등. 그리고 거기서 배운 다양한 수업 스킬을 수업에 적용했다. 확실히 학생들이 흥미를 가지고 따라와 주었다. 많은 사람이 나보고 수업을 잘한다고 칭찬도 해주었다. 수업에 대한 기대치와 만족도가 높아졌다. 그러면서 자연스럽게 학생들의 사고력을 측정하는 수행평가와 서술 논술형에서 좋은 결과가 나올 것이라고 믿었다. 그러나 그렇지 않았다. 지식 위주의 전달식 수업만 하던 때와 크게 다르지 않은 결과가 나왔다. 방법을 이리저리 바꾸어 보았다. 하브루타도 해보고, 비주얼씽킹도 적용해 보았다. 그러나 크게 달라진 것은 없었다. 무엇이 문제였을까?

2012년 7월, 수업일지에서

요즘 너무 많은 수업 스킬이 넘쳐나고 있다. 물론 좋은 현상이다. 교사는 수업의 전문성을 갖추기 위해서 보다 효과적인 수업 스킬을 익히고 활용하는 능력을 갖추어야 한다. 그런데 문제는 오직 수업을 스킬로만 접근하려고 한다는 것에 있다. 수업 방법만 바꾸면, 좋은 수업이 될 것이라는 믿음은 잘못된 것이다.

먼저 학생들에게 무엇을 배우게 할 것인지를 고민해야 한다. 수업 스킬은 배우고자 하는 내용에 가장 적합한 것을 선택하는 이차적인 것이다. 먼저 수업의 내용을 고민하고, 그것에 따라 수업 방법을 선택하거나 융합하여 자신만의 수업 방법을 만드는 것이 중요하다. 한 가지 방법만을 고집한다거나, 유행에 흘러가는 수업 스킬들을 마구 적용해서도 안 된다. 수업의 스킬은 요리의 레시피와 같은 것이어야 한다. 밥을 할 때와 국을 끓일 때, 그리고 빵을 구울 때의 레시피가 각각 다른 것과 같은 이치이다. '좋은 수업＝좋은 스킬'이라는 등식은 결코 성립하지 않는다.

교사의 전문성은 수업에서 나와야 한다. 그러나 수업에는 정답이 없다. 그래서 수업에 대한 고민은 늘 혼란스럽고 때로는 고통스럽다. 그래도 교사는 숙명처럼 그 고민을 멈추지 말아야 한다.

그러기 위해서는 가장 먼저 학생들로부터 수업에 대한 피드백을 받아야 한다. 단순히 "내 수업이 어떠니?"라고 묻는 것은 의미가 없다. 이럴 경우 학생들의 대답은 상당히 교사를 배려하기 마련이다. 교사 중심의 피드백이 아닌 학생 중심의 피드백을 받아야 한다. 그것을 정리하면 다음과 같다.

- 오늘 수업에서 무엇을 배웠니?
- 오늘 수업에서 무엇을 탐구했니?
- 오늘 수업에서 무엇을 표현했니?
- 오늘 수업에서 이해하기 어려웠던 점은 무엇이니?

그다음으로 해야 할 일은 자기 수업을 성찰(고민)하는 것이다. 누구에게나 자기 수업의 약점이 있다. 학생들의 피드백을 통해 그 약점을 파악하고, 스스로 고민해 보자는 것이다. 그 절차는 대체로 다음과 같다.

- 나는 왜 수업을 하는가? (수업의 정체성)
- 나는 어떤 수업이 좋은 수업이라고 생각하는가? (좋은 수업의 의미)

· 나는 지금 어떤 수업을 하고 있는가?(자기 수업 성찰)

내 수업의 성찰은 필연적으로 동료 교사와의 수업 나눔을 필요로 한다. 혼자 상처받고, 혼자 고민하면 결코 답은 없기 때문이다. 동료 교사와 수업 담론을 나누다 보면, 공감대가 형성된다. 서로 위로가 되고, 서로 배우는 경험을 하게 된다.

그런데 이때 좀 더 수업을 잘하는 사람이 있다고 생각해서는 안 된다. 수업을 고민하는 사람이 있을 뿐이고, 그 고민을 동료 교사와 함께 나눔으로써 교사가 성장하고, 성장한 교사를 통해서 아이들이 성장한다고 믿어야 한다. 그러기 위해서는 다음과 같은 참 수업을 서로 보여주고, 수업 고민을 나누어야 한다.

· 평상시 수업을 보여주고 말하자.
· 스킬보다는 내용이 충실한 수업을 보여주고 말하자.
· 발표보다는 탐구하는 수업을 보여주고 말하자.
· 아이들의 자람이 보이는 수업을 보여주고 말하자.
· 교사가 무엇을 하는지가 아니라 아이들이 무엇을 하는지를 보여주고 말하자.

고민 6. 평가는 무엇을, 어떻게 해야 하는가?

일반적으로 학교에서는 한 학기에 두 번의 지필평가 보고, 한 번 볼 때마다 3~4일 정도가 소요된다. 그런데 시험 보기 일주일 전부터 교사들은 학생들에게 시험공부 할 시간을 준다. 거기에 모의고사에다가, 영어듣기평가, 수행평가 등 우리 학생들이 치러야 할 시험은 한 학기에 거의 두 달 가까이 된다. 이는 한 학기의 1/3이 넘는 시간이다.

그 많은 시간을 평가에 투자하는 이유가 무엇일까? 이는 평가를 변별의 도구로 쓰고 있기 때문이다. 변별의 도구가 되려면, 적어도 여러 번 기회를 주어야 하고, 시험의 객관성과 공정성과 신뢰성을 유지하기 위해 빈틈없는 준비와 시행과 관리가 필요하다. 그러다 보니 학교의 평가는 수업뿐만 아니라 다른 교육활동을 지배하는 무시무시한 존재가 되어 버렸다. 오직 평가를 준비하기 위해 수업을 하기도 하고, 평가의 엄중함을 지키기 위해 엄청난 규정과 과중된 업무를 견디어야 한다. 교사의 입장에서 보면, 가르치다 말고 시험 보고, 가르치다 말고 시험 보는, 마치 학교 전체가 시험을 위해 존재하는 것처럼 느껴진다. 그러면서도 아직도 '어떻게 하면 평가를 잘할 것인가?'에 대한 적용 부분을 끝없이 연구하고 발표한다. 이것이 정상일까?

이제 우리가 해야 할 것은 '평가를 어떻게 해야 잘할 것인가?'를 고민하는 것이 결코 아니다. 우리가 시급히 해야 할 일은, 그동안 잘못되었던 평가에 대한 통념을 버려야 한다. 즉, 평가를 변별의 도구가 아니라 성장의 도구로 써야 한다. 성적을 매겨서 등수를 나누는 것이 아니라, 성장하는 데 필요한 '고쳐 하기'를 반복할 수 있는 환류의 도구로 사용해야 한다. 그래야만 우리 아이들이 실패를 두려워하지 않고, 그 실패를 발판삼아 성장할 수 있다.

물론 현실적인 어려움은 있다. 이미 이러한 평가를 통해 굳어진 사회적 관계와 통념이 쉽게 깨지기는 어려울 것이다. 두려움도 있다. 그러나 이제 작은 용기를 내야 할 때라고 본다. 그 작은 용기가 다름이 아닌 교실에서 아이들의 숨소리를 듣고 있는 교단 교사의 몫이었으면 하는 바람이 있다. 분명 세상은 변하고 있고, 우리 교사들이 떠밀려 변화하는 것이 아니라, 더디더라도 함께 나아가는, 교육 변화의 주역이기를 바란다. 나 역시 그중의 하나이기를 간절히 소망해본다.

2장

일체화란 무엇인가?

이명섭, 나루고등학교 수석교사

일체화의 필요성을 느끼다

수업은 늘 실패한다. 그래서 늘 고민한다

수업은 학생의 성장을 목표로 해야 하며, 스스로 계획하고 탐구하며 표현하도록 해야 한다는 인식은 내 수업을 변화시켰다. 우선 내 수업에서 '가르침'이라는 요소를 배제하려고 애를 썼다. 그것의 가장 큰 기본은 '교과서나 지도서 또는 참고서를 해설하는 해설자'의 역할에서 벗어나는 것이었다. 교사 중심이 아닌 학생 중심의 수업을 하는 것이었다. 그러기 위해서 다양한 학생활동 중심의 수업 방법을 익혀서 수업을 전개했다. 학생들은 흥미로워했고, 자는 학생도 거의 없었다.

그런데 이런 수업에 대한 회의가 오기 시작했다. 재미있게 참여는 하는데, 과연 학생들이 스스로 생각하고, 배웠는지가 의심스러웠다. 말만 잘하고, 잘 그려내기만 하고, 잘 만들어내기만 했다. 수업은 보이기에는 그럴듯했지만, 그것을 성장이라고 말할 수는 없었다. 수업시간에 투입된 도구의 양만큼 아이들이 생각할 여유가 없어진 것이다. 생각의 여유 없이 인지적 배움은 없다. 그리고 인지적 배움이 없는 성장은 있을 수 없다. 결국 내가 했던 수업은 학생활동 중심 수업이 아니라, 학생의 활동만 넘치는 수업이 아닌가 하는 의구심을 가지게 되었다.

그래서 그 도구들을 걷어 내기로 결심했는데, 그것은 다음과 같다.

· 동기 유발하겠다고 동영상을 남발하던 수업
· 게임 학습, 경쟁 학습 등을 통한 과다한 참여 유도 수업
· 무엇을 배우는지에 상관없이 무조건 모둠을 만들어 운영하는 수업
· 매뉴얼화된 스킬 위주의 수업
· 상 카드와 벌 카드, 먹을 것(코끼리 비스킷 주기)을 남발하는 수업

그러면서 학생들이 스스로 계획하고 탐구하며 보고하는 프로젝트 수업에 관심을 가지게 되었다. 2014년도 문학 수업에서 고2 학생을 대상으로 한 '우리도 샘'[5]이라는 수업이 그 예라 할 수 있다.

그야말로 학생들이 처음 단계부터 마지막 발표까지 스스로 하게 하는 완벽한 프로젝트 학습을 꿈꾸었다. 실행 과정에서 특히 인상적인 것은 학생들이 스스로 친구들과 상호작용하면서 수업을 진행하는 마지막 단계였다. 여태까지 그렇게 집중하고, 활기차고, 화기애애한 수

---

5 교사의 수업 부분을 학생들이 대신 가르친다는 의미에서 '우리도 샘'이라는 이름을 붙였다. 모둠별로 단원을 정해 수업계획서를 제출하고, 자료를 조사한 후, 활동지를 작성하고, PPT를 만들어 수업시연을 통해 연습을 하고, 50분간 교사처럼 수업하는 프로젝트 수업이었다.

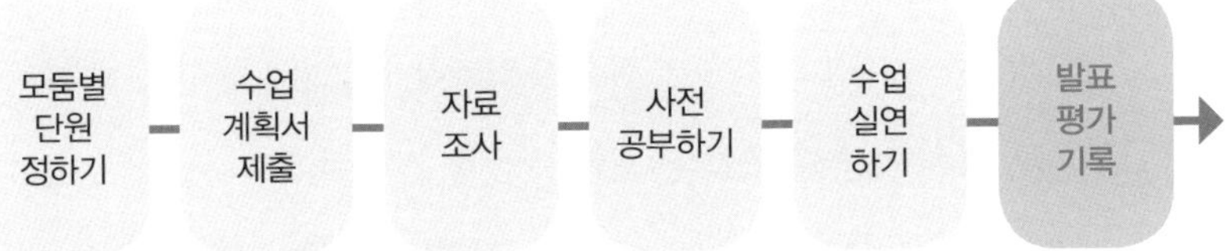

[표 2-1] 2014년 '우리도 샘' 프로젝트 수업 흐름

업을 본 적이 없었다. 또한, 학생들이 스스로 활동한 내용이 많다 보니, 자연스럽게 기록도 풍성해졌다.

다음은 한 학생의 2014년도 학생부 교과세부능력 및 특기사항 기록의 일부이다.

2014년 교과세부능력 및 특기사항의 일부

'디지몬 친구들' 모둠의 이끔이로서(2014.09.01~12.10.), 황순원의 '나무들 비탈에 서다'에 나타난 휴머니즘 탐구라는 모둠별 탐구 주제로, 소설 전문을 인물의 감정 변화와 사건 전개에 따라 네 부분으로 나누어 이야기의 전체 흐름을 파악하고, 주요 소재들의 의미를 정리하고 인물의 감정변화를 도식화해 PPT 자료를 만들어(2014.10.21~10.29), 맥락을 중심으로 작품을 이해할 수 있도록 워크시트지를 작성하고 배부한 후, 이에 대해 50분간 교사 역할이 되어 발표하여, 소설을 이해하는 능력과 배려하고 협력하여 가르치는 능력이 우수함을 보임.(2014.11.07.)

다음은 그 기록을 자기소개서 1번 항목인 학습경험에 연결한 것이다.

효과적인 국어공부법을 찾기 위해 노력하던 중 2학년 때 내게 잘 맞는 공부법을 찾을 수 있었다. 문학 수업 중 진행된 조별 프로젝트 수업은 작품을 스스로 학습한 뒤 수업을 직접 진행하는 것으로, 우리는 황순원의 '나무들 비탈에 서다'라는 소설을 선택하였다. 어떻게 공부해서 수업을 준비해야 할지 고민에 빠져 선생님을 찾아가 자문을 구했다. 작품의 전체 맥락을 훑을 줄 아는 시야를 갖추라는 선생님의 조언에 따라 소설 전문을 인물의 감정 변화와 사건 전개에 따라 네 부분으로 나누었다. 그러자 이야기의 전체 흐름이 한눈에 파악이 되었고, 소설이 말하고자 하는 바도 훨씬 명료하게 알 수 있었다. 이를 바탕으로 주요 소재들의 의미를 정리하고 인물의 감정변화를 도식화해 PPT 자료를 만들었고, 이를 활용해 수업을 진행했더니 친구들이 작품의 주제를 쉽게 찾아내었다. 이 수업으로 전체적인 내용을 먼저 제대로 안 뒤에 세부적인 내용으로 들어가 공부했을 때 핵심에 더 잘 다가갈 수 있다는 것을 알게 되었다.

그러나 이 수업은 부작용도 많이 남겼다. 가장 큰 문제는 얻는 효과에 비해 들어가는 에너지의 양이 너무 막대했다는 것이다. 계획서를 작성하고, 자료를 조사하는 과정에서 수업시간 외에 방과 후에 해야 하는 숙제가 많았다. 수업을 진행하기 위해 만든 활동지와 PPT, 끝나고 제출해야 하는 보고서 등이 학생들이 하기에는 너무 큰 무리였다. 그런 과정에서 교사도 학생들도 자꾸 지쳐만 갔다. 또한 모둠원 간의 역할 분담이 잘되지 않아서 일부 학생의 고생이 심했던 것 등의 반성점을 많이 남긴 수업이었다.

결국 프로젝트라는 그럴듯한 모형에만 집착하여, 수업의 가장 기본이라 할 수 있는 학습 환경이나 학습자 요인을 진지하게 고려하지 않은 수업이었다고 말할 수 있다. 이 수업은 나에게 프로젝트 수업에 대해 많은 것을 생각하게 했고, 그 실패를 거울삼아 다음과 같이 방법을 수정하는 계기가 되었다.

첫째, 수업시간에만 한다. 과제로 나가는 것은 최소화해야 한다.

둘째, 모든 양식은 단순화하고, 간략화한다.

셋째, PPT나 UCC나 상황극 등은 하지 않는다. 오직 대화로만 발표한다.

이런 원칙에 따라 프로젝트 수업을 가급적 단순화하고, 학생들이 도전해 볼 수 있는 정도로만 진행했는데, 지금도 이 원칙을 고수하고 있다. 다음은 2015년 문학 수업시간에 2학년 학생들이 한 '시 탐구 프로젝트 수업'의 한 과정이다.

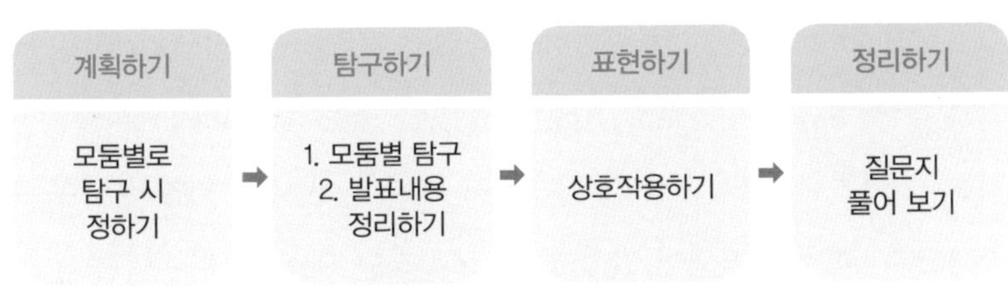

[표 2-2] 2015년 '시 탐구 프로젝트 수업'의 흐름

학생들이 만들어야 할 계획서는 오직 1장으로 줄였다. 배운 것을 적고, 모르는 것을 찾고, 모르는 것들 중에서 알고 싶은 것을 찾고, 그것을 바탕으로 발표 계획을 세우도록 했다. 수업시간이 끝나면 계획서는 모두 수거했다. 그리고 다시 다음 시간에 나누어 주는 방식으로 수업시간에만 하도록 했다. 발표 역시 아무것도 손에 들지 않고, 칠판만 활용할 수 있도록 했다. 학생들은 PPT 없이 발표한다는 것에 상당히 당황했다. 나 자신도 '과연 가능할까?'라는 의구심이 있었다. 그러나 완전한 기우였다. 아이들은 무척 자연스럽게 칠판에 쓰거나 그려가면서 친구들과 대화하는 모습을 보여주었다.

이렇게 수업을 진행하면서도 학생들의 피드백을 받는 것을 잊지 않았다. 그 과정에서 몇 가지 해결해야 할 과제가 생겼는데, 그것은 다음과 같다.

- 교과서 진도가 아닌, 적어도 한 학기 분량의 수업계획을 짜야 한다.
- 그 수업계획을 학생들에게 공지하고, 그 계획대로 수업을 진행해야 한다.
- 학생들이 스스로 하는 활동 과정 전반에 대한 평가가 필요하다.
- 학생들의 계획-탐구-표현하는 과정을 관찰하여 기록해야 한다.

그동안 나는 이것을 잘 인식하지 못했다. 가장 관심이 있었던 것은 '어떻게 수업을 할까?'였고, 가장 힘들었던 것은 '평가하여 점수를 매기는 것'이었다. 교육과정 자체는 그저 학기 초에 내는 귀찮은 업무에 불과했다. 각기 분절되어 있었고, 그 분절적인 생각이 내 수업을 혼란스럽게 만들었다고 본다. 교육과정과 수업과 평가와 기록이 자연스럽게 연결되지 않으면 안 된다는 결론을 얻게 된 것이다.

수업은 함께 나눌 때 성공의 가능성이 커진다

2015년 7월 경기도 교육청 김덕년 장학사가 한 장의 동아리 모집 공문을 보내왔다. 교육과정-수업-평가의 일체로 풍성한 학교생활기록부를 기록하고, 이를 통해 수업과 평가와 기록을 변화시켜 궁극적으로 성장과 배움이 일어나는 학생중심의 학교 문화로 변화시키자는 취지의 내용이었다. 이 공문은 그동안 흔들리고 흔들렸던 나의 수업 고민이 어디로 향하고 있었는지를 알게 했다. 그리고 '교육과정-수업-평가의 일체로 학교 문화 바꾸기'라는 공문 제목에 전적으로 공감했다.

이렇듯 '성장'이라는 키워드로 고민하고, 진학이라는 허울 때문에 망가진 수업과 평가와 기록을 안타까워하던 선생님들이 이 동아리에 모였다. 이것이 교육과정-수업-평가-기록 일체화 동아리 모임의 시작이었다. 우리는 먼저 수업사례를 나누면서 일체화의 필요성에 공감했고, 일체화에 대해 함께 고민하고 나누는 과정을 지속했다. 그러면서 점점 더 성장중심의 교육이 진정으로 필요하다는 생각이 굳어졌고, 각자의 수업에서 그것을 실천하려고 애를 썼다. 우리가 한마음일 수 있었던 것은 그동안 왜곡되고 분절되었던 교육의 본질을 함께 되찾아야 한다는 실천 의지와 교사의 본질을 되찾자는 기본으로의 회귀의식을 공유했기 때문이었다. 그 과정을 통해 우리 동아리 회원들은 함께 교사로서 더 성장할 수 있었다. 이러한 우리의 노력은 대학의 입시구조가 학생부 중심으로 바뀌면서, 특히 고등학교 선생님들의 호응을 많이 받았다. 그리고 동아리에 참가하는 선생님들이 늘어나면서, 현재 회원이 300명이 넘는 대규모 동아리[6]로 성장할 수가 있었다.

일체화를 논의하다

'교육과정-수업-평가-기록 일체화'는 그동안의 '교육과정 재구성'에 대한 논의와 '교육과정, 수업, 평가의 연계 또는 일체화'라는 기존의 논의[7]를 바탕으로 한다. 여기에 '기록'(학교생활기록부 기록)이라는 용어가 더 추가된 것은, 학생부 기록에 대한 다음과 같은 인식의 큰 변화가 있었기에 가능했다.

첫째. 학교생활기록부가 단순히 성적 표기만이 아닌, 학생 성장의 기록으로 가능하다는 인식
둘째. 학교생활기록부의 말로 된 평가에 대한 대학의 인식 변화
셋째. 학생부종합전형의 확대
넷째. 교육과정, 수업, 평가의 결과를 진학으로 연계시키고자 하는 노력의 일환

이 용어를 구체화한 김덕년은 학교생활기록부는 학생의 성장을 담는 구체적이고 신뢰성 있는 이력서가 되어야 한다고 강조한다. 그러기 위

---

6 2017년 9월 현재 기준이며, 현재 http://cafe.daum.net/ilchehwa라는 카페를 운영하고 있다.

7 서영선은 『혁신교육, 존듀이에게 묻다』(2012)에서 "수업과 교육과정과 평가는 하나이다"라고 말했으며, 경기도 교육연구원은 『교육과정, 수업, 평가 운영실태 및 일체화 방안』(2012)에서 "교육과정, 수업, 평가를 하나의 연속된 교육활동으로 바라본다"라고 표현하고 있다. 이형빈은 『교육과정-수업-평가, 어떻게 혁신할 것인가』(2015)에서 교육과정-수업-평가를 혁신하여 학교의 패러다임을 바꾸어야 한다고 역설하고 있다.

해서는 학생선택 중심의 교육과정과 학생참여 중심의 수업, 수업 밀착형 평가가 우선시되어야 하며, 이러한 과정들은 별개의 것으로 분리되어서는 안 되며, 일체화되어야 한다고 말한다.[8] 그러면 자연스럽게 대학들이 이 성장 기록부를 바탕으로 역량 있는 학생들을 선발할 수 있을 것이라고 믿는다.

'자동화, 기술 혁신, 인터넷, 융합, 창의, 인구 절벽, 경제 장기 침체, 청년 일자리 부족' 등 급격한 변화를 맞이하고 있는 우리 사회는 과거와는 다른 '혁신 마인드가 있고 탐구력과 협력적인 태도'를 갖춘 사람을 요구하고 있다. 이러한 요구는 필연적으로 대학도 '단순하게 문제풀이와 암기만 잘하는 성실하기 짝이 없는 학생'보다는 '도전적이고 혁신적이며, 협력할 줄 아는' 학생을 선발하려는 시도를 하게 한다. 거기에는 그동안 우리 교육시스템에 대한 다음과 같은 반성과 되물음이 자리 잡고 있다고 본다.

첫째. '성장'이라는 교육목표를 구현한 교육과정이 학교 현장에서 제구실을 하고 있는가?

둘째, 기초교육–이해교육–창의성 교육으로 이어지는 연계된 교육과정이 이루어지고 있는가?

셋째. 수업을 통해 학생의 성장이 구체적으로 실현되고 있는가?

---

8 김덕년은 「왜 학생부인가?」 등의 제목으로 '교육과정-수업-평가-기록 일체화'의 교육현장 안착을 위해 정책의 입안뿐만 아니라 보급을 위해서 교육청, 학교 등에서 이를 주제로 강의를 하고 있다. 위의 내용은 그중에서 발췌한 것이다. 그러한 내용을 엮은 것이 이 책의 전편이라 할 수 있는 『교육과정-수업-평가-기록 일체화』(2017, 에듀니티)이다.

넷째. 평가가 과연 수업을 통한 성장을 제대로 측정하고 있는가?

다섯째. 바람직한 평가를 바탕으로 학생들이 상급학교에 진학하고 있는가?

이 질문들은 의미는 결국 교육은 기본적인 원칙인 성장이라는 화두로 돌아가야 한다는 패러다임을 가지게 했다. 그런 패러다임의 키워드로 모아진 것이 '교육과정-수업-평가-기록 일체화'라는 용어이다.

다시 말하면, '교육과정-수업-평가-기록 일체화'는 새로운 개념이기보다는 그동안 왜곡되고 파행적으로 이루어졌던 교육행태를 바로잡기 위한 '기본적이고 원칙적인 교육시스템으로의 회귀'라는 철학적 의미라 볼 수 있다.

또한 '기본적이고 원칙적인 교육시스템으로의 회귀'라는 교육과정-수업-평가-기록 일체화 운동은 이론적인 개념이라기보다는 교사의 자발적인 교단에서의 실천을 강조하는 개념인 것이다.

일체화의 의미

이제 우리의 수업은 학생의 성장을 목표로 해야 한다. 그것이 교육의 본질이고 기본이라 믿어야 한다. 그 본질을 구현하고자 하는 실천적이고 기본적인 과정이 '교육과정-수업-평가-기록 일체화'이며, 그 전제는 다음과 같다.

첫째, 교육과정을 편성할 때, '어떻게 배워야 하는가?'를 선택하기 전에 다음을 먼저 결정해야 한다.

- 누가 배우는가? (학습자로서 배움)

- 왜 배우는가? (배움의 이유)

- 무엇을 배우는가? (배움의 내용)

둘째, '배워야 할 무엇'은 학생의 성장이어야 한다. 부수적 요소인 성적이나 변별, 진학 등이 이보다 우선시되어서는 안 된다.

셋째, '배워야 할 무엇'이 잘 드러나 있는 것이 성취기준이다. 따라서 성취기준을 중심으로 학습요소를 구성하되, 재구성을 원칙으로 한다.

넷째, 수업이나 평가는 '배워야 할 무엇'이 잘 도달되도록 하기 위한 일관된 과정이어야 한다.

다섯째, '수업과 평가를 어떻게 할 것인가'를 결정할 때는, 필연적으로 학생참여중심의 수업과 성장 참조형 평가(수업 과정형 평가)가 되어야 한다.

여섯째, 기록은 평가의 다른 이름이며, 평소 수업 중 학생의 활동을 관찰, 게시, 조사한 것을 누가 기록하여 구체적, 맥락적, 사실적으로 적어야 한다.

이 전제를 바탕으로 '교육과정-수업-평가-기록 일체화'의 의미를 정리하면 다음과 같다.

'교육과정-수업(행사)-평가(기록) 일체화'란 학생의 성장을 목표로, 교과 교육과정을 성취기준 중심으로 재구성하여, 학생참여중심수업을 실천하고, 수업 활동 과정을 관찰하여 평가하고, 그 평가 과정을 구체적이고 맥락적으로 기록하는 것이다.

그러면 자연스럽게 성장의 도달점을 확인하기 위한 피드백이나 진학의 자료로 활용될 수 있을 것을 기대하는 것이다. 이를 정리하면 다음과 같다.

| 교육과정-수업-평가-기록 일체화의 의미에 따른 흐름 |

목표: 학생 개인의 성장

과정 1: 성취기준을 중심으로 교과 교육과정 재구성하기

과정 2: 학생참여중심수업을 설계하고 실천하기

과정 3: 수업 활동 과정을 관찰 평가하기

과정 4: 관찰 평가한 내용을 성장중심으로 기록하기

환류: 피드백이나 진학의 자료로 활용

일체화에서 가장 중요한 것은 당연히 '학생 개인의 성장'이라는 목표이다. 이것 대신에 그동안 우리가 중요시했던 진학 위주의 선발을 위한 성적이 들어가서는 절대 안 된다. 그것이 목표가 될 경우, 우리 아이들은 다시금 성장을 유보해야 하고, 다시 극심한 경쟁에 시달려야 한다. 또한 여기서 개인이라 함은 소수가 아닌 다수 학생들의 개개인을 의미하는 것이다. 즉, 한 아이가 곧 학교이고, 한 아이가 곧 교육과정이라는 인식이 필요하다.

평가 역시 중요하다. 그것의 가장 중요한 기능은 피드백이어야 한다.

성장에 얼마만큼 도달했는지를 측정하고, 그것을 다시 환류하는 기능이어야 한다. 변별의 도구로 사용되는 것은 부차적이어야 한다. 그런데 우리 교육 현실은 아직 그렇지 못하다. 교육 활동의 상당한 시간을 평가하는 데 투자하면서도, 그 목적을 선발 위주의 '성적산출, 변별력을 위한 등수 나누기, 이의 제기를 받지 않기 위한 기준 만들기' 등에 허비하고 있다는 생각이 든다.

최근 수업 과정형 평가에 관심을 많이 두는데, 이는 바람직하다고 본다. 그런데 평가를 뚝 떼어 내어서 적용 수단으로만 인식하는 한, 과정중심평가라는 말 자체도 의미가 없다고 생각한다. 그에 앞서 그동안 잘못된 선발 중심의 평가관을 반성해야 한다. 그리고 성장을 위한 교육과정을 디자인하고, 이를 수업에 적용하고, 그 수업 활동 자체를 평가하고 기록할 수 있도록 일체화하는 것이 시급하다고 생각한다. 즉, '누가, 무엇을. 왜 배우는가?', '어떻게 배우는가?', '무엇을 어떻게 평가하고 기록하여 환류할 것인가?'를 각각 따로가 아니라 늘 함께 고민해야 한다.

일체화의 실천 단계

교육과정-수업-평가-기록 일체화는 교실에서 수업과 평가를 통해 구현될 때 실질적 의미가 있다. 이러한 실천적 의미에 대한 구체적 실천 단계를 정리하면 다음과 같다.

[표 2-3] 교육과정-수업-평가-기록 일체화의 실천 단계

이 단계를 다시 영역별로 실천해야 할 항목으로 정리하면 다음과 같다.

단계	실천 항목
교육 과정	소수 학생의 성과가 아닌, 다수 학생의 성장을 위한 교육과정 수업-평가-기록의 흐름으로 연계되어 일체화되는 교육과정 문서나 전시가 아닌, 교실 현장에서 실제로 실현될 수 있는 교육과정 교사가 스스로, 학생들의 실태를 고려하여 재구성하는 교육과정 학생들이 스스로 무엇을 하게 할 것인가 고민하게 하는 교육과정 교과서가 아닌 성취기준으로 가르치도록 계획되는 교육과정

단계	실천 항목
수업	교육과정을 구체적으로 실현하는 수업 성취기준을 중심으로 하는 수업 '안다'를 넘어서서 '할 수 있다'를 배우는 수업 배움중심수업, 학생참여중심수업 메타인지를 중시하는 수업 계획하고, 탐구하고, 표현하게 하는 수업 'less is more'를 실현하는 수업

단계	실천 항목
평가	수업 밀착형 평가(배운 것 그대로 평가하기) 수업 과정형 평가(수업시간 활동 자체를 평가하기) 관찰과 조사, 게시 등을 통한 평가 정량과 정성이 조화된 평가 정답보다는 해답 평가(almost 평가)

단계	실천적 의미
기록	평가의 또 다른 이름으로서의 기록 개인적 성장에 대한 평가로서의 기록 평소 관찰, 조사, 게시된 기록 누가 기록된 기록 객관적 사실로 된 기록 구체적 맥락이 있는 기록

[표 2-4] '교육과정-수업-평가-기록 일체화'의 각 영역별 구체적 실천 항목

교육과정-수업-평가-기록 일체화를 실천할 때, 가장 중요한 패러다임은 교육과정과 수업, 평가 또는 기록이 별도의 구분되거나 단절된 항목이 아니라는 것을 인식하는 것이다. 학생의 성장을 목표로 계획한 교육과정을 수업을 통해 구현하고, 별도의 평가가 아닌 수업 활동 자체를 평가하고 기록하는 자연스러운 흐름으로 인식해야 한다. 이러한 흐름은 교단 교사에게 단순히 교육과정 재구성의 전문가이거나, 수업의 기술자이거나, 평가 전문가 또는 학생부 기록의 달인이 될 것을 요구하는 것이 아니다. 이 모든 과정을 하나의 덩어리로 인식하고, 이를 자연스럽고 원활하게 실천하는 실천적 전문가가 되어야 한다고 본다.

2부

일체화 사례 보기

교육과정-수업-평가-기록 일체화를 어떻게 하였나?

3장

국어

이명섭, 나루고등학교 수석교사

일체화를 시도하다

첫째. 교과 목표에서 수업의 정체성을 확인하다

모든 교과에는 학생들이 그 교과를 배워야 하는 이유가 있다. 다시 말하면 교과를 배웠을 때, 학생들이 성장해야 할 지향점이 있다는 것이다. 그동안 잊고 있었던 교육목표를 다시 확인해 봄으로써, 교육과정 재구성의 방향키로 삼았다. 국어과의 교과 목표는 다음과 같다.

· 국어활동과 국어와 문학에 대한 기본적인 지식을 익힌다.(지식)

· 다양한 유형의 담화와 글을 비판적이고 창의적으로 수용하고 생산한다.(기능)

· 국어의 가치와 중요성을 인식하고 국어 생활을 능동적으로 하는 태도를 기른다.(태도)

이 목표 확인을 통해 지식만을 가르쳤던 지난 시간을 반성했다. 가끔은, 내가 좋아하는 문학을 강요하기도 하고, 전문적인 문법을 배워야만 참된 한국인이 될 거라고 강요하기도 했다. 그러나 이 목표를 확인하면서 국어는 무엇보다도 '말하고-듣고-읽고-쓰는 의사소통 능력'(기능과 태도)도 중요하다는 인식을 다시 하게 되었다. 이러한 목표를 다시 확인한 후, 내가 생각하는 국어수업에 대한 정체성을 다음과 같이 재정립했다. 그리고 수업에 대한 자신감이 흔들릴 때마다 이 정체성을 다시 확인하고, 반성하고, 또다시 정립하는 과정을 반복했다. 그 내용은 다음과 같다.

| 교육목표 확인 후 수업에 대해 성찰하기 |

교육과정상의 목표 확인하기

1. 국어활동, 국어, 문학에 대한 기본적인 지식

2. 다양한 유형의 담화와 글을 비판적이고 창의적으로 수용, 생산

3. 국어의 가치 인식, 국어 생활을 능동적으로 하는 태도

내가 생각하는 목표로 재진술하기

나는 국어 과목의 교사이다.

'국어수업은 함께 말하고 듣고 읽고 쓰는 통합적 의사소통능력과 협업능력을 향상시켜 사물과 사람 그리고 세계에 대한 이해력을 높이고, 자신의 삶을 성찰하는 것이다.'

좋은 수업의 의미(이상 3가지)

1. 삶과 맞닿을 수 있는 경험을 주는 수업

2. 스스로 계획하고 탐구하고 표현하는 수업

3. 관계와 경험을 통해 성장하는 수업

내가 하고 싶은 수업의 의미(가능성 3가지)

1. 말하고 듣고 읽고 쓰는 통합 활동의 지속적 반복

2. 교사의 안내에 따라 학생들이 스스로 움직이는 수업

3. 도구보다는 내용에 의지하는 수업

내가 지금 하고 있는 수업의 의미(현실 3가지)

1. 교육과정-수업-평가-기록 일체화

2. 여전히 산만한 수업

3. 집중도 70%를 넘지 못하는 수업

둘째. 성취기준을 중심으로 교육과정을 재구성하다

교과의 교육목표를 구체적으로 표현한 것이 성취기준이다. 성취기준은 학생들이 교과를 통해 배워야 할 내용과 이를 통해 수업 후 알 수 있거나, 할 수 있기를 기대하는 능력을 결합하여 나타낸 수업 활동의 기준이라 할 수 있다. 이 성취기준을 면밀히 검토하고, 이를 바탕으로 '무엇을 어떻게 어떤 순서로 배우게 할 것인가?'를 고민했다. 그러기 위해서 각각의 성취기준을 하나의 카드 형태로 기록하여, 카드를 바닥에 놓고서, 순서를 정하고, 합치기도 하고, 빼기도 하고, 다른 말로 바꾸기

도 했다. 그 결과를 교과 수업계획서에 기재하고, 그 성취기준을 가르치기에 적합한 교과서의 텍스트를 찾아서 짝을 이루었다. 교과서 순서가 아닌, 성취기준의 순서대로 교과 교육과정을 재구성하다 보니, 많은 양을 진도대로 가르쳐야 하는 부담에서 벗어날 수 있었을 뿐만 아니라, 핵심 사항(학생의 역량 중심)만을 반복하여 탐구할 수 있게 수업을 진행하는 것이 가능해졌다. 또한, 텍스트를 교과서가 아닌 원전을 가져올 가능성도 열리게 되었다. [표 3-1]은 2016학년도 1학기 문학 과목 수업계획서의 일부이다.

성취기준을 재구성할 때 생기는 고민은 '어디까지, 어떻게 재구성할 수 있을까' 하는 점이다. 성취기준을 재구성하는 방법에는 단계별로 4

시기 (월별)	성취기준	문학작품(교과서 쪽)	평가
3월	31052-1. 문학이 내용과 형식의 유기적 구조체임을 이해하고 감상할 수 있다.	정일근의 흑백사진 -7월 등 (122쪽) 다양한 작품의 예	짝활동 평가
4월	310513-2. 작품 속 인물들이 처한 상황을 바탕으로 다양한 삶의 방식을 이해할 수 있다. 310511-1. 작품을 읽고 작품에 나타난 작가의 문제의식과 주제를 설명할 수 있다.	햄릿(128쪽) 등 다양한 작품의 예	TBL (쪽지 시험)
5월	310512-1. 문학 작품을 읽고 타인의 생각을 이 해하고 수용할 수 있다. 310513-1. 작품 속 인물들의 삶과 생각을 통해 자신의 삶과 생각을 평가하고 성찰할 수 있다. 310512-3. 문학 작품을 창의적으로 재구성하고 창작할 수 있다.	돌담에 속삭이는 햇발 (13쪽) 이성부의 '봄'(14쪽) 신석정의 '꽃덤불'(32쪽) 김춘수의 '꽃'(57쪽) 윤동주의 '별헤는 밤'(58쪽) 김광섭의 '저녁에'(93쪽)	PBL (프로젝트 수업-10분 발표)

[표 3-1] 2016학년도 문학 교과 한 학기 교육계획서의 일부

가지가 있다고 본다.

| 교육과정 재구성의 단계 |

소극적 재구성: 성취기준을 단순히 분류하거나 구체화하는 것

적극적 재구성: 성취기준을 +, −, ×, ÷ 하는 것

적극적 변형: 성취기준의 내용을 다른 것으로 바꾸는 것

창조: 성취기준 자체를 새롭게 만드는 것

문제는 '기존의 성취기준을 벗어나는 것이 가능하느냐?' 하는 것인데, 교사의 의도에 따라 성취기준의 의미를 크게 훼손하지 않는 범위 내에서는 가능하다고 본다. 또는 교과 교육목표에 구현되지 않은 것이 있을 경우, 새롭게 만드는 것도 허용해야 한다고 생각한다. 교육과정은 문서상에 있는 고정된 것이 아니라, 교실 현장에서 구현될 때 비로소 존재하는 것이다. 따라서 전문가들이 만들어 보급하였다 하더라도, 이것을 교사가 다양한 맥락(학습자, 학교, 교사 등)을 고려하여 재구성하는 것은 당연한 일이다.

다음의 〔표 3-2〕는 2015 개정 교육과정의 문학 교과의 성취기준을 재구성한 예이다. 문학의 태도 영역을 보면, '작품의 공감적, 비판적, 창의적 수용을 통한 상호 의사소통'과 '문학을 통한 자아 성찰과 타자의 이해 그리고 상호소통'을 다시 해체하여 '작품의 공감적, 비판적, 창의적 수용을 통한 자신의 삶에 대한 성찰'과 '작품의 공감적, 비판적, 창의적 수용을 통한 타인의 삶에 대한 이해'로 다시 재구성하였음을 볼 수 있는데, 이는 수업 활동의 중점을 자아 성찰과 타인의 삶에 대한 이

영역	영역의 구체화	기존 성취기준	재구성한 성취기준	학습 경험
문학의 태도	탐구하여 성찰하기	[12문학02-04]작품을 공감적, 비판적, 창의적으로 수용하고 그 결과를 바탕으로 상호 소통한다. [12문학04-01]문학을 통하여 자아를 성찰하고 타자를 이해하며 상호 소통하는 태도를 지닌다.	1. 작품을 공감적, 비판적, 창의적으로 수용하고, 경험을 통하여 자신의 삶을 성찰한다. 2. 작품을 공감적, 비판적, 창의적으로 수용하고 관계를 통하여 타인의 삶을 이해한다.	1. 나의 삶과 만나는 작품 읽기 2. 타인의 삶을 이해하는 작품 읽기
문학의 생산	재구성하고 창작하기	[12문학04-01]문학을 통하여 자아를 성찰하고 타자를 이해하며 상호 소통하는 태도를 지닌다. [12문학02-05]작품을 읽고 다양한 시각에서 재구성하거나 주체적인 관점에서 창작한다.	3. 작품을 읽고 다양한 시각에서 재구성하거나 주체적인 관점에서 창작한 후, 상호 소통하는 태도를 가진다.	3. 학급 시낭송회, 주제탐구발표, 백일장

[표 3-2] 교육과정 재구성의 예

해에 두고 싶은 교사의 의도를 반영한 것이다.

셋째. 성취기준만 가르치고 평가하다

수업시간에 성취기준만을 가르치고, 성취기준으로 활동하게 하고, 활동한 자체를 관찰하고 조사하여 평가했다. 위의 재구성한 성취기준 중에서 '문학작품을 공감적 비판적 창의적으로 수용하고, 경험을 통해 자신의 삶을 성찰한다'라는 성취기준을 가르친다고 하면 선택한 텍스트가 무엇이든지 간에 다음 활동을 전개할 수 있었다.

첫째. 작품 각자 묵독하여 읽기

둘째. 인상 깊은 부분과 이유 말하기 = 말하기 평가

셋째. 내 경험에 비추어 공감하거나 비판하는 말하기 = 말하기 평가

넷째. 자신의 삶을 성찰하는 창의적 글쓰기 = 글쓰기 평가

이러한 수업을 진행하면 학생들은 자연스럽게 '읽고-말하고 듣고-쓰는' 활동이 가능해진다. 또한 말하기와 글쓰기를 하는 수업 활동 자체를 3단계로 직관 평가(상중하 평가, 잘함/보통/못함, 5점/4점/3점)를 실시하고, 말 평가(서술평가, 키워드평가)도 함께 하려고 애써 보았다.

거기에 수업시간에 '무엇을 배우는가?'에 대한 반복된 질문에 대해 답을 찾아가는 과정이라고 생각하여, 핵심질문 만들기를 해보았다.

핵심질문은 '중요한', '기본적인', '이해를 위해 필수적인', '지속적으로 탐구하는'이라는 의미를 가진 것으로, 이 질문을 학생들에게 지속적으로 던짐으로써, 학생들이 스스로 수업 활동의 핵심을 잃지 않고 탐구할 수 있도록 하는 장치라고 보았다. 위의 성취기준에서의 핵심질문을 "시를 읽고, 자신을 성찰할 수 있는가?"라고 진술해 보았다.

다음에 나오는 [표 3-3]은 이러한 '성취기준 재구성 ➔ 핵심질문 만들기 ➔ 수업하기'의 과정까지의 수업과정안이다.

넷째. 수행평가는 수업시간 중에만 작게 쪼개서

요즘 수업 과정형 평가에 대한 관심이 많다. 그러나 평가를 별도로 떼어내서 '어떻게 해야 잘할 수 있는가?' 하는 적용 수단으로만 인식하는 한, 오히려 수업 과정형 평가란 말이 성립되지 않는다. 가장 먼저 해야

<table>
<tr><td colspan="3" align="center">무엇을 배우는가?</td></tr>
<tr>
<td rowspan="2">재구성한
성취기준
써 보기</td>
<td>번호</td>
<td rowspan="2">윤동주의 작품을 공감적, 비판적, 창의적으로
수용하고 경험을 통하여 자아를 성찰한다.</td>
</tr>
<tr>
<td>[12문학02−04],[12문학04−01]</td>
</tr>
<tr>
<td rowspan="2">학습
요소
만들기</td>
<td>지식 (〜을 안다)</td>
<td>기능, 태도(〜을 할 수 있다)</td>
</tr>
<tr>
<td>윤동주의 작품에 나타난
다양한 정서와 사상</td>
<td>정서와 사상에 대한 공감과 비판
경험을 통해 자아를 성찰함</td>
</tr>
<tr>
<td>핵심질문
만들기</td>
<td colspan="2">시를 읽고, 자신을 성찰할 수 있는가?</td>
</tr>
<tr><td colspan="3" align="center">어떻게 배우는가?</td></tr>
<tr>
<td rowspan="3">학습
경험
만들기</td>
<td>배움
열기</td>
<td>1. 시 여기 저기 무조건 읽어 보기
  → 재미있거나, 경험해 봤음직한 시 골라 보기
2. 자기가 골라 읽은 시에서 공감되는 부분 서로 이야기해보기</td>
</tr>
<tr>
<td>배움
쌓기</td>
<td>1. 내가 좋아하는 시 2편 고르기
   조건) 재미, 공감, 나의 경험과 연계
2. 시 적어 보기
3. 시 그림 그리기
4. 그 시를 고른 이유에 대해 적어 보기
   조건) 가. 자신의 경험을 중심으로 구체적이고 생생하게 서술할 것
        나. 이 시가 왜 자신의 삶과 맞닿아 있는지 설명할 수 있을 것</td>
</tr>
<tr>
<td>성장
하기</td>
<td>내가 좋아하는 시에 대해 그림을 그리고 낭송한 후,
그 이유를 발표하기</td>
</tr>
</table>

[표 3-3] 성취기준 재구성으로부터 수업까지 연계한 수업과정안의 일부

할 일은 잘못된 변별 중심의 평가관을 반성하는 것이다. 그리고 자연스럽게 교육과정에서 구성한 성취기준을 가지고 수업하고, 그 수업 활동 자체를 평가하는 일체화를 고민해야 한다. 그 요건을 진술하면 다음과 같다.

· 수업 활동 자체를 평가하고 피드백해야 한다.(고쳐 하기의 중요성 인식)

· 수업 중에만 평가하는 것을 원칙으로 하되, 과정상 융통성을 두어야 한다.

· 평가가 각기 분절된 것이 아니라, 연속된 의미 있는 한 덩어리여야 한다.

· 개인+집단의 문제해결과정을 중시해야 한다.

· 정답이 아닌 다양한 해결책이 가능해야 한다.

· 숫자+서술되는(서사되는) 평가이어야 한다.

· 학생의 역량(안다/한다)을 동시에 평가할 수 있어야 한다.

위의 원칙에 따라 수행평가는 거의 수업시간에만 했다. 수업 중 학생들이 활동(수행)하는 모든 과정을 관찰하고 조사하고 게시하게 해서, 그것을 바로바로 평가했다. 이때 수행평가의 영역별 점수는 5점을 넘기지 않았다. 관찰평가는 결국 교사의 직관에 의존하게 되기 때문이다. 이러한 직관평가를 가장 합리적으로 할 수 있는 것이 상중하(잘함/보통/못함, 점수로는 5점/4점/3점 평가)이기 때문이다. 거의 매시간 학생들에게 성취기준을 수행하게 하고, 잘한 학생들은 5점을, 못한 학생들에게는 3점을 주었다. 나머지는 4점이 되는 것이다. 모든 학생을 다 관찰하기 어려울 때는 1/3씩 돌려가면서 채점하는 방식을 선택했다.

그러나 관찰하는 방법이 능숙해지면서, 동시다발적인 발표와 게시, 관찰, 조사 등의 방법으로 평가하는 것이 가능해졌다. 물론, 이러한 평가는 수업 후 평가가 아니라 수업 중 평가, 즉 '수업=평가'가 되도록 노력했다. 이때 평가에 집착하거나 민감하게 되면, 수업 자체가 흐트러질 가능성이 크다, 가장 좋은 평가는 평가가 아니라 수업의 한 과정으로 녹아 들어야 한다고 생각한다. 오른쪽의 〔표 3-3〕은 일부이고, 여

	무엇을 배우는가?	
재구성한 성취기준 써 보기	번호 [12문학02-04],[12문학04-01]	윤동주의 작품을 공감적, 비판적, 창의적으로 수용하고 경험을 통하여 자아를 성찰한다.
학습 요소 만들기	지식 (~을 안다)	기능, 태도(~을 할 수 있다)
	윤동주의 작품에 나타난 다양한 정서와 사상	정서와 사상에 대한 공감과 비판 경험을 통해 자아를 성찰함
핵심질문 만들기	시를 읽고, 자신을 성찰할 수 있는가?	

		어떻게 배우는가?
학습 경험 만들기	배움 열기	1. 시 여기 저기 무조건 읽어 보기 　➡ 재미있거나, 경험해 봤음직한 시 골라 보기 2. 자기가 골라 읽은 시에 대해 공감되는 부분 서로 이야기해보기
	배움 쌓기	1. 내가 좋아하는 시 2편 고르기 　조건) 재미, 공감, 나의 경험과 연계 2. 시 적어 보기 3. 시 그림 그리기 4. 그 시를 고른 이유에 대해 적어 보기 　조건) 가. 자신의 경험을 중심으로 구체적이고 생생하게 서술할 것 　　　 나. 이 시가 왜 자신의 삶과 맞닿아 있는지 설명할 수 있을 것
	성장 하기	내가 좋아하는 시에 대해 그림을 그리고 낭송한 후, 그 이유를 발표하기

무엇을, 어떻게 평가할 것인가?				
평가항목	평가내용	상(잘함, 5점)	중(보통, 4점)	하(못함, 3점)
3.문학을 통한 자아의 성찰	나의 삶(경험)과 만나는 시 골라 보고 이유쓰기	윤동주의 시를 읽고, 나의 삶(경험)을 구체적으로 연결하여, 근거를 들어 자아를 성찰하는 설명을 할 수 있다.	윤동주의 시를 읽고, 나의 삶(경험)과 만나는 지점을 찾아 자아를 성찰하고 설명할 수 있다.	윤동주의 시를 읽고, 나의 삶(경험)과 만나는 지점을 찾을 수 있으나, 자아를 성찰하여 설명하는 데 어려움이 있다.

[표 3-4] 성취기준 재구성으로부터 평가까지 연계한 수업과정안

기에 평가활동까지 포함하면 왼쪽의 〔표 3-4〕와 같다.

위와 같은 3단계 평가를 누적하게 되면, 한 학기 수행평가 점수가 산출될 수 있다. 아래 〔표 3-5〕는 2017년도 고3 독서를 가르칠 때의 수행평가 채점표 중 일부분이다.

주제탐구 영역에 5점, 주제발표 영역에 5점을 주었는데, 상호평가까지 합하여 총 8번의 상중하 평가를 했다. 즉, 학생들이 수업 활동을 하는 것 자체가 평가가 되는 것이다. 평가하기 위해서 하는 평가가 아닌, 수업을 하는 과정에서 자연스럽게 평가가 이루어지도록 노력하는 것

문학 주제 탐구(5점)							문학 주제 표현(5점)											
내가 아는 동주 말해 보기	영화 동주를 통해 본 동주 알아 보기	나의 삶과 만나는 동주의 시	너의 삶과 만나는 동주의 시	합계점수	등급	수행점수	창작하기(백일장)	학급 시 낭송회	윤동주 시 주제탐구						합계점수	등급	수행점수
									평가점수	상호평가1	상호평가2	상호평가3	상호합산점수	상호평가환산점수			
4	5	5	5	19	A	5	5	5	5	3	3	3	9	4.5	14.5	B	4
4	5	5	5	19	A	5	5	5	4	5	5	0	10	4	14	B	4
5	5	5	5	20	A	5	5	5	5	4	4	4	12	6	16	A	5
4	5	5	3	17	B	4	5	5	4	5	5	0	10	4	14	B	4
4	5	5	5	19	A	5	5	5	5	6	2	2	10	5	15	A	5
4	5	5	5	19	A	5	5	5	4	2	2	6	10	4	14	B	4
5	5	3	5	18	B	5	5	5	4	4	4	3	11	4.4	14.4	B	4
5	5	5	4	19	A	5	5	5	5	4	3	3	10	5	15	A	5
4	5	5	5	19	A	5	5	5	5	3	3	4	10	5	15	A	5
4	5	5	4	18	B	5	5	5	4	6	3	4	13	5.2	15.2	A	5

[표 3-5] 2017년 1학기 독서 수행평가 채점표

이다. 이렇게 하면 학생들도 자연스럽게 수업에 집중하게 된다. 그리고 중요한 것은 평가를 통해 학생이 계속해서 피드백을 받을 수 있다는 것이다. 수업시간 중 관찰과 게시가 어려운 경우도 있을 수 있다. 그런 경우 학생들의 활동지를 바로 걷어서 평가해주는 것을 원칙으로 했다. 그러나 한 번 활동지를 걷으면 바로 평가하는 것이 마음먹은 대로 쉽지는 않았다. 시간이 흐른 뒤 평가를 하면, 아무래도 현장감이 떨어지게 되고, 바람직한 평가라 보기가 어려웠다.

다섯째. 말 평가도 수업시간 중 하려고 애쓰다

수행평가를 할 때, 숫자로 된 평가뿐만 아니라 학생부의 교과세부능력 및 특기사항이나 교과별 독서사항에 기록될 만한 것들을 관찰하여 기록해 보고자 했다.

그러나 30여 년의 교직 생활을 해왔으면서도, 수업시간에 학생의 활동 하나를 제대로 서술하여 평가한다는 것이 너무도 어려웠다. 전문성 자체가 없다는 자괴감이 들기도 했다. 그래도 다양한 방식으로 평소 수업시간에 말 평가를 하려고 애를 쓰다 보니, 지금은 어느 정도 키워드 형태로 기록하는 것이 가능해졌다. 그러나 이러한 기록이 바람직한 것인지, 학생의 역량을 교사가 주관적으로 어디까지 평가할 수 있는 것인지에 대한 고민은 아직도 여전하다.

앞으로 우리나라도 점차 이러한 말로 된 평가, 서술식 평가가 많아질 것이다. 지금의 학생부 기록도 이러한 말로 된 평가의 하나이다. 따라서 결코 '교사의 상상력'에 의존하여 학기 말에 기록하는 과장되거나 조작된 기록이 되어서는 안 된다. 객관적이고 구체적으로 누가 기록하

반	번호	읽은 시	나의 경험	공감	점수
1	1	내일은 없다	아침에 일어나기 힘듦	게으른 습관 때문에 하루하루를 사는 것을 반성함	4
1	2	돌아와 보는 밤	늦은 밤 거실에 쓰러져서 잠	고3 생활의 고달픔	5
1	3	눈	어린 시절 아버지와의 눈싸움	지금은 멀어진 가족관계에 대한 후회	4
1	4	가슴 1	답답하여 운 기억	고3 생활의 불안함	4
1	5	호주머니	겨울 바지에 손 넣었던 사진	어린 시절 동상에 걸린 모습에서, 성실함을 되새김	5

[표 3-6] 2017년 독서수업시간 중 '나의 삶과 만나는 동주의 시' 부분 누가 기록의 일부

는 전문성을 교사들이 갖추어야 할 것이며, 그 출발은 평상시 수업시간에 학생들의 활동을 관찰하고 조사하거나 게시하게 하여 누가 기록하는 것이라고 생각한다.

여섯째. 비교과 활동(행사)을 수업시간으로 가져와 심화시키다

성취기준 중심의 수업과 평가는 학생의 역량 성장을 목표로 한다. 역량은 '계획하고 – 탐구하고 – 표현하는' 것의 총칭이다. 그런데 학교 현장에서는 수업과는 무관하게, 즉 '계획하고 탐구했던' 모든 과정을 잘라버리고 '표현하기' 부분에만 집착하게 되고, 이것이 생뚱맞은 행사, 보여주기 행사, 몇몇 소수만을 위한 행사로 전락하기가 쉽다. 이는 교육과정을 설계하는 단계에서부터 수업과 연계되도록 재구성해야 하며, 가급적 모든 학생이 참여할 수 있도록 해야 하며, '계획-탐구-표현'의 지속적인 활동을 통해 중간 점검을 하거나, 마무리하는 형태가 되도록 구성해야 한다.

우리 학교 국어과에서도 각기 분절된 생뚱맞은 행사가 많았다. 백일장, 토론대회, 주제발표회, 문학의 밤, 문학기행 등이 그것이라 할 수 있다. 이런 행사들은 수업과는 무관하게 이루어져 소수의 잘하는 아이만 참가하게 되고, 교사들도 기획하고 실행하고 보고하는 별도의 업무를 해야만 했다. 그러나 이런 행사들은 학생들이 성취해야 할 성취기준의 중요한 부분 중의 하나이다. 성취기준 중심으로 수업설계를 하다 보면, 당연히 수업시간에 할 수 있으며, 이런 행사들을 가급적 수업으로 끌고 들어오는 것은 마땅한 일이라 생각했다. 이런 취지로 우리 학교 국어과에서는 3년 전부터 이를 연구하여 실천하고 있는데, 그중의 하나가 매년 1학기에 실시하는 '1 작가와 만나기 프로젝트 수업'이다.

2016년에는 '나루고, 황순원을 만나다'라는 주제로 1학년과 2학년 학생을 대상으로 주당 1시간씩 총 17차시의 수업을 진행했다. 학생들이 황순원의 작품을 주로 읽고 – 생각을 나누고 – 표현하는 일종의 문학 독서수업이라 할 수 있는데, 그 과정은 오른쪽 표와 같다

수업시간에는 황순원의 작품을 집중적으로 읽었다. 황순원의 작품 중 자신이 읽고 싶은 책을 선택하게 했으나, 모둠별로 같은 책을 읽도록 했다. 학생들은 '카인의 후예', '나무들 비탈에 서다', '황순원 단편집' 등을 읽었는데, 작가를 고정하다 보니, 책의 종류가 한정되었다.

읽기만 해서는 의미가 없기 때문에, '읽은 부분, 알게 된 것, 깨닫게 된 것'으로 간단하게 서평을 쓰게 하고, 모둠별 토의를 진행했다. 그리고 항상 한 명 이상은 발표를 하는 수업을 진행했고, 이를 평가하려고 애를 썼다.

책을 다 읽은 후에는 서평 쓰기를 바탕으로 창작하는 시간, 즉 백일

수업, 평가	읽기 30분, 서평 쓰기 10분, 모둠토의 10분
백일장	서평 쓰기의 모음으로 백일장 실시
학급 내 토론 발표	모둠 내 토론하기, 발표하기
매체 표현	시화, 9컷 만화 그리기
반간 토론대회	대표모둠 1팀 선정, 비경쟁식 토론
문학의 밤	수업시간 중 활동 내용 종합 발표
문학기행	황순원의 소나기 마을 체험

[표 3-7] 2016년 '나루고, 황순원을 만나다' 프로젝트 수업의 흐름

장을 수업시간 중 실시했고, 그 작품들을 걷어서 수행평가한 후, 잘된 작품은 시상했다. 작품을 만드는 과정까지는 수행평가이고, 작품을 제출한 후에는 백일장으로 시상한 것이다.

일곱째. 모두가 참여하여, 관계 맺고 경험을 하는 것이 중요하다

그리고 모둠별로 토론 주제를 정하고, 토론 주제에 따라 모둠 내에서 토론하도록 했다. 토론 내용은 반드시 기록하게 했고, 이를 바탕으로 모둠별로 토론한 내용을 3분 이내에 발표하게 했는데, 이것이 수업시간에 하는 모두가 참여하는 토론대회이며, 수행평가 과정의 하나이다.

그리고 반에서 가장 잘한 모둠을 뽑아서 반간 토론대회(비경쟁식토론)를 실시했는데, 이것이 행사로서의 토론대회이다.

반간 토론대회에 참가하는 반 대표 모둠은 모둠원 중 1명이라도 빠지거나 교체할 경우, 반 대표로 참여할 수 없도록 규칙을 정했다. 처음에는 반발이 심했다. 그동안은 성적이 좋은 아이끼리 자유롭게 팀을 만들어 대회에 참가했는데, 그럴 수 없게 되었기 때문이다. 이 아이들을 설득하는 데 어려움이 많았지만, "진정한 미래의 리더십은 협력과 배려"라는 명분으로 이 아이들을 설득했다.

성적이 낮은 학생들에게도 문제가 있었다. 이 학생들은 반 대표로 뽑힌 것조차도 귀찮아하거나 두려워했다. 이 아이들을 설득하는 것은 오로지 대회에 나가고 싶어 하는 아이들의 몫이 되었다. 그동안 모둠활동을 하면서 "왜 내가 쟤 때문에 손해를 보아야 해요?", "혼자 하는 것이 더 나아요. 그냥 내 버려둬요"라고 했던 아이들이 보다 적극적으로 움직일 수 있는 계기가 되었다고 본다.

반간 토론대회의 발표 수준이 예년에 비해 뚝 떨어진 것도 문제였다. 대부분의 문제는 그동안 발표 기회가 거의 없던 소위 성적이 떨어진다는 아이들에게서 나타났다. 우물쭈물하거나, 하다가 멍하니 있거나, 때로는 하다가 실없이 웃기도 하는 모습을 많이 보았다. 몇몇 선생님은 이런 모습에 부정적인 견해를 솔직하게 내비치기까지 했다.

그러나 우리 국어교사들은 똑똑히 보았다. 아이들이 어떻게 협력하고, 어떻게 서로를 도와주려고 했는지, 특히 능력이 뛰어난 학생이 그 능력을 어떻게 나누는지를 보았다. 아이들은 어른들보다 그 점에서 훨씬 뛰어난 협력과 배려를 보여주었고, 우리는 그것을 몇 번이고 확인

할 수 있었다. 그래서 뿌듯함을 감출 수가 없었다.

학교는, 수업은, 행사는, 결코 잘하는 것을 보여주는 것이 아니다. 학생들이 자라나도록 경험을 마련해주는 것이다. 잘하는 아이들이 독점하는 행사만 하면, 대부분의 아이는 이런 경험을 해보지 못하고 사회에 나갈 것이다. 모든 학생이 참가할 수 있도록 수업시간에 하고, 수업시간의 심화로 행사를 하는 것이 옳다고 본다. 이 대회에 참가했던 한 학생은 끝내 울음을 터트렸다. 그리고 그 학생의 편지에서 우리 판단이 옳았음을 느끼고 울컥했던 경험이 있다.

> 귀찮고, 두려웠습니다. 다희가 나가자고 해서 나갔습니다. 올라가서는 무서웠습니다. 그리고 까먹었습니다. 다희가 입 모양으로 도와주지 않았다면 하지 못했을 겁니다. 끝나고 난 뒤 더 잘할 걸 생각했습니다. 이제 해 보아야겠습니다. 자신감도 생겼습니다.

수업 차시의 뒷부분에서는 자신들이 읽은 문학 작품을 현대적 의미로 비판하는 내용으로 9컷 만화를 그렸다. 가급적 많은 학생의 작품을 전시하려고 했으나, 전시공간이 충분하지 않아서, 복도에 줄을 매달아서 전시하고, 학생들이 서로 격려하는 글을 써 보도록 유도했다.

이렇게 17차시 수업이 마무리되고 난 후 '황순원 문학의 밤' 행사를 했는데, 이는 17차시 수업을 마무리하는 일종의 책거리이고, 일종의 수업 종합 발표회 같은 것으로 만들고자 노력했다. 즉, 토론 주제 연구 발표, 백일장 작품 발표, 시노래, 작품을 패러디한 연극 등으로 구성했다. 그리고 다음 날 문학의 밤에 참가한 학생들을 데리고 '소나기 마을'

을 방문했는데, 이로써 3월부터 시작한 총 17차시 수업과 문학의 밤, 문학기행을 마무리한 것이다.

여덟째. 관찰과 기록

3월에 시작한 책 읽기부터 8월 문학기행까지, 학생들은 수업장면에서 끝없이 읽고, 쓰고, 말하고, 표현했다. 그 과정을 밀착하여 평가하고, 그 평가 자체를 말로 누가 기록했다. 누가 기록을 하기 위해서 별도의 수업일지를 만들었다. 수업일지에는 일시/교시/반, 진도 사항, 수업과정, 학생활동 상황, 과제, 수업 성찰 등을 넣었다. 특히 학생활동 상황에는 '누가, 무엇을 배울 때, 어떤 주제로, 어떤 활동을 하여, 어떤 성장을 보여주었다'의 형태로 기록했다. 이를 정기적으로 엑셀로 정리하고 통합하여 학교생활기록부에 기록했는데, 1학년과 2학년의 거의 모든 학생의 교과 독서사항에 다음과 같이 기록할 수 있었다.

언제	2016.03.11.~2016.08.27.
프로그램	'나루고, 황순원을 만나다'라는 독서프로젝트 수업에서(총 17차시)
읽은 책	'카인의 후예'를 읽고, 매시간 서평 쓰기와 토론하기를 하여
발표한 것	도섭 영감의 속물적이고, 기회주의적인 성격에 화가 났다고 말을 하였으며,
토론한 것	'도섭 영감의 기회주의적 성격이 옳은 것일까'라는 논제로 토론 시, 도섭 영감의 속물적 성격을 지적하며 옳지 못함을 주장함.
창작한 것	어머니에 대한 사랑을 표현한, '미워할 수 없는 것'이라는 시를 창작하고,
재구성한 것	'그때 그 사람들은'이라는 제목으로 등장인물들의 갈등과 생각을 1문장으로 표현함. 문학 콘서트에서~

[표 3-8] 2016년 '나루고, 황순원을 만나다' 학생 누가기록

'나루고, 황순원을 만나다'라는 독서프로젝트 수업에서(총 17차시), '카인의 후예'를 읽고, 매시간 서평쓰기와 토론하기를 하여, 토지개혁을 둘러싼 갈등의 의미를 인간의 탐욕이라는 면에서 살펴보고, '도섭 영감의 기회주의적인 성격은 옳은 것인가'라는 논제로 모둠 토의 후 발표 시, 도섭 영감의 속물적 성격을 지적하며 인간의 탐욕이 가지는 역사적 불행에 대해 근거를 들어 주장함으로써 비판력을 보임. '미워할 수 없는 것'라는 제목으로, 어머니의 배려하고 희생하는 삶에 대한 산문을 창작하고, '그때 그 사람들은'이라는 제목으로 등장인물들의 갈등과 생각을 한 문장으로 표현한 9컷 만화를 그림으로써, 창의적인 작품 재구성 능력을 보임. 또한 문학 콘서트에서 '택'이라는 분단의 아픔을 상표에 비유하는 창작시를 낭송하고, 황순원 문학관과 소나기 마을에서 황순원의 문학세계를 직접 체험하고 보고서를 제출함으로써 지속적인 탐구력이 돋보임.

누가 기록을 하면서, 가장 고민스러웠던 것은 '학생의 역량을 주관적으로 평가하여 기록하는 것이 가능할까'라는 점이었다. 이 점에 치중하면, 객관성이나 구체성을 잃기가 쉽다고 생각했다. 그래서 우선은 학생들이 구체적으로 움직이고 탐구하고 표현한 사항을 관찰하여 담담하게 과장 없이 적는 데 치중했다. 내가 판단하는 역량에 대해 조심스럽게 써 보는 형태를 추구하고 있지만, 쉽지 않다는 생각이 든다.

---

9 2016년 1학기 국어과 독서상황의 기록 중에서 이 프로젝트 수업과 관련된 것만을 추출했으며, 실제 기록과는 약간의 차이가 있음.

최근에는 2015 개정 교육과정에 나와 있는 핵심 역량[10]에 관심이 있는데, 이를 학생들의 활동과 연결하는 것을 시도해보고 있다. 즉, 비판력, 창의성, 공감성, 자료 활용능력, 정보 조작 능력, 작품 재구성 능력, 의사소통 능력, 협력과 배려, 감상 능력, 자기주도성, 자기 성찰능력, 지속적 탐구능력 등의 단어로 표현하여 나타내고자 시도하고 있다. 그러나 쉬운 작업이 아니어서 더 많은 고민과 연구가 필요하다.

'나루고, 윤동주를 만나다'로 일체화를 본격화하다

가. 어떻게 시작하였나?

2014년도 2월에 국어교사들이 모여서 '수업시간 중 독서하기' 국어 통합 활동 수업을 공동으로 해보자고 결의했다. 1학기에는 한 작가를 정해서 집중적으로 탐구(17차시)하고, 2학기에는 모둠별 독서토론 수업(17차시)을 하자고 한 것이다. 그래서 2014년도 1학기에는 박경리, 2015년도에는 정지용, 2016년도에는 황순원이라는 작가를 정하여 '나루고, ○○○을 만나다'라는 타이틀로 프로젝트 수업을 진행했다. 2017년 1학기에는, 3년간의 경험을 바탕으로 국어과 협의회에서 전교생을 대상으로 '나루고, 윤동주를 만나다'라는 프로젝트 수업을 하기로 했다. 주당 1시간씩 '읽고-생각을 나누고-표현하는' 독서 수업을 실시하며, 시낭송회, 토론 대회, 문학 탐사, 주제탐구 등을 모두 수업시간으로 가져

---

10 비판적 · 창의적 사고 역량, 자료 · 정보 활용 역량, 의사소통 역량, 공동체 · 대인 관계 역량, 문화 향유 역량, 자기 성찰 · 계발 역량 등이 있다.

오기로 계획했다. 특히 이 수업은 '교육과정-수업(행사)-평가-기록'의 일체화를 실천하되, 교사 개인이 아닌 적어도 한 교과에서 공동으로 계획하고, 실천하고, 다시 시스템화할 수 있도록 노력했다는 점에서 의의가 있다고 본다.

나. 누가, 왜 배웠는가?

작가는 탄생 100주년을 맞이한 윤동주로 정했다. 우리가 그동안 알고 있던 윤동주는 그저 '독립운동', '부끄러움', '희생양', '옥사' 등의 고정된 키워드뿐이었다. 우리 아이들도 여기서 크게 벗어나지 않았다. 그러다 보니, 윤동주는 우리 학생들의 삶과는 멀리 떨어져 있는, 마냥 고고한 존재였다. 그러나 윤동주의 시를 처음부터 끝까지 천천히 읽어 보면, 그 안에 20대 청년기의 다양한 감수성이 그대로 녹아 있으며, 지금 우리 아이들의 다양한 감수성과도 만날 수 있다는 것을 깨닫게 된다.

만돌이가 학교에서 돌아오다가 / 전봇대 있는 데서

돌짜기 다섯 개를 주웠습니다.

전봇대를 겨누고 / 돌 첫 개를 뿌렸습니다. / -딱-

두 개 째 뿌렸습니다. / -이뿔사-

세 개 째 뿌렸습니다. / -딱-

네 개 째 뿌렸습니다. / -딱-

다섯 개에 세 개…… / 그만하면 되었다. / 내일 시험,

다섯 문제에 세 문제만 하면- / 손꼽아 구구를 하여 봐도 / 허양 육십 점

이다.

볼 거 있나 공 차러 가자.

그 이튿날 만돌이는 / 꼼짝 못하고 선생님한테

흰 종이를 바쳤을까요 / 그렇잖으면 정말/ 육십 점을 맞았을까요

윤동주의 '만돌이'라는 시이다. 이 시만 보아도 윤동주의 정서가 우리 아이들의 정서에 쉽게 다가갈 수 있음을 알 수 있다. 이 수업은 그래서 일단 윤동주의 시를 아무런 편견 없이 읽고, 느끼고, 자기 삶과 만나도록 했다. 그 안에서 자유롭게 청소년기의 희로애락과 꿈과 좌절, 사랑과 인간애 등에 대해 사색해보게 했다. 작품은 자유롭게 선택하게 했으나, 대체로 '하늘과 바람과 별과 시'에서 시를 골라 읽었다.

다. 성취기준을 어떻게 재구성하였나?

1, 2, 3학년이 모두 공통으로 실시하는 수업이기에, 특별히 어느 과목의 성취기준을 가져오기가 어려웠다. 그래서 2015 개정 교육과정의 문학교과에서 문학의 수용과 생산, 그리고 문학의 태도 영역의 성취기준을 가지고 재구성했다. 문학의 태도 영역을 보면, '작품의 공감적, 비판적, 창의적 수용을 통한 상호 의사소통'과 '문학을 통한 자아 성찰과 타자의 이해, 그리고 상호소통'을 다시 해체하여 '작품의 공감적, 비판적, 창의적 수용을 통한 자신의 삶에 대한 성찰'과 '작품의 공감적, 비판적, 창의적 수용을 통한 타인의 삶에 대한 이해'로 다시 재구성했음을 볼 수 있는데, 이는 수업 활동의 중점을 자아 성찰과 타인의 삶에 대한 이

영역	영역의 구체화	기존 성취기준	재구성한 성취기준	수업 활동
문학의 수용	이해하고 감상하기	[12문학02-02]작품을 작가, 사회·문화적 배경, 상호 텍스트성 등 다양한 맥락에서 이해하고 감상한다.	1. 작품을 작가, 사회 문화적 배경, 상호텍스트성 등 다양한 맥락에서 이해하고 감상한다.	1. 작품 읽고 감상하기, 문학탐사활동
문학의 태도	탐구하여 성찰하기	[12문학02-04]작품을 공감적, 비판적, 창의적으로 수용하고 그 결과를 바탕으로 상호 소통한다. [12문학04-01]문학을 통하여 자아를 성찰하고 타자를 이해하며 상호 소통하는 태도를 지닌다.	2. 작품을 공감적, 비판적, 창의적으로 수용하고, 경험을 통하여 자아를 성찰한다. 3. 작품을 공감적, 비판적, 창의적으로 수용하고 관계를 통하여 타인의 삶을 이해한다.	2. 나의 삶과 만나는 작품 읽기 3.타인의 삶을 이해하는 작품 읽기
문학의 생산	재구성 하고 창작하기	[12문학04-01]문학을 통하여 자아를 성찰하고 타자를 이해하며 상호 소통하는 태도를 지닌다. [12문학02-05]작품을 읽고 다양한 시각에서 재구성하거나 주체적인 관점에서 창작한다.	4. 작품을 읽고 다양한 시각에서 재구성하거나 주체적인 관점에서 창작한 후, 상호소통하는 태도를 가진다.	5. 학급 시낭송회, 주제탐구 발표, 백일장

[표 3-9] 2017 '나루고, 윤동주를 만나다' 프로젝트 수업의 성취기준 재구성

해에 두었기 때문이다.

그리고 문학의 생산은 두 개의 성취기준을 활용하여, '재구성과 창작 후 상호소통하기'라는 하나의 성취기준으로 재구성했다. 이는 학급 시낭송회, 주제탐구, 백일장 등의 창작과 상호의사소통 활동이 중요한 수업 활동의 역량이라고 보았기 때문이다.

라. 무엇을 어떻게 배웠는가?

수업의 기본적인 틀은 '읽고 - 생각을 나누고 - 쓰고 발표하기'이다. 이

중에서 가장 중요한 것은 당연히 작품 읽기이다. 그러나 무의미하게 읽는 것이 아니라 항상 자신의 경험(삶), 타인의 삶(관계나 경험) 등과 연결하는 작업을 하도록 했다. 그리고 반드시 서로 생각을 나누게 하고, 이를 통해 자연스럽게 읽고, 말하고, 듣고, 쓰는 국어 통합 활동을 하도록 설계했는데, 전체적인 수업의 흐름은 다음과 같다.

영역	차시	주제(내용)	수업 활동 내용	학습 방법	수업과정 평가
문학의 수용→작품 읽고 이해하기	1	우리가 알고 있는 동주에 대해 말해보기	시집 훑어 읽기 통해 대략 파악하기 내가 알고 있는 윤동주에 대해 정리해 보고 서로 발표해 보기	탐구학습 토론학습	내가 아는 윤동주에 대해 발표한 내용 평가
	2	영화 '동주'를 통해 동주의 문학세계 살펴보기	영화 '동주'의 일부분을 보면서, 동주의 문학세계 파악하기 – 동주가 생각한 문학의 세계 – 동주의 '부끄럼 의식' – 동주의 독립운동(애국성)	탐구학습 토론학습	문학의 가치, 부끄럼 의식, 독립운동에 대해 기술한 내용 평가
	3	작품 무조건 읽기	1. 시집을 자유롭게 읽으며, 공감하는 시 찾아 보기 2. 찾아 본 시 읽어주고, 느낌 이야기 하기	탐구학습 토론학습	찾은 시에 대한 느낌 발표 평가
문학에 대한 태도→탐구하기	4~5	동주와 만나는 나의 삶에 대해 말해 보기	1. 자신의 삶(경험)과 관련이 있다고 생각하는 시 2~3편 골라 적기 2. 시 그림 그리기 3. 시와 자신의 삶과 관련된 이유 써 보고 발표하기	탐구학습 토론학습	나의 삶과 관련된 시 낭송과 이유 설명 평가
	6~7	동주와 만나는 너의 삶과 관계에 대해 말해보기	1. 나와 가까운 타인 눈을 감고 떠 올리기 2. 돌아가면서 생각한 타인의 이름과 관계 이야기하기 3. 타인과의 관계, 경험과 관련된 시 찾고, 이유와 편지 사연 써 보기 4. 시와 사연에 대해 발표하기 5. 색상지에 시 편지 쓰기 6. 전시–발표 후 전달하기	탐구학습 표현학습 토론학습	1. 타인의 삶과 관련된 시 낭송과 이유 설명 평가 2. 손 편지 평가

문학의 생산 ↓ 재구성하고 창작하기	8 ~ 11	나만의 시를 암송하고, 시나리오를 작성하여 반 시낭송회 개최하기	1. 찾은 시 중에서 나만의 시 하나 선택하기 2. 시 암송하고, 돌아가면서 낭송하고, 간단히 선택이유 말하기 3. 반 낭송회를 위한 집행위원회 구성하기 4. 시낭송 시나리오 작성하기 5. 연습하기 6. 실연하기(시청각실)	탐구학습 집단표현 학습	1. 시 암송하기 평가 2. 시 낭송회 평가
	12 ~ 13	나만의 시를 바탕으로, 자신의 삶을 표현하는 창작물 만들고 전시하기	나만의 시를 바탕으로 자신의 삶 성찰하는 창작하기(백일장) 전시하기	표현학습	백일장 작품 평가
	14 ~ 17	우리만의 시 주제 탐구하기	시 1~2개를 활용하여 1. 지식이 아닌 것, 작가와 시대연구가 아닌 것, 세상에 없는 우리만이 궁금한 것을 질문의 형태로 주제로 삼을 것 2. 1장짜리 탐구 보고서 제출 3. 5분 발표	탐구학습 토론학습 표현학습	1. 주제탐구 보고서 2. 주제탐구 발표
행사 심화	별도	문학탐사	윤동주 문학관 탐사, 서촌일대 미션 탐사(5월)		
		주제탐구 발표대회	반별 1개 모둠을 뽑아서 반간 대회로 실시(7월)		
		문학콘서트	수업시간 중 했던 활동을 추천하여 재구성(2학기 개학 후 첫 주)		

[표 3-10] 2017 '나루고, 윤동주를 만나다' 프로젝트 수업의 전체적인 흐름

마. 실제로 수업은 어떻게 진행하였나?

1~3차시까지는 윤동주의 작품에 관해 그동안 피상적으로 알고 있는 부분을 서로 확인하고 반성한 후, 작품을 처음부터 다시 읽어 보면서 자신이나 타인과의 관계에서 오는 경험을 자연스럽게 떠올릴 수 있도록 했다. 그중 1차시 수업은 그동안 우리가 알고 있었던 윤동주에 대하

여 서로 이야기하도록 함으로써, 그동안의 윤동주에 대한 편견을 깨고자 했는데, 그 수업과정안은 다음과 같다.

무엇을 배울 것인가?	
목표 설정 하기	윤동주의 작품을 작가, 사회 문화적 배경, 상호텍스트성 등 다양한 맥락에서 이해하고 감상한다.
수업 의도	우리 학생들은 20대 윤동주와 그의 문학작품 세계에 대해서 얼마나 알고 있을까? 이 수업은 이 질문에 대해 학생 각자가 스스로 답해보고, 그것을 바탕으로 서로 소통하여, 앞으로 탐구해야 할 윤동주에 대해서 우리가 많은 것을 모르고 있었음을 깨닫게 하는 것을 목적으로 한다. 이 성찰을 바탕으로 우리 학생들은 시를 감상하고, 시를 탐구하는 긴 여정에 행복하게 길을 나서기를 기대한다.

지식과 이해(알게 될 것이다)	기능, 태도(할 수 있게 될 것이다)
1. 윤동주라는 작가의 생애 2. 작가의 사회문화적 배경 3. 작가의 문학 가치관 4. 작품의 상호 텍스트성	1. 다양한 맥락에 대한 이해와 감상 → 알고 있는 내용 발표하기 → 들은 내용 적어 보기 → 알고 있거나 들은 내용 정리하고 토론하기

핵심질문 만들기

우리가 알고 있는 윤동주에 대해 말해 볼 수 있는가?

어떻게 배울 것인가?		
배 움 열 기	1. 자기 번호에 해당되는 시집을 꺼내어서, 자기 자리에 앉기 2. 시집의 뒷면에 있는 신동욱 씨의 '죽음의 의미'에 대해 읽어 보고, 설명듣기 3. 시집 1쪽에 나와 있는 생애에 대해 읽어 보기 4. 차례를 보면서, 익숙한 시 찾아 보기 → 아는 시가 별로 없음을 알기 5. 〈서시〉를 읽고 감상해 보기	전 체 학 습
배 움 쌓 기	1. 내가 본 영화, 읽은 시, 평론서 내용, 인터넷 감색 결과, 어디서 주워들은 이야기까지 등 내가 아는 동주에 대해 마구 써 보기 2. 신동욱 씨의 평론을 훑어 읽으며, 알게 된 내용 적어 보기	탐 구 학 습
성 장 하 기	1. 내가 아는 윤동주를 바탕으로 나와서 발표하기 2. 친구들이 말하는 내용(내가 들은 윤동주) 적어보기 3. (내가 아는 윤동주+내가 들은 윤동주) 서로 이야기하여 정리하기 4. 우리가 몰랐던 윤동주에 대해 토론하기	토 론 학 습

<table>
<tr><td colspan="6" align="center">평가는 무엇을 어떻게 할 것인가?</td></tr>
<tr><td>내용</td><td>주제</td><td>3</td><td>2</td><td>1</td></tr>
<tr><td>1. 작품의 맥락적 이해 1</td><td>내가 아는 동주의 세계 말해 보기</td><td>시대적, 사회적 상황과 관련하여 윤동주의 삶과 시를 20대 청년의 인간적인 면모에서 이해할 수 있다.</td><td>시대적, 사회적 상황과 관련하여 윤동주의 삶과 시를 잘 이해할 수 있다.</td><td>윤동주의 삶과 시가 단순히 시대적 사회적 상황과 관련이 있다고만 이해하고 있다.</td></tr>
<tr><td colspan="6" align="center">어떻게 기록할 것인가?</td></tr>
<tr><td colspan="6">내가 알고 있는 윤동주에 대해 무엇이라 말하였나?</td></tr>
</table>

[표 3-11] 1차시 `우리가 알고 있는 동주에 대해 말해 보기` 수업과정안

4~5차시 수업은 작품을 공감적, 비판적, 창의적으로 수용하고 자아를 성찰하도록 하는 활동을 했다. 그 수업과정안은 다음과 같다.

<table>
<tr><td colspan="3" align="center">무엇을 배우는가?</td></tr>
<tr><td>목표 설정 하기</td><td colspan="2">윤동주의 작품을 공감적, 비판적, 창의적으로 수용하고 문학을 통하여 자아를 성찰한다.</td></tr>
<tr><td>수업 의도</td><td colspan="2">윤동주의 시집을 읽고, 자신의 삶과 연계되어 있다고 생각되는 시 2~3편을 골라내어 정서하고, 그 이유를 밝히는 수업이다. 이유를 쓸 때, 자신의 구체적이고 생생한 경험이 잘 드러나도록 쓰는 것이 중요한 수업이다. 그런 후에 시에 대한 그림을 그리고, 이유를 발표하도록 하여 상호 소통시킨다.</td></tr>
<tr><td colspan="2" align="center">지식과 이해(알게 될 것이다)</td><td align="center">기능(할 수 있게 될 것이다)</td></tr>
<tr><td colspan="2">1. 작품에 대한 맥락적 이해</td><td>1. 작품을 공감적, 비판적, 창의적으로 수용하기
2. 경험을 통해 자아를 성찰하기</td></tr>
<tr><td colspan="3" align="center">핵심질문 만들기</td></tr>
<tr><td colspan="3">1. 자신의 경험과 맞닿아 있는 시를 읽고, 자신의 삶을 성찰할 수 있는가?</td></tr>
</table>

어떻게 배우는가?		
배움 열기	1. 동주와 관련된 노래 들어 보기(쉬는 시간) 2. 시 여기 저기 무조건 읽어 보기 　→ 재미있거나, 경험해 봤음직한 시 골라 보기 3. 자기가 골라 읽은 시에 대해 공감되는 부분 서로 이야기해보기	탐 구 학 습
배움 쌓기	1. 내가 좋아하는 시 2편 고르기 　조건) 재미, 공감, 나의 경험과 연계 2. 시 적어 보기 3. 시 그림 그리기 4. 그 시를 고른 이유에 대해 적어 보기 　조건) 가. 자신의 경험을 중심으로 구체적이고 생생하게 서술할 것 　　　 나. 이 시가 왜 자신의 삶과 맞닿아 있는지 설명할 수 있을 것	탐 구 학 습
성장 하기	내가 좋아하는 시에 대해 그림을 그리고 낭송한 후, 그 이유를 발표하기	표 현

어떻게 평가하는가?				
평가 내용	평가 주제	3	2	1
3.문학을 통한 자아의 성찰	나의 삶(경 험)과 만나 는 시 골라 보고 이유 쓰기	윤동주의 시를 읽고, 나의 삶(경험)과 만나는 지점을 찾고 자아를 잘 성찰하고, 그 이유를 설명할 수 있다.	윤동주의 시를 읽고, 나의 삶(경험)과 만나는 지점을 찾아 자아를 성찰할 수 있다.	윤동주의 시를 읽고, 나의 삶(경험)과 만나는 지점을 찾을 수 있으나, 자아를 성찰하는 데 어려움이 있다.

어떻게 기록할 것인가?
나의 삶과 만나는 윤동주의 시는 무엇이고, 어떤 경험을 통해 만나고 있는가?

[표 3-12] 4~5차시 '동주와 만나는 나의 삶에 대해 말해 보기' 수업과정안

　우선 읽은 시 중에서, 자기 경험과 유사한 것이 있는지, 공감하는 시가 있는지, 자기 삶의 목표와 유사한 시가 있는지를 살펴보고, 그런 시를 2~3편 정도 고르게 했다. 그리고 다시 천천히 읽으면서 그 시가

왜 자신의 삶과 맞닿아 있는지를 써 보고, 발표를 했다. 어떤 학생은 '자화상'이라는 시에서 자신이 중3 때 사춘기가 와서 얼굴을 한 달간 씻지 않았음을 고백했고, 어떤 학생은 '굴뚝'을 읽고 어린 시절 할머니 댁에 놀러 가서 감자나 고구마를 아궁이에 구워 먹던 추억을 떠올리기도 했다.

　다음은 그렇게 만든 활동지이다. 성취기준인 '작품을 공감적, 비판적, 창의적으로 수용하고 경험을 통하여 자아를 성찰한다'는 성취기준을 충실하게 반영한 활동이라 볼 수 있다.

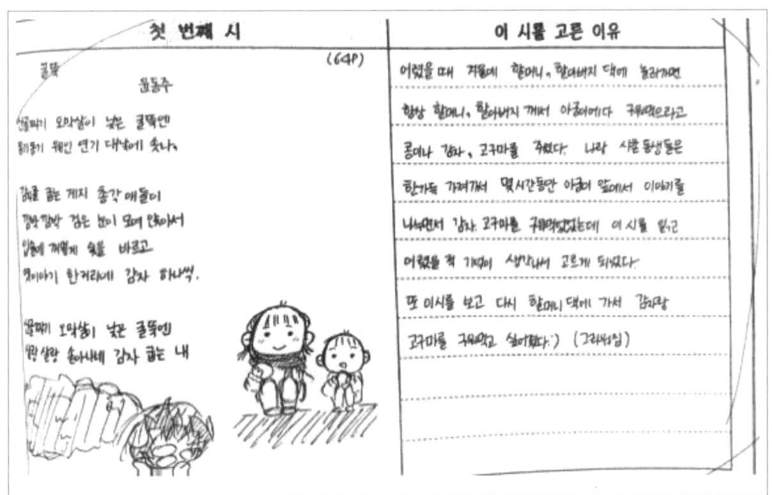

[그림 3-13] 동주와 만나는 나의 삶에 대해 말해 보기 활동지의 예

　수업을 하는 과정에서 학생들의 활동 과정을 숫자와 말로 관찰 평가하는 것도 잊지 않았다. 그 예는 다음과 같다.

반	번호	시	발표 내용	점수
1	1	내일은 없다	게으른 습관에 대해 반성	5
1	2	돌아와 오는 밤	늦은 밤 침대에 쓰러진 자신의 고3 생활	5
1	3	눈	순수했던 어린 시절과 아버지에 대한 추억	5
1	4	가슴1	답답한 고3 생활의 어려움 토로	4
1	5	반딧불	어린 시절 가족여행 가서 보았던 기억	5

[표 3-14] '동주와 만나는 나의 삶에 대해 말해 보기' 과정 평가의 예

6~7차시 수업은 '동주와 만나는 너의 삶에 대해 말해 보기'이다.

무엇을 배우는가?	
목표 설정하기	윤동주의 작품을 공감적, 비판적, 창의적으로 수용하고 문학을 통하여 타인의 삶을 이해한다.
수업의도	자신이 좋아하는 사람을 떠 올리고 그 사람의 삶과 맞닿아 있으며, 나와의 관계를 잘 말해주는 시를 선택한 후, 그 이유를 쓰고, 편지를 써서 전달하는 소통과 공감을 위한 수업시간이다.

지식과 이해(알게 될 것이다)	기능과 태도(할 수 있게 될 것이다)
2. 작품에 대한 맥락적 이해	1. 작품을 공감적, 비판적, 창의적으로 수용하기 2. 경험을 통해 자아를 성찰하기

핵심질문 만들기
1. 타인과의 관계나 경험과 관련 있는 시를 읽고, 타인의 삶을 이해할 수 있는가?

어떻게 배우는가?

배움열기	1. 동주와 관련된 노래 들어 보기(쉬는 시간) 2. 자신이 선택한 시 다시 읽어 보기 3. 누군가를 떠 올리기 ➡ 이름 및 관계를 돌아가면서 말하기 4. 권하고 싶은 시 찾아 보기 ➡ 서로 이야기해보기	탐구학습, 토론학습
배움쌓기	1. 너에게 권하는 시 1편 고르기 　조건) 그의 삶과 관련, 나와의 관계 및 경험과 관련 2. 시 적어 보기 3. 시 그림 그리기 4. 그 시를 고른 이유에 대해 적어 보기 5. 그에게 편지 쓰기	탐구학습
성장하기	1. 너에게 권하는 시를 낭송한 후, 그 이유 및 사연을 발표하기 2. 나의 시 + 너의 시 중 1편을 골라서 인터넷 카페에 이유와 함께 올리기 (과제)	표현학습

어떻게 평가하는가?

내용	주제	3	2	1
4. 문학을 통한 타자의 이해	관계와 만나는 시 골라 보고 이유 쓰기	윤동주의 시를 읽고, 나와 가까운 사람과의 관계 및 경험을 떠올리고, 그 이유를 설명할 수 있다.	윤동주의 시를 읽고, 나와 가까운 사람과의 관계 및 경험을 떠올릴 수 있다.	윤동주의 시를 읽고, 나와 가까운 사람과의 관계 및 경험을 떠올리는 데 어려움이 있다.

어떻게 기록할 것인가?

너의 삶과 만나는 윤동주의 시는 무엇이고, 어떤 관계나 경험을 통해 만나고 있는가?

[표 3-15] 6~7차시 ʻ동주와 만나는 너의 삶과 관계에 대해 말해 보기ʼ 수업과정안

자기 주변에 있는 사람 중 가장 자신의 삶에 영향을 끼친 한 사람을 떠올리게 한다. 대부분의 학생은 친구나 어머니를 떠올린다. 다시 그 사람과의 관계나 추억, 경험 등에 대해 깊이 있게 생각하게 한다. 그리고 그 사람과 관련된다고 생각되는 시를 찾아보도록 했다. 그 사람의 인품과 관련된 것, 그 사람과의 관계와 관련된 것, 그 사람하면 떠오르는 것 등등으로 시를 다양하게 찾도록 했다. 그리고 왜 이 시가 그 사람과 관련이 있는지 써 보게 하고 발표하게 한 후, 시 편지를 써서 그 사람에게 전달하는 과정까지 하게 했다. 어떤 학생은 '코스모스'라는 시에서 어머니와의 불편해진 관계에 대해 이야기했고, 어떤 학생은 '괴로움에는 이유가 없다'라는 시를 통해 친구와의 우정이 멀어진 사연을 이야기하기도 했다. 이 수업을 하는 동안 아이들은 참 많이도 울었다. 윤동주의 시를 통해서 관계와 경험을 공유하고 공감한 것이다.

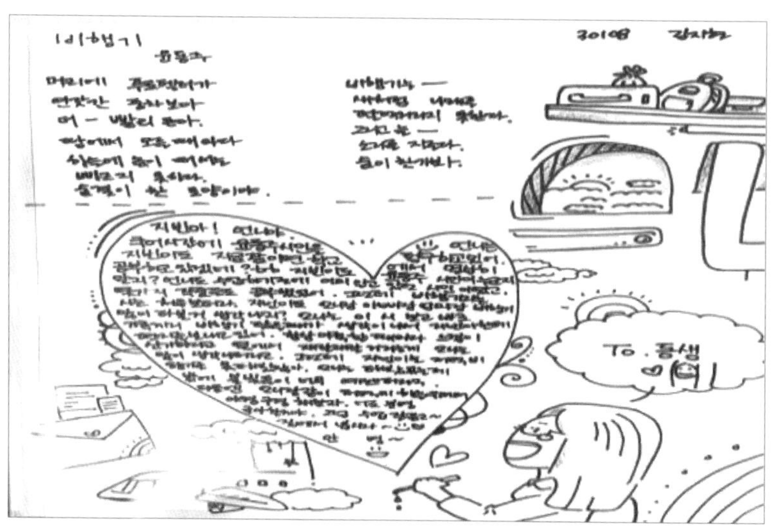

[그림 3-16] 동주와 만나는 나의 삶에 대해 말해 보기 활동지의 예

반	번호	시를 읽어주고 싶은 대상	읽어주는 시	왜 읽어주고 싶은가?	점수
1	1	친 동생들	서시	부끄러움 없는 성장을 할 것	4
1	2	미래의 나	돌아와 보는 밤	행복한 삶을 희망함	5
1	3	누나	해바라기 얼굴	누나의 수고를 생각함	4
1	4	부모님	산골물	은혜에 감사함	5
1	5	엄마	햇빛 바람	어린 시절의 추억	5

[표 3-17] 6~7차시 '동주와 만나는 너의 삶과 관계에 대해 말해 보기' 관찰 평가의 예

위의 표는 관찰 평가한 예이다.

8~11차시는 '나의 삶과 만나는 시', '너의 삶과 만나는 시'를 바탕으로, 모두가 참여하는 학급 시낭송회를 개최했다. 중요한 점은 반별로 학생들 스스로 기획자가 되고, 시나리오를 작성하고, 조명과 음향도 맡고, 사회자가 되기도 하고, 또 모두가 빠짐없이 출연자가 되어 무대에 선다는 것이었다. 무엇보다도 일부 학생이 아니라 모든 학생에게 무대에서의 발표 기회를 주고 싶었다. 학교가 잘하는 것을 보여주는 곳이 아니라 자라나도록 경험을 주는 곳이라는 것을 실천하고 싶었다.

시나리오를 짜기 위한 토론 1시간과 시나리오에 따른 연습 2시간, 그리고 시청각실에서의 연습 시간을 1시간을 주었다. 그런 다음 모두가 하는 학급 시낭송회를 50분간 진행했다.

학생들은 팀을 이루어서 라디오극 형태로 하기도 하고, 토론의 형태로 하기도 하고, 실내악단을 만들어 실제 연주에 시를 낭송하기도 하

순서	이름 (학번 or 역할)	시 제목	표현 방식(구체적으로)	준비물	위치	시간
1	30201고 30204김 30210박 30224이 30232조	햇비, 바람이 불어	BGM: 해피송과 함께 PPT 화면에 전국지도가 나오며 김ㅇㅇ이 오늘 저녁 어두운 날씨 기상정보를 시작한다. 이 때 무대 조명은 김ㅇㅇ에게 스포트라이트가 비춘다. 저녁예보가 끝난 후 고ㅇㅇ이 '바람이 불어' 시낭송을 시작한다. 슬픈 노래 배경에 맞추어 조ㅇㅇ(달), 박ㅇㅇ(바람), 이ㅇㅇ(괴로워하는 사람)가 몸으로 이 시의 정서를 표현한다. 다시 스포트라이트가 김ㅇㅇ을 비추며, 내일 아침 맑은 날씨예보를 시작한다. 고ㅇㅇ가 다시 '햇비'라는 시를 낭송하면, 조ㅇㅇ(해), 박ㅇㅇ(옥수수대), 이ㅇㅇ(무지개)가 다시 이를 몸으로 표현한다.	의자 2 책상 1 파란색 담요 무지개 우산 분무기 2 BGM– 해피송, 슬픈 노래, 기쁜 노래 등	무대	5분
2	30202권 30205김 30208문 30219유 302223이	별혜는 밤 당신의 밤	무대 중앙에 스포트라이트가 비추며 그 안에 김ㅇㅇ과 유ㅇㅇ가 서 있다. BGM인 당신의 밤에 맞추어 노래와 랩을 시작한다. ～	BGM– 당신의 밤 ～	무대	5분

[표 3-18] 8~11차시 '모두가 함께 참여하는 학급 시낭송회' 시나리오 중 일부

고, 시노래를 만들어 직접 부르기도 하고, 시극 형태로 이야기를 엮어가는 등 다양한 형태로 동주의 시를 표현하면서 자신들의 삶을 이야기하는 데 주저하지 않았다. 어느 반은 담임선생님을 초대하여 '선생님에게 드리는 시'를 낭송하고, 반대로 선생님 역시 '반 아이들에게 주는 시'를 낭송했다. 그 장면에서 학생들도 선생님도 함께 울었다. 이 수업을 참관한 어느 선생님이 다음과 같이 참관록을 남겼다.

선생님도 울고, 아이들도 울고, 한마음으로 감동이었습니다. 오늘 윤동주 시인에 흠뻑 취하고 갑니다. 정말 수업 감동 그 자체! 제게는 가장 아름다운 수업으로 남습니다.

그의 평처럼 윤동주를 통해서, 윤동주의 시를 통해서 학생과 교사의 삶과 관계가 만나는 순간이었고, 아름다운 인연의 문학적 감수성이 발휘되는 순간이었다고 자부한다.

12~13차시는 나만의 시를 바탕으로 자기 삶을 표현하는 창작물을 만드는, 즉 백일장 시간이었다. '하늘, 바람, 별, 시, 그리고 나'라는 키워드를 가지고 운문과 산문으로 나누어 창작하도록 하고, 수행평가와 더불어 시상도 했다.

주말에는 3번에 걸쳐서 문학 탐사도 다녀왔다. 1, 2, 3학년 100여 명씩 총 300여 명의 학생을 데리고 '윤동주 문학관'과 '서촌 일대'를 탐사했는데, 미션을 수행하고, 보고서를 써서 제출하게 했다. 학생들이 활동하는 모습이 이전과는 다르게 진지한 것을 볼 수 있었다. 그 이유는 수업시간 중에 이미 자신들 곁에 와 있는 윤동주를 만났기 때문이라고 생각했다.

14~17차시는 윤동주 시 주제탐구를 하였는데, 다음과 같은 원칙을 세웠다.

· 연구자의 입장이 되어서 시를 탐구할 것

· 시인과 관련된 것, 시대적 배경을 넣어서는 안 됨

· 작지만, 지식이 아닌 세상에 없는 것을 연구할 것

· 보고서는 달랑 1장, 발표는 모둠별로 5분, PPT와 UCC와 역할극은 안 됨

· 가장 잘한 모둠은 반간 토론대회에 나감. 단, 모둠원을 바꿀 수 없음

이런 원칙에 따라 모둠원끼리 토의하여 주제를 정했다. 그렇게 정해진 주제로는 '괴로움에는 이유가 없을까', '참새는 왜 짹짹거리기만 할까', '좋은 명상의 종류에는 무엇이 있을까', '귀뚜라미와 나는 무슨 대화를 했을까' 등이 있었다. 정한 주제를 바탕으로 모둠원끼리 토의하고, 근거를 마련하고, 합리적인 주장을 만들어 1장짜리 탐구 보고서를 작성하고, 이를 모둠별로 발표했다. 그중 한 모둠이 발표한 주제탐구를 보면 다음과 같다.

◇ 학년, 반, 조: 3학년 2반, 동주의 후예

◇ 시 제목: 귀뚜라미와 나와

◇ 주제(질문): 귀뚜라미와 나는 어떤 이야기를 했을까?

◇ 주장: 귀뚜라미와 나는 비록 의사소통이 되지 않았지만, 서로에게
비밀을 털어놓으며 외로움이라는 감정으로 소통했다.

우리는 늘 비밀스러운 것에 끌립니다. 시 '귀뚜라미와 나와'에서는 귀뚜라미가 '나'에게 하는 이야기도 '나'가 귀뚜라미에게 하는 이야기도 베일에 싸여있습니다. 이들의 비밀에 대한 궁금증을 풀기 위해 귀뚜라미와 '나'의 입장에서 비밀을 생각해보고 과연 '귀뚤귀뚤' 소리로 의

사소통이 될까 라는 의심으로 3분 동안 귀뚤귀뚤 소리로만 대화해 보았습니다.

먼저 귀뚜라미의 입장에서 생각해 보았습니다. 귀뚜라미는 하늘이 맑은 가을밤 '나'에게 비밀을 털어놓습니다. 귀뚜라미는 왜 이런 밤에, '나'에게 비밀을 말하고 싶었을까요. 본래 귀뚜라미는 암컷을 찾기 위해 귀뚤귀뚤 웁니다. 또한 이 둘은 서로 비밀을 이야기하며 '우리 둘만 알자고 약속'까지 합니다. 아마 부끄러운 비밀 이야기를 말했을 것 같습니다. 따라서 귀뚜라미는 며칠째 암컷을 찾으며 귀뚤귀뚤 울다가 오늘도 짝을 찾는 데 실패하고 비록 '나'가 알아듣진 못했지만, 외로워 보이는 인간에게 자신의 고민을 털어놓았을 것이라는 결론을 내렸습니다.

그렇다면 '나'가 귀뚜라미에게 하는 비밀 이야기는 어떤 이야기일까요? 아마 귀뚜라미가 인간이 외로워 보인다고 한 이유는 좋아하는 사람 때문이 아닐까 생각해보았습니다. 아무에게도 말하고 싶지 않은 비밀은 아마 사랑일 것입니다. '나'가 좋아하는 그 사람이 같은 시집에 계속해서 등장하는 '순이'일 수도, 혹은 다른 이가 될 수도 있지만 '나'는 그 누구에게도 말하지 못했던 짝사랑을 자신의 말을 알아듣지 못하는 귀뚜라미에게 털어놓았을 것이라고 결론을 내렸습니다. 이렇게 귀뚜라미와 나는 서로 각자의 언어를 알아듣지는 못했지만, 각자의 비밀을 털어놓은 후 아무에게도 말하지 않겠다고 약속한 것입니다. 비밀은 털어놓기만 해도 마음이 가벼워지기 때문에 서로의 외로

움에 대해 잘 이해할 수 있었을 것입니다. 귀뚜라미와 '나'가 사는 세상은 다릅니다. 따라서 사용하는 언어 또한 다르고 고민도 다를 것입니다. 우리가 '귀뚤귀뚤'이라는 소리로 대화할 수 없듯이 귀뚜라미도 우리의 언어를 알아듣지 못했을 것입니다. 결국 둘은 서로의 비밀에 대해선 정확히 알지 못하지만, '달밤 아래' 외로움이라는 감정으로 소통했고 어쩌면 둘만이 간직하려 했던 비밀은 말이 통하지 않아도 감각으로 서로를 위로해 줄 수 있는 것이었을 것입니다.

총 17차시의 수업이 끝난 후, '문학 콘서트'를 방과 후에 열었다. 수업시간에 했던 동주와 나의 삶, 동주와 너의 삶, 시낭송회, 문학 탐사보고, 백일장, 주제탐구 등의 내용 중 기억할 만한 활동을 담당 선생님의 추천을 받아 마치 '책거리' 행사처럼 열고, 외부에 공개하는 '수업거리' 행사였다. 학생들은 이미 수업시간에 익숙하게 해본 활동이라, 별도의 연습 없이 단 한 번의 무대 연습만으로도 훌륭한 문학 콘서트를 수행했다. 관객이었던 대부분의 학생도 자신들의 한 학기 수업을 되돌아보는 좋은 계기가 되었고, 학부모와 선생님들에게는 학교 수업개방의 날과 같은 행사였다.

바. 어떻게 평가하고 기록하였나?

학생들의 수업 활동은 전반을 그대로 평가한다는 것을 원칙으로 삼았고, 숫자 평가와 말 평가를 함께했다. 숫자 평가는 3단계로 평가(상/중/

반	번호	탐구 시	주제	내용	점수	상호평가		
						1	2	3
1	1	산협의 오후, 편지	왜 화자는 졸릴까?	혈연관계에서 오는 공감성	5	3	3	3
1	2	길, 새로운 길	길과 새로운 길의 분위기는 어떻게 다른가?	어둠과 밝은 정서의 차이	4	4	4	4
1	3	사랑의 전당, 이별	소극적인 사람은 어떻게 이별할까?	소극성이 주는 진실의 왜곡	5	3	2	2

[표 3-19] 윤동주 시 주제탐구 수행평가 중에서

하, 5/4/3, 잘함/보통/못함)했는데, 이는 관찰평가의 직관성을 가장 합리적으로 판단하기 위해서였다. 숫자 평가를 하면서, 동시에 학생들이 탐구하고 발표하는 것을 관찰하고 게시한 것과 제출한 활동지를 중심으로 말 평가도 함께했다. 그 예는 위과 같다.

학교생활기록부 기록은 이렇게 누가 기록한 말 평가를 그대로 적용했다. 다만, 다른 국어 수업시간에 했던 활동과 합치다 보니, 글자 수가 한도를 넘어가서, 다시 줄이는 작업을 해야만 했다. 중요한 것은 모든 학생을 빠짐없이 기록할 수 있었다는 점이다. 그 이유는 모든 학생이 수업에 참여했고, 그러한 참여활동 자체를 꾸준히 누가 기록했기 때문이다. 아쉬운 점은 여전히 학생의 역량을 주관적으로 평가하는 것에 어려움을 느낀다는 점이었다.[11] 다음의 표는 그 예이다.

---

11 자기주도학습능력, 도전, 탐구력, 감상력, 정보활용능력, 협력, 배려심, 창의력, 지적호기심
등으로 표현하고자 노력했으나, 주관적 평가가 어느 정도까지 가능한지 고민이 생김

반 번호		3XXXX
언제		2017.03.02~2017.07.14
독서프로그램 이름		'나루고, 윤동주를 만나다'라는 프로젝트 수업에서
나를 성찰하는 시	시	'종달새'를 성찰시로 읽고
	내용	거리의 뒷골목을 쓸쓸하게 방황하며 외로움을 느꼈던 때를 떠올렸으며
나를 성찰하는 시	대상	친구
	시	'코스모스'를 시 편지로 엮어 보냄
	내용	친구와의 변치 않을 우정에 대한 믿음을 표현함
시낭송회		시나리오 전체를 작성하고, '바다, 편지, 코스모스' 시를 낭송하고 사연을 전하고, 이에 대해 토론하는 라디오 프로그램에서 진행자 역할을 맡음
백일장		'쉽게 쓰여진 시'를 모티브로 주변의 문제풀이를 하고 있는 친구들에게서 느끼는 외로움과 부끄러움을 표현한 '나'라는 시를 창작함
문학관 탐사		윤동주 문학관을 방문하고, 서촌 일대에서 총 19가지의 미션활동을 수행함
주제 탐구	시	비둘기
	주제	비둘기끼리 주고받았던 어려운 이야기는 무엇일까?
	내용	반 친구들을 시 속에 나오는 비둘기에 비유하여 고민하고 있는 꿈에 대해 발표함

[표 3-20] 윤동주 수업에 대한 누가기록

과과세부능력 및 특기사항의 예

'나루고 윤동주를 만나다'라는 프로젝트 수업에서(총 17차시), '종달새'를 성찰시로 읽고 거리의 뒷골목을 방황한 경험을 떠 올렸으며, 친구에게 '코스모스'를 시편지로 엮어 보내서, 친구와의 우정을 표현함으로써 자기성찰과 타인과의 공감력이 뛰어남을 보임. 그리고 학급시낭송회에서, 시나리오 전체를 작성하고, '바다', '편지', '코스모스' 시를 낭송하고 사연을 전하고, 이에 대해 토론하는 라디오 프로그램에서 진행자의 역할을 맡음. 또한, 삶과 만나는 창작수업에서 '쉽게 쓰여진 시'를 모티브로 주변의 문제풀이를 하고 있는 친구들에게서 느끼는 외로움과 부끄러움을 '나'라는 시로 창의적으로 표현하였으며, 윤동주 문학관과 서촌 일대를 미션 탐사하였으며, '비둘기'로 '비둘기끼리 주고받았던 어려운 이야기는 무엇일까?'라는 주제를 탐구하여, 반 친구들을 시 속에 나오는 비둘기에 비유하여 고민하고 있는 꿈에 대해 발표함으로써 지속적인 탐구력과 자기주도성을 보임.

사. 이 수업이 남긴 것은 무엇인가?

2015년에 '나루고, 정지용을 만나다'로 본격적으로 시작한 나루고 국어과 공동 프로젝트 학습은 2017년도에 와서야 전교생을 대상으로 하게 되었다. 3학년에 와서도 이런 수업을 한다는 것에 부담감이 없었던 것은 아니다. 그러나 그 통념의 의미가 단순히 고3 학생들은 수능을 준비하기 위해 문제풀이를 해야 한다는 것이라면, 그것은 정답이 될 수 없다고 판단했다. 정상적인 수업을 통한, 정상적인 성장이라는 명목을 내세웠다. 그리고 선생님들과 합의한 후, 아이들에게 제의했더니, 아이들은 흔쾌히 하겠다고 했다.

그 과정에서 우리(교사와 학생 모두)는 윤동주라는 시인을 만났다. 멀리 있는 윤동주가 아니라, 우리 옆에 있는 윤동주, 이 교실에서 함께 숨 쉬고 있는 윤동주를 만날 수 있었다. 그리고 자아를 성찰하고, 타인을 이해하고, 함께 시를 낭송하고, 탐사하고, 탐구하면서, 많이 울기도 했다. 그 과정에서 가장 중요시한 가치는 모두가 빠짐없이 함께한다는 것이었고, 우리는 그것이 학교 교실에서 가능하다는 것을 이 수업을 통해 깨달았다. 나는 이것이 진정한 성장일 것이라고 믿고 있다.

왜 나는 수업을 바꾸려고 하였나?

4월은 가장 잔인한 달

영어교육과를 다니던 나에게 영문학 수업은 학점을 받기 위한 시간이었지, 문학적인 감수성을 키우거나 작품에 별다른 감명을 받은 적이 없었다. 그 시절, 영미시 교수님은 자아도취에 빠져 433줄의 난해하고도 길디긴 T.S. 엘리엇의 '황무지'라는 시구의 일부를 낭송해주곤 했다. 그때는 이 시가 내 폐부에 깊이 와 닿고 내 삶을 흔들게 될 거라고 짐작조차 하지 못했다. 정확히 말하자면 엘리엇의 시가 아니라 4월의 그 잔혹한 사건…. 2014년 4월 16일 세월호 참사가 잔잔한 내 교직 생활을 바꾸어 놓았다. 아마도 이 참사는 대한민국의 많은 사람의 인생을 바꾸어 놓았을 것이고 나는 그중에 한 사람일 뿐일 것이다.

April is the cruellest month, breeding

사월은 가장 잔인한 달

Lilacs out of the dead land, mixing

죽은 땅에서 라일락을 키워내고

Memory and desire, stirring

기억과 욕망을 뒤섞고

Dull roots with spring rain.

봄비로 잠든 뿌리를 뒤흔든다.

Winter kept us warm, covering

겨울은 따뜻했었다

Earth in forgetful snow, feeding

대지를 망각의 눈으로 덮어주고

A little life with dried tubers.

가냘픈 목숨을 마른 구근으로 먹여 살려 주었다.

- T.S. 엘리엇, 〈황무지(The Waste Land)〉 중에서

당시 나는 단원고등학교 3학년 부장이었다. 처음으로 맡는 부장 업무인 데다 큰아이는 고3이었고, 둘째는 어려서 몇 차례 고사했으나 결국 책임이 막중하고 부담스러운 자리를 맡게 되었다. 그해 4월은 너무나 잔인했다. 나는 현실에서 정말 지옥을 봤다. 왜 하필 내가 속한 곳에서 이런 일이 일어났을까? 혹시 내가 무슨 잘못을 했기 때문일까. 그러나 정신적으로 육체적으로 감정적으로 내 한계와 매 순간 사투를 벌여

가며 나 자신을 바로 세워야 했다. 나를 바라보고 있는 두 아이뿐만 아니라, 우리 단원고 2학년 생존자 아이들과 1학년, 3학년 아이들이 있었기 때문이다.

혹독히 아프다 못해 정신적 진공 상태에 빠졌을 때, 유독 엘리엇의 시가 나를 깊이, 아주 깊이 찌르면서도 희망을 품게 했다. 편안하게 웅크리고 있던 겨울을 지나, 힘들지만 온갖 힘을 내어 꿈틀거려 겨우내 언 흙을 뚫고 올라와 새싹을 틔워야 한다는 것…. 그래서 잔혹하리만큼 힘든 시간을 보내며 결국 희망을 향해 발걸음을 옮겨 나아가야만 한다는 것…. 내 나름대로 해석한 시의 메시지가 내 심장을 뜨겁게 했다.

4·16 이전과 이후의 내 교직 생활을 돌아보았다. 나는 학생들 사이에서 패셔니스타에 좀 엄하지만 영어 잘 가르치는 선생님으로 통했다. 수업경선 대회에서 상도 타보고, PCK 컨설턴트로서 수업 컨설팅도 다니면서 나름대로 수업에는 자신이 있었다. 교실에서는 아이들에게 내 말만 잘 들으면 영어 마스터는 물론 서울권 대학 입학이 가능하다고 말하며 강의에 집중하도록 강요했다. 시험이 끝나면 점수에 따라 혹독히 벌도 주었다. 교실에선 내가 주인공이었고 신이 났다. 북 치고 장구 치고 꽹과리도 나 혼자 친 것이다. 아이들에게 그 어떤 기회나 역할도 주지 않았다.

4·16 이후, 아이들이 통째로 사라진 2학년 교실에는 빈 책걸상만 남아 있었다. 3학년 교실에는 넋이 나간 아이들이 수업에 집중하지 못했고, 아이들의 배움을 고려하지 않은 오직 입시용일 뿐인 EBS 연계 교재는 교실을 무중력 상태로 만들었다. 내가 할 수 있는 것은 아무것도 없었다. 학생이 없는 교실, 배움이 없는 교실에서 교사의 존재도 학

교의 존재도 의미가 없었다. 학교는 아이들이 주체적인 존재로서 자신만의 꿈을 키워갈 수 있도록 해주는, 온갖 실험과 상상의 플랫폼과 같은 곳이어야 한다. 교사는 삶의 코디네이터로서 학생이 학습능력, 협업능력, 공감능력, 자율능력과 같은 삶의 기술을 함양할 수 있도록 교수 학습을 설계하여 아이들의 성장을 돕는 수업을 해야 한다.[12] 학생들을 수업의 주체로 세우지 못한 것이 미안하고 괴로웠다. 과거의 수많은 나의 제자들에게 그리고 꽃다운 나이에 먼 곳으로 간 그 아이들에게. 어떻게 하면 아이들을 배움의 중심에 세울 수 있을까 하는 고민이 꿈틀거리기 시작했다.

일체화와 만나다

혼돈에 빠진 단원고를 돕기 위해 너무나 많은 분들이 흘려주신 땀과 눈물을 기억한다. 너무나 고마웠던 분 중 한 분인 3학년 지원 TF의 김덕년 장학사님을 그때 만났다. 햇병아리 고3 부장인 나는 세월호 사후 상황 처리뿐만 아니라 입시를 앞둔 3학년 학부모들과의 반복되는 협의회로 지쳐가고 있었다. 그때 장학사님은 불안해하시는 학부모님들의 각종 민원뿐만 아니라 요구 사항을 온몸으로 받아 주시고 조례를 만들어서라도 가능한 모든 지원 방안을 찾으셨다. 그리고 그분들을 안심하도록 설득해주셨고 정말 실행해주셨다. 장학사님은 아이들을 가장 중심에 두셨고, 그분의 진정성에 주변 사람들이 감동을 받았다.

 일 년쯤 후, 우연히 장학사님의 교육과정–수업–평가–기록 일체화

---

12 제8회 경기교육포럼 교원의 관점에서 바라본 4 · 16 교육체제

(이하 일체화) 동아리 교사 모집 공문을 보게 되었다. 나는 주저하지 않고 A4 2장의 자기소개서를 열심히 써서 제출했다. 그땐 난생처음 들어본 '일체화'라는 표현이 왠지 하늘에서 내려온 굵은 동아줄 같았다. 수업에 대한 갈증이 풀릴 것 같은 막연한 기대감이 부풀어 올랐다.

일체화 동아리는 수업 고민뿐만 아니라 서열화를 위한 대학 입시로 폐허가 된 학교 현장의 문제, 민주적인 학교 문화 정착, 그리고 교육의 본질에 대해 깊이 고민하는 교사들의 모임이었다. 우리는 단순한 일체화 수업 사례담을 나누는 것이 아니라, 성공과 실패가 반복되는 뼈아픈 과정을 공유하며 각자의 고민과 깊은 성찰에 대해 밤늦도록 이야기를 이어가기도 했다. 무엇보다도 교육과정 재구성부터 기록까지의 과정이 혹여 입시를 위한 수단으로 전락될까 우려스러웠다. 우리의 화두는 수업에서 한 아이도 소외되지 않도록 학생 배움 중심의 수업을 세우며, 교사의 평가 자율권을 찾아가고, 교육이 부디 제자리를 찾아가도록 하는 것이었다.

일체화는 일시적인 수업 기술이나 기록 방법에 대한 벤치마킹으로 이루어지는 속성 과정이 아니다. 일체화의 철학은 지속적인 성찰과 실천에 있다고 생각한다. 일체화는 머리로 이해하는 Theory(이론)가 아닌 Action(행동)[13]이다. 여기서 행동의 의미는 단순히 문제 해결을 목적으로 하는 행위가 아닌 좀 더 포괄적으로 어떤 이념이나 감각을 구체화시킬 때 활발해지는 행위, 동작, 과정, 수행, 표현력 같은 게 아닐까. 영국의 낭만파 시인 윌리엄 워즈워스(William Wordsworth)는 시(Poetry)란 '힘

---

13 나루고등학교 수석교사 이명섭의 일체화 정의

찬 정서가 자연스럽게 넘쳐나는 것(spontaneous overflowing of powerful feeling)'
이라고 정의했다. 어쩌면 이렇게 넘쳐흐르는 시적 정서에서 비롯된 아
무도 막을 수 없는 강한 힘이 발휘되는 일련의 과정이 일체화가 아닐
까 생각해본다. 일체화는 실천이라는 자신만의 계단을 한 칸씩 올라가
보면서 점차 견고해지는 과정인 것 같다. 드디어 나도 나의 작은 수업
의 변화, 나만의 일체화에 도전하게 되었다. 따뜻한 동료애를 갖고 집
단지성을 발휘해주신 동아리 선생님들의 격려와 내 속에서 솟구쳐 오
르는 시적 정서 덕분이다.

무엇을 배우게 할 것인가?

영어 교사가 된 이후로 나는 줄곧 '영어독서' 수업을 해보고 싶었다.
하지만 현실적인 여러 상황에 밀려 시도조차 해보지 못하고 있었다.
그런데 일체화를 알게 되고 마침내 도전할 수 있었다. 지금부터 영어
독서 수업을 일체화로 푸는 과정을 소개하고자 한다.

첫 번째 단계. 영어교과 교육 목표, 역량 확인하기
먼저 영어 교과 교육의 목표를 살펴보자. 2015 개정 교육과정에는 다
음과 같이 기술되어 있다.

세계인과 소통하며 그들의 문화를 알고 우리 문화 또한 확장시켜 나아
갈 수 있도록 기초적인 영어 의사소통능력을 길러주는 것이 학교 영어

교육의 기본목표이다. 이를 위하여 영어에 대한 흥미와 관심을 불어넣어주고 이를 바탕으로 학습자가 주도적으로 영어 학습을 지속하게 해주는 것이 필요하다. 뿐만 아니라, 인성이 중요한 핵심 역량으로 다루어지고 있는 이때에 영어학습을 통한 타인에 대한 배려와 관용, 대인관계 능력 함양은 교육과정이 추구하고 있는 인간상이기도 하다. 또한 학생들은 영어를 배움으로써 개인적인 지적 역량이나 학업지식을 배양할 수 있으며, 서로 다른 사고방식, 경제적 가치관, 문화적 다양성 등에 관한 이해를 증강시킬 수 있다. 이를 바탕으로 학생들은 글로벌화된 세계 속에서 살아가는 데 필요한 역량을 발휘할 수 있는 든든한 토대를 마련할 수 있게 될 것이다. 이에 영어를 매개로 말이나 대화를 듣거나, 혹은 글을 읽고, 중심내용, 세부정보를 이해하고, 제시된 과제를 해결하는 능력, 자신의 의견이나 생각, 판단 등을 말이나 글로 표현하는 능력 함양이 초등학교에서 고등학교에 이르기까지 영어교과가 성취해야 할 목표이다.

결국 영어교육의 목표는 아이들이 미래 사회에서 살아갈 수 있는 역량[14]을 기르는 것이다. 영어과 교과 역량으로는 영어의사소통, 자기관리, 공동체, 지식정보처리의 4가지 역량이 제시되고 있다. 한편 2016 경기도 교육과정에서 제시하는 핵심 역량은 다음과 같다.

---

14 역량은 학생들의 삶 속에서 실제적으로 무엇인가를 알고 실행할 수 있는 능력이다. 역량은 학습을 통해 습득한 지적 능력, 실행 능력, 정의적 능력을 포함하는 실제적이며 종합적인 능력이다.('배움중심수업 2.0의 이해와 실천' 중에서)

- 자주적 행동 역량: 긍정적 자아 이해를 바탕으로 자신의 생각과 가치에 따라 스스로의 삶을 계획하고, 능동적이며 책임 있는 방식으로 행동하는 능력

- 비판적 성찰 역량: 신념이나 행동, 현상에 대한 합리적 근거에 기초하여 반성적으로 숙고하고 평가하는 능력

- 창의적 사고 역량: 폭넓은 기초 지식을 바탕으로 다양한 분야의 지식·기술·경험을 융합하거나 활용하여 새롭고 의미 있는 것을 창출하는 사고 능력

- 문화적 소양 역량: 다양한 삶의 가치와 문화·예술을 편견 없이 이해하고 수용하며 행복한 삶을 향유하는 능력

- 의사소통 역량: 다양한 텍스트와 상징을 이용하여 타인의 의사를 이해하고 공감하며 자신의 의사를 전달할 수 있는 능력

- 협력적 문제해결 역량: 학습이나 삶에서 발견한 문제를 협력하여 합리적으로 해결할 수 있는 능력

- 민주시민 역량: 공동체의 구성원으로서 요구되는 책임을 다하고 권리를 누릴 수 있으며 공공의 선에 기여할 수 있는 능력

그동안 우리는 대학 입시를 위한 지식 위주의 암기능력을 강조하고, 수능 문제 풀이식 능력을 평가해왔다. 교실에서 배운 지식이 학생의 삶과 연계되어 실제 상황에서 활용할 수 있는지, 태도의 변화를 가져왔는지, 학생이 수업을 통해 성장하고 있는지에는 관심을 둘 수 없었다. 아이들은 어려운 수능 지문을 공부하지만, 일상에서 유용한 영어 단어와 표현을 구사할 수 없고, 동화책 수준의 글을 읽고 자기 생각을 표현해내는 것에 어려움을 느낀다. 도대체 어디서부터 잘못된 것일까? 지역과 학교 수준에 따라 조금씩 다르겠지만, 이제는 좀 더 멀리 내다보고

우리를 옭아매는 입시라는 틀을 벗어나서 참교육을 향해 움직여야 할 때이다.

수능 영어 과목이 절대평가로 전환되면서 일부 학교의 아이들이 영어 시간에 수학을 풀겠다고 교사와 실랑이를 벌인다고 한다. 일정 수준과 필요가 충족되면, 아이들은 지식 전달자로서의 영어 교사에게서 더 이상 배울 게 없다고 판단하는 것이다. 그러나 배움을 흥정하는 아이들[15]로 만든 왜곡된 사회 패러다임이 문제이지 아이들의 잘못은 아니다. 이제 입시 수단으로서의 영어가 아닌 삶의 기술, 다시 말하자면 미래 사회를 살아갈 수 있는 역량을 배우고 키울 수 있는 교과로 자리매김해야 한다.

두 번째 단계. 교육과정 재구성

영어독서 수업을 위한 첫 단계로 교육과정 재구성을 위해 국가수준 성취기준을 살펴보니 영어독서와 관련된 코드는 찾을 수 없었다. 문학과 관련된 성취기준은 영어 교과에 없었다. 문학을 통해서 그 나라의 삶의 양식과 사람들의 사고를 간접 경험할 수 있는데…. 처음부터 막혔다. 그저 실생활 중심의 일반적 주제에 대한 글을 읽고 이해한다, 듣고 이해한다, 말할 수 있다, 쓸 수 있다, 표나 도식을 보고 설명할 수 있다 등 거의 비슷비슷한 성취기준의 나열이었다.

어쩔 수 없이 재구성한 성취기준을 만들었다. 이렇게 단순한 성취기준을 가지고 왜 그렇게 진도에 허덕이며 가르칠 게 많다고 느껴왔을

---

15 『하류지향』(우치다 타츠루) 중에서

까. 아마도 교과서를 경전처럼 여기고 반드시 다 가르쳐야 하고, 꼼꼼하게 지식 하나하나를 평가해야 한다고 여겨왔기 때문일 것이다. 그래서 다른 교육적 아이템의 도입은 꿈도 꿀 수 없었다. 그러나 아이들을 중심에 놓고, 성취기준을 재구성하여 가르칠 내용을 줄이고, 수업을 디자인하고, 지필평가보다는 수행평가로 아이들의 역량을 살펴 기록으로 남겨 보기로 했다.

물론 이 과정에서 가장 중요한 것은 동학년 동교과 선생님들과의 합의였다. 그들과의 좋은 관계만으로는 해결이 안 되는 부분이 바로 수업과 평가 부분으로 설득해서 될 일이 아니었다. 전문적 학습공동체를 만들어 주제탐구, 공동연구, 수업 실천과 나눔 과정에서 함께 비전을 공유하고 성찰하며 집단 지성을 발휘해야 한다. 이러한 노력이 문화로 자연스럽게 정착될 때 교사로서의 효능감과 전문성이 향상되고, 교실에서 학생들 앞에 자신 있게 설 수 있다.

막상 영어독서 수업을 하겠다고 나섰지만 엄두가 나지 않았다. 내가 가르치는 아이들은 고등학생이지만 교과서의 기본적인 단어와 구문 내용을 소화하는 것도 벅찬 상황이었다. 그래도 다른 학교에서 영어독서 수업을 하며 읽히는 영미권 아동 소설을 우리 아이들에게도 읽히고 싶었고, 사실은 영어 동화책을 만져보게라도 하고 싶었다. 어떻게든 영어독서 수업 방법을 강구해서 입시 위주의 재미없고 단절적인 교과서 수업을 탈피하고, 영어의사소통능력 향상과 문제해결능력, 창의력, 민주시민능력 같은 미래 핵심 역량을 키워주고 싶었다.

경기도 영어독서교육 모임 자료를 살펴보았지만, 우리 아이들 수준에 맞는 도서 목록과 수업사례가 없었다. 일반고 아이들에게도 조금 어렵거나 외고 수준의 아이들이 읽어낼 수 있는 책들뿐이었다. 시험 삼아 영어책 30권을 아이들에게 보여주었더니, 예상대로 어려워서 못 읽는다며 처음부터 손사래를 치거나 제목과 작가 이름 찾는 것도 버거워하는 아이가 꽤 많았다. 한 반에 영어독서 경험이 있는 아이는 한두 명 정도였다. 그래서 우리 학교 아이들 수준에 맞으면서도 토론 주제가 될 만한 정의적 요소가 있는 영어 동화책 300여 권을 동료들과 함께 준비했다.

신학기 영어독서 수업을 위해 교육과정을 재구성하고, 수업을 디자인하고 평가계획을 세우는 데 고민을 많이 했다. 첫 번째 고민은 선생님들이 교과서 수업과 독서 수업을 병행하는 것을 부담스러워하지 않을까 하는 것이었고, 그다음은 어떻게 하면 아이들이 영어책을 즐겁게 읽고 그 시간에 배우게 할 것인가, 마지막으로 어떻게 평가에 반영하고 행사와 기록으로 연계할 것인가였다. 일단 독서 수업을 시도한 첫해에는 한 분의 지원을 받아서 내가 2학년 10개 반을 맡아 일주일에 인문반 2시간, 자연반 1시간씩 독서 수업만 진행하기로 했고 수행평가에만 반영하기로 했다. 올해에는 동학년 선생님 네 분과 함께 교과서 4시간, 독서 2시간을 운영하면서 수업과 평가뿐만 아니라 행사와 기록까지 일체화의 과정을 협의하고 실천하고 있다. 미술 수행평가인 북아트와 연계하여 영어독서 미니북을 만들기도 했다. 수업 디자인은 최대한 모든 아이가 참여할 수 있도록 활동지를 단순화하고 나눔에 중점을 두었다. 처음에는 이런 기초 작업들이 뭔지 잘 몰랐지만, 이 과정이 바로 교사로서 교육과정을 재인식해봄으로써 교육과정 문해력(curriculum literacy)[16]을 높이고, 학생의 요구 분석을 통한 단원 및 교과통합설계를 시도해본 것이었다.

어떻게 배우게 할 것인가?

첫 번째 단계. 배움중심수업 설계와 전개

> 교육과정-수업-평가-기록 일체화는 교사가 재구성한 교육과정을 기반으로 배움중심수업의 전개와 성장중심 평가를 통해 학생의 전인적 성장과 역량의 신장을 도모하는 일련의 과정이다. 함께 성찰하고 고민하며 협력하는 노력은 배움중심수업의 전재이다. 일체화의 과정에서 교사 개인의 성찰과 협력적 성찰이 수반되었을 때, 학생들에게 진정한 배움이 일어난다. ('배움중심수업 2.0의 이해와 실천'에서 발췌)

어떻게 하면 학생을 배움의 중심에 세우는 수업인지, 그리고 수업에서 나의 역할을 고민해야 했다. 사토 마나부의 배움중심 수업, 거꾸로 수업, 프로젝트 수업, 하브루타, 토의·토론 수업 등 학생 중심 교수학습 방법을 공부해보고 연수도 참여해서 여러 가지를 시도해보았다. 그렇다고 강의식 수업이 나쁘다는 것이 아니다. 오히려 요즘 아이들은 넘치는 학생 중심 수업과 과제 폭탄 때문에 학교생활이 고역이라고 한

---

16   - 교사가 교육과정 문서를 읽고 해석하여, 학생의 성장·발달에 적합한 수업을 구안·실천하고, 성취 정도를 평가하며 환류하는 교육과정 상용 능력
    - 교사가 교육과정을 이해하고 자유자재로 적용할 수 있는 능력('2017 학생중심 중등 교육과정 정책 추진 계획' 중에서)

다. 교과 융합을 통한 수행평가 적정 총량제를 실시해야 하진 않을까. 어떤 방식을 택하든 넘치지도 부족하지도 않은 교사의 적절한 개입이 이루어져야 할 것이다.

비고츠키는 학생의 발달을 촉진하도록 역동적인 교수학습이 설계되어야 하며, 이는 수업에서 교사와 학생, 학생과 학생 사이에 일어나는 협력으로 학생의 잠재력 향상, 즉 학생의 발달이 형성된다고 했다. 좋은 수업의 핵심은 좋은 관계에서 비롯된다고 볼 수 있다. 우선 교실 안팎에서 아이들과 좋은 관계를 형성해나가기 위해 노력했다. 교사의 시선에서가 아닌 아이의 입장에서 다시 한번 생각해보고 대화하는 것이다. '발표 목소리가 너무 멋있다. 성우 해도 되겠다', '어제 아르바이트 하느라 많이 힘들었나 보구나, 밥은 먹고 다니니? 그런데 교복을 잘 입으면 더 멋있어 보이겠다' 등. 이는 교사-학생, 학생-학생 간의 관계 세우기와 수업 경계 세우기의 기본 바탕이 될 것이기 때문이다. 신을진은 『수업코칭』에서 관계 세우기 핵심 전략과 수업 경계 세우기를 다음과 같이 제시하고 있다.

| 관계 세우기를 위한 핵심 전략 |

① 비음성적 언어를 사용한 관계 세우기 전략

몸짓, 표정, 고갯짓, 눈길 등. 교실에 들어갈 때는 아무 표정 없이 들어가기보다 환하게 미소를 짓거나 가까이 있는 학생에게 반갑게 악수를 청하고, 학생이 발표할 때는 시선을 맞추고 고개를 끄덕여주며, 모둠 활동을 하는 동안에는 칠판 앞에만 서 있지 말고 모둠 옆으로 다가가 고개나 허리를 깊이 숙여 활동 내용을 살펴보는 것이 바람직하다.

② 음성적 언어를 사용한 관계 세우기 전략

'그래, 그것 참 좋구나.' '정말, 잘했어.' 같은 칭찬 언어가 대표적이다. 학생 개개인의 이름을 외워서 불러주는 것, 최근의 근황이나 이전의 발표한 내용, 했던 일, 했던 말 등을 기억하고 있다가 이야기해주는 것도 도움이 된다. 수업 시간에 학생의 학습 과정을 충분히 존중하고 있다는 것을 전달하는 언어를 사용하는 것도 도움이 된다. 교사가 사용하는 언어나 예시가 학생의 언어와 생활을 담고 있다면 더 친근할 것이다. 학생들과 공유하는 문화가 많아야 한다.

| 경계 세우기를 위한 일반적인 원리 |

① 긍정적 관계의 기반 위에서 세워야

② '하지 않아야 하는 것'보다 '해야 하는 것'을 우선시해야

'하지 않아야 하는 것'보다 더 중요한 것은 수업을 위해 무엇을 '해야 하는지'에 초점을 두는 일이다. '모르는 것이 있으면 적극적으로 손들고 질문하기', '필요한 경우 자신의 의견 이야기하기', '모둠 활동에서 자신의 역할 감당하기', '친구들 이야기에 주의 깊게 경청하기'가 여기에 해당한다.

③ 일관성 있게 적용하기

상황에 따라서 다르게 적용하는 규칙은 학생들이 반감을 가지게 된다.

④ 규칙의 필요성에 대해 충분히 납득할 수 있어야 한다.

이와 같은 관계 세우기와 수업 경계 세우기를 바탕으로 아이들의 협력학습을 구했다. 책을 읽더라도 모둠 안에서 윤독하면서 각자 읽지만, 서로 돕고 협력하는 구조로 구성했고 학기 말에 영어독서 프로젝트 발

표를 통해 협력적 문제해결력과 의사소통능력을 함양하도록 했다.

활동지는 단순한 형태이지만, 아이들의 배움이 삶과 분리되지 않도록 어떤 텍스트를 주제로 하든, 아이들이 스스로에게 질문을 던지고, 해답을 찾아가는 과정에서 친구들과 함께 성찰하고, 경청하고, 자신의 표현으로 답할 수 있도록 구성했다. 영어독서 수업은 아이들 자신의 삶의 경험과 맞닿아 더 능동적인 수업이 되는 것 같았다. 책을 읽는 과정과 활동지를 작성하는 과정, 그리고 스토리텔링을 통해 친구들과 나누는 시간에 자기 경험을 끌어내려는 욕구를 보여주었고, 그 속에서 함께 울고 웃을 수 있었다.

두 번째 단계. 성장중심평가와 기록

수업 밀착형 과정평가를 하고 성장중심의 평가와 기록을 한다는 것이 처음에는 확 와닿지 않았다. 그저 재구성한 교육과정을 바탕으로 구안된 수업내용을 그대로 지필과 수행평가에 반영하고, 프로젝트를 발표하는 학생의 특이점을 기록하는 것 정도로 생각했고, 그 이상은 엄두를 내지 못했다. 문제는 성장중심의 평가여야 한다는 것이다. 2017 경기도 교육과정정책추진 계획서에 따르면 성장중심평가와 기록의 방향과 학교의 역할이 다음과 같이 기술되어 있다.

성장중심의 평가(기록)

1) 방향: 과정중심평가 실시로 수업과 연계된 평가 방법 실시 과정중심평가, 성장중심의 기록이 이루어지도록 계획 수립 및 실천 학교생활기록부 기록을 위한 권한관리와 관찰 누가 기록 강화

2) 내용

- 학생중심으로 학교 학업성적관리규정, 학교생활기록부관리규정 개정

- 성장 지원을 위한 평가(기록)체제 구축(계획-실천-피드백)

  - 교육과정, 수업과 연계한 평가(기록)계획 수립

  - 학생의 활동에 대한 긍정적인 평가를 서술형으로 기록한 성적표 보급

  - 교내활동을 관찰하고 누가 기록한 기록으로 학교생활기록부 기록

- 동학년, 동교과협의회 활성화로 평가(기록) 역량 강화

  - 성취기준에 근거하여 수업과 연계되는 문항 출제

  - 선행학습 및 선행 출제 금지

- 배움중심수업 중에 이루어지는 과정평가 실시

  - 수행평가 100% 실시 확대

  - 수행평가, 관찰평가, 수업 밀착형 평가 확대

- 문항 오류 예방을 위한 상호 검토 강화

- 입시를 위한 평가(기록)가 아닌 정상적인 교육 활동 과정과 결과로서의 평가(기록)

살펴보면 아주 보편타당한 내용이다. 그런데 배움중심수업을 근간으로 수행평가 비중을 높이고, 교사 주도 과정 평가와 피드백을 통한 학생의 성장을 관찰하고 기록하는 것이 왜 그렇게 어려울까? 아마도 현행 대학입학제도가 가장 큰 장애물이라는 것은 누구나 예측하는 답일 것이다. 그러나 다시 생각해보면 주입식 교육에만 익숙하고, 학생을 중심에 둔 수업을 단 한 번도 받아본 적이 없는 교사들이 이런 수업을 운영하고 기록한다는 것은 당연히 쉽지 않을 것이다. 교육정책이 바뀔

때마다 교사들은 자신들의 경험치에 없는 것임에도 불구하고 적응하고, 무에서 유를 창조해내는 능력자들 같다.

나는 차근히 성장중심평가를 위한 큰 틀을 구성해보았다.

단계	Step 1. 모둠 수업을 통해 영어책 읽기 (1학기)	Step 2. 영어독서 발표 프로젝트(1학기)	Step 3. 영어 토론 수업 (2학기)	Step 4. 단원고 플래시몹 프로젝트(2학기)
성취 기준	• 실생활 중심의 일반적 주제에 대한 글을 읽고 요지를 쓸 수 있다. • 실생활 중심의 친숙한 일반적 주제에 대하여 자신의 기분이나 감정을 표현하는 글을 쓸 수 있다.	• 친숙한 일반적 주제에 관해 자신의 의견을 표현하는 글을 쓰거나 말할 수 있다.	• 실생활 중심의 친숙한 일반적 주제에 대하여 찬반 혹은 장단점 등과 같이 자신의 의견을 표현하는 글을 쓸 수 있다. • 친숙한 일반적 주제에 관해 토론할 수 있다.	
성취 기준 재구성	• 책을 읽고 스토리를 구성하는 주요 문장 5개를 찾아 쓰고, 요약하는 글을 쓸 수 있다. • 책을 읽고 자신이 가장 감명받은 부분을 쓰고 그 이유를 쓰고 친구들 앞에서 발표할 수 있다.	• 모둠별로 책 한 권을 정하여 영어독서 프로젝트 발표를 한다.	• 책의 주제에 대한 철학적 질문에 자신의 생각을 쓰고, 찬성 혹은 반대 하는 글을 쓸 수 있다. • 책의 주제에 관해 찬반 토론을 할 수 있다.	• 플래시몹을 통한 교실 너머 영어 자신감으로 이어갈 수 있다.
핵심 역량	문화적 소양 역량, 의사소통 역량	창의적 사고 역량, 협력적 문제해결 역량	비판적 성찰 역량, 의사소통 역량	자주적 행동 역량, 민주시민 역량
수행 평가	독서록(15점)+미니 북 만들기(5점)	학생부 교과세부 능력 및 특기사항에만 기록	토론활동지(15점)+북리뷰 만들기(5점)	학생부 교과세부 능력 및 특기사항에만 기록

수업 형태	4인 1모둠별로 10권 윤독하고 감상평 나누기	모둠별로 한 달간 프로젝트 계획 및 발표	1학기 도서 중 8권 선정하여 주제별 논술 및 토론(모둠 내, 모둠 간)	플래시몹 프로젝트 학생 TF 구성 및 반별 연습
차시 구성	• 1차시(독서, 새로운 단어와 문장 5개 의미 쓰기) • 2차시(내용 요약하기, 감명받은 장면과 그 이유 쓰고 모둠별 나누기)	• 1,2차시 (발표 계획) • 3,4차시(모둠별 발표계획서 수정 및 교사 피드백) • 5,6차시(발표 준비, 개별독서 수업 성찰일지 작성) • 7,8차시(발표)	• 1차시(동화 동영상 보기 및 내용 파악) • 2차시(철학적 질문에 답하고 개별 질문 만들기, 논술하기) • 3차시(모둠 간 토론하기)	• 1차시(팝송 'Stronger'배우기) • 2차시(플래시몹 프로젝트 학생 TF 구성) • 틈새시간을 이용하여 3주간 반별, 개별 안무 동영상 보고 연습하기(반별 이끔이 주도)
행사		Dream Presentation Contest		수능 장도식
기록	수업 사례에서 제시	수업 사례에서 제시	수업 사례에서 제시	수업 사례에서 제시

성장중심평가를 위한 수업

위와 같이 영어독서 수업의 계획안을 그려보았다. 인문계열 2학년의 경우, 6단위로 구성되어 있어서 4시간은 교과서 수업, 2시간은 영어독서 수업으로 쪼개서 운영했다. 앞에서도 언급했듯이, 영어독서 수업만 맡아서 운영했기에 독서 수업에 관한 내용만 기재했다.(4. 나의 영어독서 수업사례에서 자세히 소개)

올해는 동학년 선생님들과 영어독서와 교과서 수업을 동시에 운영해서 독서논술에서 다루었던 철학적인 질문을 지필평가 서술형에 출제하기도 했다.

【서술형 3】 다음 글을 읽고 제시된 Topic에 대한 자신의 의견을 〈조건〉에 맞게 서술하시오. [총 7.0점]

Doctor De Soto and his wife are mice dentists who treat all sorts of animals, except those that hurt mice. One day, Doctor De Soto and his wife see a fox with a bandaged jaw waiting outside their office. Doctor De Soto and his wife decide to treat him at the risk of being eaten. Everything goes well until the Fox is gassed, at which point he dreams about eating the mice. The next day, the fox returns for follow-up treatment with the intention of eating Dr. and Mrs. De Soto, but the De Sotos have a plan in mind to outfox the fox.

Topic

I [agree / disagree] the idea that the De Sotos were obligated to treat the fox. The followings are the reasons.
First, (1) _________________________________.
Second, (2) _________________________________.
Finally, (3) _________________________________.

조건

· 괄호 안에서 알맞은 표현을 선택하여 주제문을 완성할 것.
· 자신의 의견을 뒷받침하는 이유 3가지를 제시할 것.
· 각각의 이유는 주어와 동사가 포함된 완전한 영어 문장으로 쓸 것.

영어독서를 통한 논술, 토론 수업을 하면서 전에는 엄두를 내지 못했던 교과서 수업에서도 에세이 쓰기 과정형 수행평가를 시도하게 되었다. 7단원 'Are you moneywise?'의 본문을 읽고, 'If you had 50,000 won, how would you spend your money wisely?'라는 주제로 학생들이 에세이를 쓰도록 4단계 수행평가 학습지를 제시했다. 1단계에서는 1만 원을 현명하게 3가지로 나누어 쓴 사례의 글을 읽고 돈의 사용방법과 그 이유를 찾아 써보기, 2단계에서는 5만 원을 현명하게 3가지로 나누어 쓸 각자의 사용방법과 그 이유를 써보기, 3단계에서는 각자 2단계를 근거로 에세이 쓰기, 마지막 4단계에서는 자신의 에세이 외워서 발표하기이다. 각 과정에서 교사와 친구들의 피드백을 받을 수 있다. 평가는 다음 표와 같이 진행했다.

단계	Step 1	Step 2	Step 3	Step 4
평가 (10점)	평가를 위한 자료 제시 및 연습	3가지 방법, 5단어 이상(각 0.5점) 3가지 이유, 7단어 이상(각 0.5점)	서론, 본론, 결론 틀에 맞춰 쓰기/ 본문 2점(문장 의미 전달이 안 되는 부분 당 -1점) 결론 1점(의미 전달, 창의적이면 1점)	전체적으로 외워서 유창하게 발표 (4점) 대체로 외워서 유창하게 발표(3점) 부분적으로 외워서 의미를 전달한 발표(2점) 발표를 거부한 경우(1점)
배점	미반영	3점	3점	4점
피드백	동료, 교사	과정에서 동료, 교사	작성 후 교사	동료, 교사
기록	'5만원 현명하게 사용하기'를 주제로 에세이를 쓰면서 평가기준 단어 수를 넘겨 자신의 생각을 풍부하게 표현하고 교사의 피드백 외에도 스스로 글을 세 차례 이상 재작성하면서 창의적인 결론을 도출함. 또한 친구에게 관계대명사절을 활용한 작문을 도와줌.			

과정형 평가를 시도하면서 동교과 교사들이 여러 번 협의를 거치고, 학습지와 평가 기준을 수정 보완하면서 좀 더 의미 있는 글쓰기 수업을 할 수 있다는 자신감이 생겼다. 우리 아이들이 영어를 못해서 작문을 못 하는 것이 아니라, 그런 수업에 주체적으로 참여하여 배워 본 적이 없어서 못한다는 아주 당연한 사실을 다시 한번 깨달았다. 또 하나, 문장의 어순과 동사의 성수일치를 설명해도 도무지 이해 못하던(사실 거부하던) 아이가 작문 수업을 통해서 깨닫는 모습을 볼 수 있었다. 사실 한 학급당 30명이 넘는 아이들의 작문을 3단계에서 피드백해주는 것이 쉬운 일은 아니다. 그래서 모둠별로 아이들이 서로 돕는 구조를 만들고, 최대한 영어를 어려워하는 아이들도 함께 갈 수 있도록 친절한 수행평가 학습지를 구성할 필요가 있다.

어떻게 배우게 할 것인가의 답은 관계성에 있다고 본다. 같은 수업을 해도 반에 따라, 학생의 성별에 따라, 시간대에 따라 학습의 효과가 달라지곤 하여 당혹스러울 때가 있다. 그 어떤 기법과 소재도 관계보다 우선할 수가 없다. 교사와 학생, 학생과 학생의 관계가 올바로 맺어지면 수업을 통해 비고츠키가 말하는 근접발달영역이 창출된다. 즉 수업에서 이 영역을 창출하는 교수와 학습의 역동적인 결합[17]이 일어나 학생들은 어느 순간 '아하' 경험[18]에 이르게 되는 것이다. 교사가 너무 가르치려 들지 않아도 아이들은 서로 배우고 성장할 수 있다. 그리고 교

---

17 오브체니: 근접발달영역을 창출하는 교수와 학습의 역동적 결합

18 교수-학습과 발달에는 각각의 결정적인 순간이 있는데, 이런 결정적인 순간이 바로 깨달음의 순간으로 바로 '아하 경험'(발달상의 변화)의 순간이다. 그래서 오늘 가르친 것을 다 이해하지 못해도 실망할 필요가 없다.

사로서 나도 성장한다.

영어독서 수업으로 보는 일체화

평가계획

영어독서 수업을 시도한 첫해는 단독으로 영어독서만 따로 떼어서 진행했기 때문에 영어독서 정착과 플래시몹 프로젝트를 통해서 아이들의 역량을 살펴보는 것을 목표로 했다. 그리고 2년 차에 접어들어서

평가 종류	지필평가				수행평가			정의적 평가	총점
반영 비율	60%				40%			미반영	100%
횟수/영역	1차		2차		논술형 평가		학습 포트 폴리오	학생생활 기록부 교과특기 사항에 기재	
	선택형	서술형	선택형	서술형	독서 논술 과제 수행도	미니북 만들기 (1)/ 북리뷰 만들기 (2)			
만점 (반영비율)	70점 (21%)	30점 (9%)	80점 (24%)	20점 (6%)	15점 (15%)	5점 (5%)	20점 (20%)		100점 (100%)
	100점 (30%)		100점 (30%)						
서·논술형 평가 반영비율	9%		6%		20%				35%
평가 시기	4월/10월		7월/12월		상시		상시	상시	
행사					미니북 발표 전시회(1)/ 플래시몹 프로젝트(2)				

2016년 2학년 영어 평가계획, (1)-1학기, (2)-2학기

평가 종류	지필평가				수행평가				정의적 평가	총점
반영 비율	26%		26%		48%				미반영	100%
횟수/영역/유형	1차		2차		여행계획(1)/지출계획발표(2)	영어독서프로젝트(1)/창작영시발표(2)	독서논술토론	학습포트폴리오	학생생활기록부 교과특기 사항에 기재	·
	선택형	서술형	선택형	서술형	논술형			·		
만점(반영비율)	82점(21.3%)	18점(4.7%)	82점(21.3%)	18점(4.7%)	10점(10%)	6점(6%)	16점(16%)	16점(16%)		100점(100%)
	100점(26%)		100점(26%)							
서·논술형 평가 반영비율	·	4.7%	·	4.7%	10%	6%	16%	·	·	41.4%
평가 시기	4월/10월		7월/12월		5월/9월	6월/11월	상시	상시	상시	·
행사					영어독서발표대회 (Dream presentation contest)(1) / 창작영시발표대회(2)					

2017년 2학년 영어 평가계획, (1)-1학기, (2)-2학기

는 동학년 영어 선생님들과 협의해서 독서 수행평가와 교과서 부분도 과정평가로 실시하여 비율을 높였고, 행사와 연계했다. 영어독서발표를 반별로 실시하여 동료평가와 교사평가를 토대로 한 반에 2팀씩 선발해서 100여 명이 참여하는 대회를 진행했다. 이 행사를 'Dream Presentation Contest'라고 이름 붙이고 참가 학생 외에도 다른 학생들과 교사들이 함께 자리하여 1학기 영어과 수업나눔 축제 형태로 즐겁게 진행했다. 행사는 학생들이 주도적으로 진행했고, 교장 선생님은

엉어 오프닝 멘트를 해주셨다. 2학기에는 영시 창작 수업을 8차시 정도 진행하고 영시 창작대회를 실시할 예정이다. 대회는 영어로 홍보지를 작성하고, 무대 디자인과 음향 등 대회장 준비를 학생들에게 맡겨 학생들이 계획하고 진행하며 축제처럼 운영할 것이다. 평가계획은 앞의 두 표와 같다.

수업의 절차와 내용

Step 1. 모둠수업을 통한 영어책 읽기와 나눔

2학년 아이들은 나와 함께 일 년간 '거꾸로 수업'을 통해 모둠수업 경험이 있어서 활동지를 함께 풀고 협력하는 수업에 능숙한 편이었다. 먼저 수준별로 4~5인 1모둠을 만들고, 모둠명과 친구 소개, 규칙을 정하여 발표했다. 1학기 성취기준은 '친숙한 일반적 주제에 관해 듣거나 읽고 중심 내용을 요약하는 글을 쓸 수 있다'이고, 수업 목표는 '영어책과 친숙해지기'로 정했다. 각자 독서록 10권을 작성하고 그중 한 권을 미니북으로 만들고, 모둠별로 한 권을 정해 영어독서 발표 프로젝트를 계획했다. 수행평가는 독서 논술 20점으로 독서록 15점, 미니북 만들기 5점으로 정했다. 발표 프로젝트는 학교생활기록부 교과세부능력 및 특기사항에 기록만 하기로 했다. 모둠별로 10권을 윤독하며, 각자 독서록에 주요 문장 5개를 찾아 적으며 해석해보고, 내용 요약을 하고, 감명받은 장면과 그 이유를 쓴 후, 모둠 내에서 나눔을 갖는다. 책을 읽으며 어려운 단어를 20개 정도를 추가로 찾아 영어 노트에 정리할 수 있도록 모둠 당 2대씩 휴대폰 사용을 허락했다. 책 읽기를 두려워하고 싫어하는 아이들에게는 그림만 보고 내용을 유추해서 활동지를 작성

연번	도서명	수준	정의적인 요소
1	The dot	6~10세	꿈, 사제 간 정
2	Monster manners	6~10세	배려
3	Dog breath	6~10세	동물 사랑, 인내
4	Sanji and the baker	6~10세	정의
5	Where the wild things are	6~10세	사랑, 아동학대
6	The paperboy	6~10세	책임감, 가족애
7	Charlie the Caterpillar	6~10세	외모지상주의
8	Heckedy Peg	6~10세	모성애
9	The man who walked between the towers	6~10세	용기, 꿈
10	The Gruffalo	6~10세	지혜, 우연성
11	The true story of the three little pigs	6~10세	역지사지
12	Cloudy With a Chance of Meatballs	6~10세	변화와 도전
13	A Bad Case of Stripes	6~10세	주체성
14	Freckle juice	6~10세	창의력
15	Doctor De Soto	6~10세	직업의식, 책임감
16	Fly Away Home	6~10세	노숙자, 소외, 희망
17	Mole music	6~10세	노력, 희망
18	Don't fidget a feather	6~10세	생명 존중, 우정
19	King bidgood's in the bathtub	6~10세	권력, 지혜
20	Sylvester and the Magic Pebble	6~10세	전지전능과 행복
21	Brave Irene	6~10세	용기, 효심
22	The Amazing Bone	6~10세	마법, 용기
23	Frederick	6~10세	노동의 가치, 공동체 의식
24	voice in the park	6~10세	타인 이해, 가족애
25	Frindle	8~11세	창의력, 다양성

학생 수준에 맞는 영어도서목록

하게 했고, 내가 엄마처럼 옆에 붙어 동화책을 읽어주었다. 처음에는 아이들이 책 내용을 모르겠다며 여기저기서 불러서 수업이 끝나고 나면 녹초가 되었다.

점차 수업이 익숙해지고 모둠 내에서 아이들이 서로 가르치고 배우게 되니, 아이들을 관찰할 수 있었다. 잔잔한 피아노 음악을 틀어놓고 아이들이 책을 읽는 동안 모둠별로 독서록의 내용을 점검하기도 하고 아이들과 함께 이야기를 나누며 제법 여유로워졌다.

그러나 기록하는 일은 만만치 않았다. 처음에는 포스트잇에 써보고, 명렬표에 짧게 써보기도 하고, 엑셀 파일에 적어보기도 했지만 곧 시들해졌다. 그래서 협동학습연구소의 영어 모둠 평가판(Team Evaluating Sheet)을 활용하기로 했다. 평가판에 아이들 이름과 캐리커처를 그리게 하고 코멘트(comment)란에 날짜와 간략한 기록을 남겨두었다가 교과세부능력 및 특기사항에 옮겨 적었다. 평가판에 모둠원이 한눈에 보이기 때문에 최대한 고루 관찰하여 기록하게 되었고, 내가 기록하는 모습을 보면서 아이들은 좀 더 적극적으로 서로 협력하며 참여했다.

그리고 아이들이 수업 마무리 단계에서 슬림 노트(SLIM NOTE)를 제작하도록 했다. 슬림 노트는 일종의 배움 노트로 오늘 배운 내용에 대한 정리와 부족한 부분, 꼭 기억할 것으로 작성하도록 했다. 그리고 'Who helped me?', 'Who did I help?' 란을 만들어서 누가 도와줬는지, 누구를 도왔는지 기록하도록 하여 내가 미처 관찰하지 못한 아이들의 역량을 파악하는 데 도움을 받았다. 또 'Evaluate Myself' 란에 매시간 자기 자신을 평가하여 스스로 성찰하는 시간을 짧게라도 갖도록 노트를 구성했다. 물론 노트 작성은 선택사항이고, 모든 칸을 다 채울 필요는 없다. 성실히 작성한 아이들에게는 교과세부능력 및 특기사항에 기록해주기로 했다.

Team Evaluating Sheet

Start Date 3. 8   End Date 4.   Year 2   Class # 8   Team # 1석2п

Date	comment
3.10	Helper로서 근심을 책임있게 강조 하려고함
3.21	지우들은 돌아함. Keeper 는 가르침.
	The choices have (of giving great presentation) 권한을 지우에게 설명하고 반겨하도 격려.
3.31	영기로 'A bad case of Stripes' 작성. 문법 OK 남의 시나리오 X.
4.4	'Monster Manners' 감명깊고 잘쓴
	지난사와 미래의 선택이가 어렵다. 이같은 아이도 1문제로 줄 있음.
4.11	(Which is) 선택 못하는 치나들이 명확한 때까지 예로서 설명
4.24	시작과 3과 말썽 받혀라, 문제 초래

Date	comment
3.10	영기를 칭찬기향
3.21	keeper 가 안드하는 것을 보고 자극 반응. 다이 반드시 시디오. 반응 노력!
4.11	Which is 선택문제이 대하여 다시 질문함. 확인하려는 노력 돋보임.

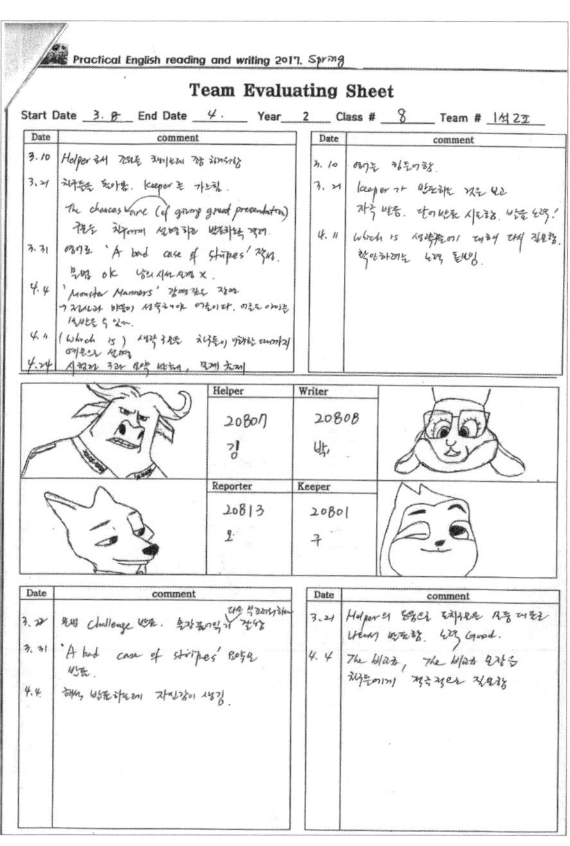

Date	comment
3.22	문법 Challenge 받음. 문장꿈이많가 칭찬함 (다른 책리있리하려)
3.31	'A bad case of Stripes' 문단을 받음
4.4	해서, 받문하려니 자신감이 생김.

Date	comment
3.21	Helper의 도움으로 도치사구로 모둠 다르로 내씨 반응함. 노력 Good.
4.4	The 비교급, The 비교금 모장을 지난들에게 적극적으로 질문함

모둠 평가판(Team Evaluating Sheet), 영어수업일기

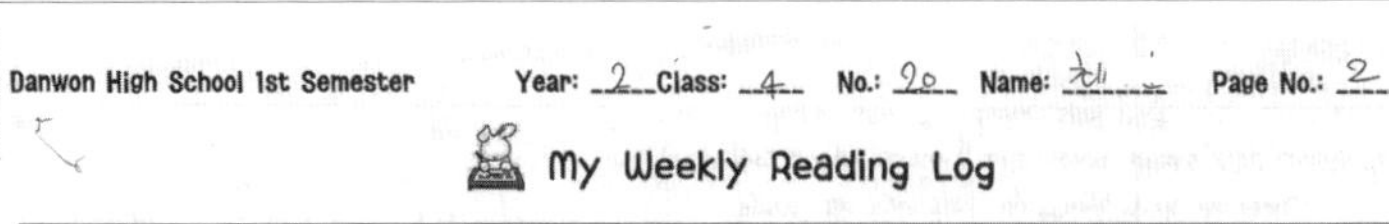

My Weekly Reading Log

Title	A bad case of stripes		
Author	DAVID SHANNON	Starting Page No.~Ending Page No.	
Date	3/23 ~ 3/30	Time Spent Reading	

1. Write down each sentence used 5 difficult words in your text and translate it.

	Words	sentence / Korean meaning
1	fret 속타게 하다	Today she was fretting even more than usual. 오늘 그녀는 평상시보다 훨씬 더 초조해 하고 있었다.
2	examine 진찰하다/검사하다	That afternoon, Dr Bumble came to examine Camilla. 다음 오후, 범블 의사가 카밀라를 진찰하기 위해 왔다.
3	squeeze 짜다	They squeezed and jabbed, tapped and tested. 그들은 짜보고 찔러보고 두드려보고, 검사했다.
4	sprout - 자라나게 하다 - 싹이나다	She sprouted roots and berries and crystals and feathers and long furry tail. 그녀는 뿌리와 열매, 보석, 깃털 그리고 털 꼬리가 생겨났다.
5	cure 낫게하다	a woman who called herself an Environmental Therapist claimed she could cure Camilla. - 자신을 환경 전문가라고 말하는 한 여성이 자기가 카밀라를 치료 할 수 있다고 주장했다.

---

2. A Brief Plot (at least 5 sentences in korean)

> 이 책의 주인공 카밀라는 이 책이 시작부터 남들의 시선을 의식하는 것이 나쁠 정도로, 평소에 남들의 생각에 많은
> 영향을 받는 아이로 등장합니다. 그래서 그녀는 평소에 콩을 좋아하지만, 자신과 달리 리마콩을 좋아하지 않는 다른 친구들이
> 자신을 이상하게 여길까 걱정한다. 그러던 어느날 카밀라는 웃기게 생 줄무늬가 피부 전체를 덮기도 하고, 빨간줄,
> 파란줄 별들이 생겨나기도 한다. 결국 많은 전문의들, 의사들이 그녀를 진찰 하지만 크게 달라지는게 없었다.
> 오히려 더 심각하게 변하기 시작했다. 알약으로 변하고, 이상한 식물처럼 변하기도 한다. 그 소식이 뉴스에
> 알려져 많은 기자들이 몰려들기도 했다. 그러던 어느날 카밀라를 치료할 수 있다며, 한 할머니가 오셨고,
> 그녀의 처방은 바로 리마콩이었다. 카밀라는 리마콩을 먹고 "원래의 그녀"로 돌아오게 되었다. 몸 뿐만 아니라
> 리마콩을 좋아하던 원래의 그녀 자신까지 되찾게 되, 그녀는 친구들의 시선을 개의치 않고 리마콩을 먹게 되었다.

3. Write down your most impressive scene(part) and the reason.(In English or Korean)

your most impressive scene(part)	the reason Good
My most impressive scene is the part that she didn't care a bit on how the other people think about her.	I'm often bothered by the other peoples thoughts, just like "They might be think I'm odd". Recently I even do force myself for fear that my friends think me rude. So, I hope I don't care about others like camilla does that. That's why I choose that part.

1학기 독서록(Reading Log)

이제 아이들이 산발적으로 읽은 10권의 동화책을 정리하여 자기만의 언어로 창의성을 발휘하여 이야기를 써보고 발표할 차례가 되었다. 미니북 만들기는 각자 읽은 책 중에서 가장 재미있고 감동적인 것을 골라 한 면당 8개의 문장과 1장의 그림을 포함하여 6면으로 구성된 작은 책을 만드는 것이다. 수업시간 3시간 동안 만들었는데, 영어를 싫어해서 독서록을 반만 간신히 채우던 남학생도 이 시간에는 매우 열심히 그림을 그리고, 구글에서 번역 문장을 베껴가며 심혈을 기울였다. 모두 참여할 수 있도록 번역기 사용도 허용했는데, 오류가 있는 문장을 바로잡아주느라 애를 먹었다. 하지만 아이들은 너무 즐거워했고, 상도 받

미니북 만들기와 우수작품 전시회

고 싶어서 서로 자기 것을 자랑하느라 난리였다. 물론 수행평가는 앞의 조건만 충족하면 기준에 따라 점수를 주었고, 작문의 정확성, 구성의 창의성, 심미성을 고려하여 아이들과 함께 우수 작품을 선정하고 수행평가 전시회를 열었다. 물론 아이들이 전시 기획을 하고 작품을 관리하도록 했다. 이 과정을 고스란히 교과세부능력 및 특기사항에 담았다.

모둠별 영어독서 발표 프로젝트는 시작 단계에서 모둠별 계획서를 한 장 제출하고, 발표하는 날에 발표 자료와 함께 개인별 배움일지를 각자 제출하게 했다. 계획서에는 참가자의 역할 분담과 발표 형식, 발표 주제, 상세 내용, 창의적인 내용을 포함하여 함께 준비하는 과정이 상세하게 드러나도록 했다. 그리고 모둠원 각자가 프로젝트를 하면서 배운 점(새롭게 알게 된 영어 지식, 창의력, 인성 요소)을 쓰는 배움일지를 제출하게 했다. 아이들이 제대로 된 계획을 세우고 실행할 수 있도록 한 달 전부터 수업시간 10분 정도 짬을 내어 프로젝트 회의시간을 주었고, 나는 수시로 모둠별 계획에 대한 피드백을 해주었다.

아이들은 모둠별로 책을 골라 이그나이트 발표(Ignite Presentation), 연극, PPT나 UCC 제작, 기타 연주, 즉석 토론, 게임이나 퀴즈 등 창의적인 방식으로 발표했다. 자연과학반 여학생 모둠은 'Cloudy With a Chance of Meatballs(하늘에서 음식이 내린다면)'이라는 책을 기상예보 형식의 UCC로 제작하여 발표했다. 하늘에서 각종 음식이 내려오는 부분에 포인트를 두어 햄버거, 초콜릿, 라면, 우유, 팝콘 등이 2km 상공에서 초당 10m의 가속도로 떨어진다면 어느 정도의 충격을 받을지 계산하여 발표했다. 당시 우연히도 물리 시간에 충격량을 배우는 중이었다고 한다. 학년별 교육과정 재구성이 절실히 필요하다고 느꼈다. 인문사회

반 남학생 모둠은 'The true story of the three little pigs(아기돼지 삼형제의 진실)'이라는 책으로 PPT를 제작하여 발표했는데, 즉석에서 아기돼지와 늑대 편으로 나누어 진실 공방 토론을 진행했다. 물론 토론 방식이 미숙하고 오가는 발언도 거칠고 논리력도 떨어졌지만, 그 어느 때보다도 진지해 보였다. 이 모습을 보면서 나는 2학기 영어독서토론 수업에 대한 굳은 결심을 하게 되었다.

반별 영어독서 발표 프로젝트를 교과 행사와 연계했다. 반별로 동료평가와 교사평가를 합산하여 2팀씩 선발하여 Dream Presentation Contest를 개최했다. 행사 포스터 게시 및 행사 진행 등 학생이 주도하고 모두 영어로 진행했다. 교장 선생님도 영어로 축사를 준비하셔서 참여한 학생들이 감동을 받았다. 한 학기 동안 함께한 수업을 마무리하며 영어수업 나눔 축제 분위기로 아이들과 즐거운 추억을 만들었다.

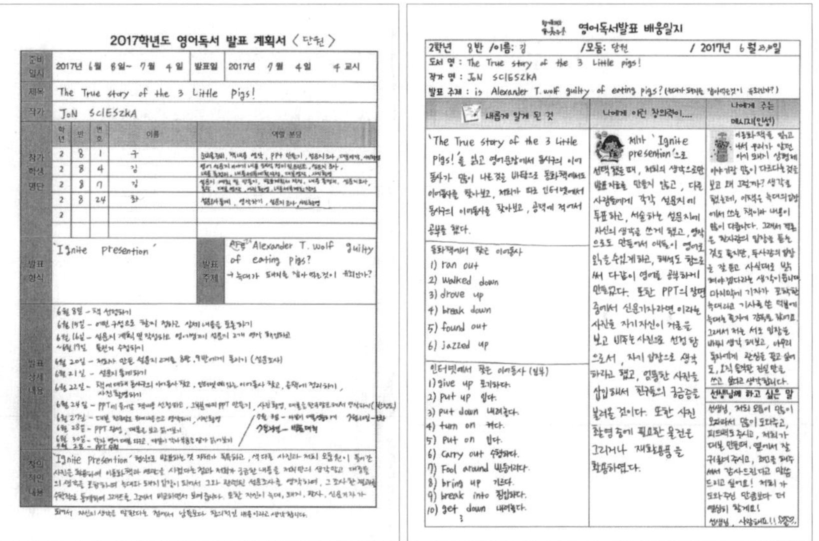

영어독서 발표 프로젝트 모둠별 계획서, 개별 배움일지

2017 Dream presentation contest Peer's evaluation sheet						
평가자 이름: 단원					평가 대상 모둠명: 괜찮아요 많이 놀랐죠	
평가 항목	항목별 점수					작품에 대한 간단한 리뷰 코멘트
주제의 <u>창의성</u>	7	10	15	18	(20)	Doctor De soto 자기 모둠을 종이로 사용해서 여우의
발표 형식의 <u>참신성</u>	7	10	15	18	(20)	모습으로 바꾸고, 원근감을 살려 몸집이 큰 여우와 몸집이 작은 생쥐
<u>효과적인 전달력</u>	7	10	15	18	(20)	의 모습을 잘 표현해 주어서 놀랐고, 여우와 생쥐 각각 인터뷰를
팀의 <u>협동심</u>	7	10	15	18	(20)	영어로 외워서 표현을 한 점에서 대단하다 느꼈고, 그림동화책의
<u>영어 사용 정도(발표물이나 설명)</u>	15		18		(20)	내용을 잘 표현한 것 같다.
총 점수	*100* / 100					평가교사 확인: 김학어 (인)

- -

2017 Dream presentation contest Teacher's evaluation sheet						
평가자 이름: 김 학어					평가 대상 모둠명: 언주네	
평가 항목	항목별 점수					작품에 대한 간단한 리뷰 코멘트
주제의 <u>창의성</u>	7	10	15	18	(20)	The true story of the 3 little pigs
발표 형식의 <u>참신성</u>	7	10	15	18	(20)	
<u>효과적인 전달력</u>	7	10	15	(18)	20	
팀의 <u>협동심</u>	7	10	15	18	(20)	
<u>영어 사용 정도(발표물이나 설명)</u>	15		18		(20)	
총 점수	*98* / 100					평가교사 확인: 김학어 (인)

Dream Presentation Contest 동료, 교사 평가표

2016학년도 1학기 학생부 교과세부능력 및 특기사항 기록 사례 1

10권의 영어동화책을 읽고 어려운 단어를 찾아보고, 내용을 요약하여 자신의 표현으로 써보고, 가장 감동적인 장면을 찾아 그 이유를 쓰고 친구들과 나눔. 미니북을 제작하면서 일상에서 어휘의 적절한 쓰임을 파악하고, 전체적으로 문장을 해석하는 데에 자신감을 갖게 되었으며, 친

구들과 이야기를 나누면서 사물에 대한 통찰력과 표현력이 향상되고 주변에 대한 따뜻한 시각을 갖게 됨. 미니북 전시회를 기획하고 작품을 일주일간 책임감 있게 관리함. 모둠별 발표로 The true story of the 3 little pigs 책을 선정하여 주제로 '입장 바꿔 생각하기'로 정하고 모둠원과 2주간 협의하여 PPT 구성 내용을 정하고, 원서를 함께 자세히 읽으면서 친구들이 모르는 부분을 정확하게 설명해줌. 특히 원작 아기 돼지 삼형제와 비교 분석하면서 즉석에서 반 친구들에게 찬반 토론을 이끌어냄. 원서에서 늑대의 입장에 서서 돼지를 바라보는 시각을 대변하며 자신의 논지를 일관성 있게 유지하였으며, 매사에 다양한 견해를 들어보고 판단해야한다고 깨닫고 자신을 돌아봄. 원서에서 나오는 다양한 이어동사 구문을 공부하면서 모둠원 각자 50개의 구문을 찾도록 제안하고 함께 모아 목록으로 정리함.

2017학년도 1학기 학생부 교과세부능력 및 특기사항 기록 사례 2
모둠장으로서 활동지의 어려운 과제를 협동적으로 해결하여 친구들로하여금 성취감을 느끼게 함. 친구들이 이해할 때까지 문법의 예문을 들어가며 차분하고 명확하게 설명함. 모둠별 3박4일 여행계획을 세우고 My Travel Plan을 제작하여 자신감 있게 발표함. 8권의 영어동화책을 읽고 나서 내용을 요약하고 가장 감동적인 장면과 이유를 쓰고 친구들과 나눔. 영어독서발표 프로젝트로 The true story of the 3 little pigs라는 책을 선정하여 '늑대가 돼지를 잡아먹은 행위는 유죄인가'를 주제로 영어로 자신감 있게 이그나이트 프리젠테이션을 함. 늑대의 행위에 대한 설문지를 계획하고 영어로 작성하여 100인에게 설문을 진행하고 결과를 분석함. 프리젠테이션의 효과적인 화면 선정 및 한 장당 15초 분량의 영어대본을 직접 만들고 빠른 속도로 발표 준비를 하여 청중으로 하여금 관심과 흥미를 이끌어냄. 한 달간 프로젝트를 준비하면서 모둠의 단합력과 뛰어난 의사소통능력을 발휘하여 창의적이고 멋진 프로젝트를 이끎. 영어독서발표 활동 시에 행사장 준비와 착석안내, 질서지도 및 뒷정리를 책임감 있게 잘 함.

Step 3. 영어독서 토론 수업으로 이어가기

아이들과 1학기를 마치며 수업평가를 했고, 2학기 수업 방향에 대한 의견을 모아보았다. 영어 독서 수업이 재미있고 유익해서 계속 이어가자는 의견이 많았고, 어휘공부나 수능 문제 풀이를 하자는 의견, 팝송 수업이나 스크린 영어수업 등 다양한 의견이 나왔다. 나는 독서에 바탕을 둔 토론 수업을 통해 논리적인 사고력을 키우고 서로 배려하고 경청하는 태도를 키워보자고 제안했다. 고맙게도 아이들은 따라와 주었고, 일단 모둠을 재편성하고 배려와 소통을 위한 게임 수업으로 2학기를 열었다.

그리고 'ㄷ'자 모형으로 모둠을 배치하여 아이들이 모두 서로 마주볼 수 있게 했다. 2인이 하는 짝활동, 4~5명이 하는 모둠 내 활동, 반 전체가 하는 모둠 간 활동으로 나눠서 수업을 디자인했다. 2학기 수행평가는 독서 논술 20점으로 토론학습지 14점과 북리뷰 제작 및 발표 6점으로 정했다. 2학기 성취기준은 '실생활 중심의 친숙한 일반적 주제에 대하여 찬반 혹은 장단점 등과 같이 자신의 의견을 표현하는 글을 쓸 수 있다'와 '친숙한 일반적 주제에 관해 토론할 수 있다'이다. 이를

연번	도서명	토론 주제
1	Where the Wild Things Are	아동학대, 체벌은 옳은가?
2	Doctor De Soto	직업윤리 의식
3	The True Story of 3 Little Pigs	진실과 그 이면, 편견
4	Cloudy with Chance of Meatballs	안정 vs 도전
5	Sylvester and the Magic Pebble	전지전능과 행복
6	Frederick	노동의 가치
7	The Man Who Walked Between Two Towers	법을 꼭 지켜야 하는가?
8	Fly Away Home	이민자, 노숙자

2학기 토론 수업 도서명 및 토론 주제

재구성하여 토론 수업의 목표를 서로 배려하고 경청하며 논리적인 근거를 찾아 정확하게 쓰고 토론하기(영어 또는 한국어)로 정했다.

1학기에 읽은 책 중에서 8권을 뽑아 토론 주제 8가지를 정했다. 토론 학습지는 유튜브 책 읽어주기 동영상 보기, 요약본 해석하기, 철학적인 질문에 답하고 질문 만들기로 구성하여 자연스럽게 논술 주제로 연결되도록 구성했다. 논술은 찬반 주제를 택하여 서론을 쓰고, 3가지 논리적인 근거를 가지고 자신의 주장을 뒷받침하는 본론을 쓰고, 결론을 작성하도록 구성했다. 글을 써본 후, 모둠 간 찬반 토론을 해보았다. 비록 영어로 완벽하게 하는 토론 수업은 아니었지만, 아이들의 마음속에 있는 생각을 읽을 수 있었고 깊이 있게 관찰할 수 있었다. 아이들은 경청하면서 자신과 다른 생각을 이해하고 타인을 수용하는 자세를 배워 나가기 시작했고, 토론이 지겹고 어려운 수업이 아니라는 긍정적인 태도를 갖게 되었다.

학교에 와서 잠만 자는 남학생이 하나 있었다. 친구들과도 대화가 거의 없고, 교사들 중 이 아이의 얼굴을 보거나 목소리를 들어본 사람은 담임선생님 이외에는 없었다. 나도 1학기 수업에서 이 아이를 깨우기가 무척 힘들었다. 놀랍게도 토론 수업을 하면서 좀 더 자주 깨어 있었고, 한 번은 모두가 7분을 기다린 끝에 이 아이의 목소리를 들을 수 있었다. 감격스럽게도 자신의 의견을 발표해주었고, 이날 모든 아이가 기립 박수를 쳐주었다.

그리고 각자 다른 사람에게 소개하고 싶은 책을 골라 북리뷰를 만들어 발표했는데, 1학기 미니북 발표 때보다 여유 있고 자신감 있게 발표하는 아이들의 모습에 다시 한번 뿌듯했다.

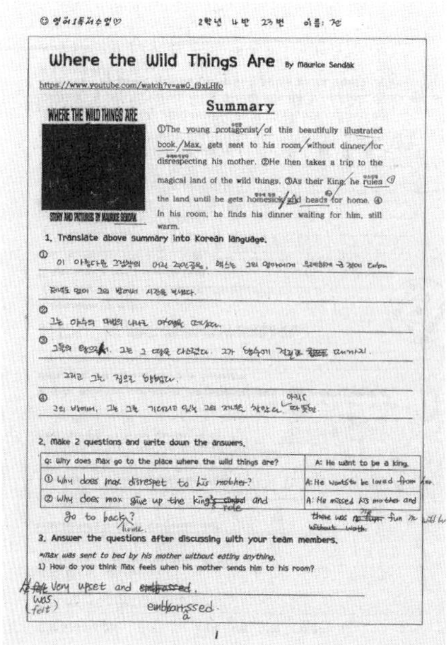

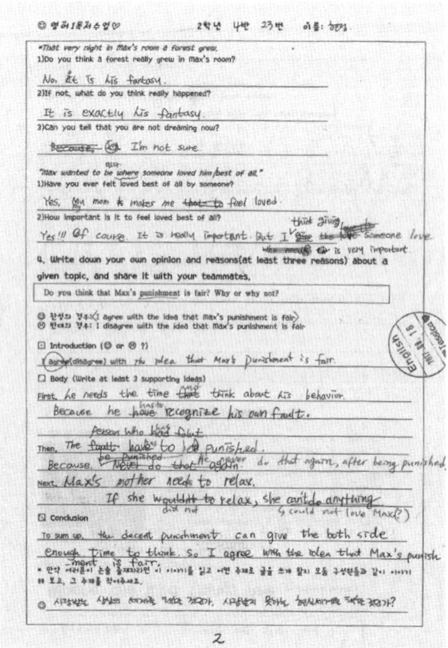

2학기 독서논술토론 학습지

Step 4. 단원고 플래시몹 프로젝트

영어 토론을 통해 아이들의 성숙한 모습이 조금씩 드러나기 시작했고, 자신감에 정점을 찍어주고 싶어서 2학년 학생 플래시몹을 기획했다. 수업시간에 팝송 'Stronger'를 배우고, 학생 플래시몹 TF를 구성하여 안무 및 대형 짜기, 반별 연습 계획과 실행을 학생 자치에 맡겼다. 다행히도 TF 대표는 중간중간 힘들어하면서도 잘 이끌고 나갔고, 아이들은 안무 동영상을 보며 반별로 틈틈이 연습했다.

2학년 플래시몹에 대한 소문이 학교 안에 퍼지자 1학년도 동참하게 되었고, 결국 교감 선생님의 권유로 수능 장도식에서 선배들 응원 행사로까지 확대되었다. 수능 장도식 전날 1, 2학년 420명이 체육관에 모여 단 한 번 연습한 것이 전부였다. 아이들이 부담스러워할까 봐 걱정했지만 오히려 긍정적인 반응을 보였고, 2014년에 입학하여 3년간 참혹하고 어려운 학교 상황에서도 꿋꿋하게 견뎌낸 3학년 선배들을 위해 눈물 나도록 아름답고 멋지게 하나 된 모습을 보여주었다. 이날 플래시몹 장면을 드론으로 촬영하여 유튜브에 올려 아이들이 오래도록 추억으로 간직할 수 있게 했다.

2학기 교과세부능력 및 특기사항에 토론 수업 관찰 기록 내용과 플래시몹 과정에서의 각자의 역할을 세세히 기록하고 싶었지만, 지면의 제약으로 중요한 내용밖에 기록할 수 없어서 매우 아쉬웠다. 아이들이 이 프로젝트를 통해서 공동체 구성원으로서 자신의 의무를 다하고 권리를 누리며 공공선에 기여할 수 있는 민주시민으로서의 경험이 되었길 바란다.

단원고 플래시몹 프로젝트

영어동화 8권을 읽고 요약하여 친구들과 이야기함. 본문 내용에 대한 열린 질문을 직접 만들고 친구들과 자신의 답을 비교해 봄. 동화 속에 담긴 철학적인 질문에 대해 자신의 삶과 연계하여 답을 써보고, 모둠 내 토론을 통해 자신의 생각을 정리한 짧은 논술문을 씀. 특히 Cloudy with a chance of meatballs를 읽고 조금 부족하더라도 현실에 만족할 것인가 혹은 역경을 헤치고 새로운 도전을 할 것이냐를 주제로 토론할 때, 도전해야하는 3가지 근거를 찾아 논리적이고 설득력 있게 주장함. Frederick을 읽고 창의적인 노동의 가치에 감명을 받아 북리뷰를 창의적으로 작성한 후, 유창한 발음으로 자신감 있게 발표함. 수업시간에 팝송 stronger를 배우고 자신감 향상을 위해 플래시몹을 한 달간 친구들과 틈틈이 연습함. 3학년 선배들을 격려하기 위해 수능장도식에서 420명이 어울려 플래시몹을 실행하여 협동심을 발휘하고 선후배간의 우정을 돈독히 함. 특히 플래시몹 안무 이끔이로서 반 친구들이 안무를 잘 소화할 수 있도록 연습 시간을 배정하고 섬세하게 동작을 지도함.

아이들과 나는 어떤 성장을 하였는가?

영어독서 수업을 근간으로 평가와 기록까지 일체화하여 아이들의 가능성과 성장을 관찰하며 기록할 수 있었다. 그러나 아이들이 이 수업을 통해서 정말 각자의 성취수준에 도달했을까? 정말 성장했을까? 그리고 나는 교사로서 어떤 성장을 했을까? 이에 대한 확신이 서지 않는다. 학생의 성취를 확인하는 방법으로 백워드 교육과정 설계에 기반을 둔 촘촘한 수업 디자인, 과정평가와 개별 학생 피드백에 대한 세밀한 계획과 루브릭이 필요할 것이다. 또한 가능하다면 개별 학생들의 학습 복지를 실현하는 차원에서 보편적 학습설계(UDL)[19] 그리고 공동수업 설계도 계획해 볼 필요가 있다. 꼭 공식적으로 학교 안 전문적 학습공동체를 만들지 않더라도 일상에서 함께 수업 고민을 나눌 수 있는 공감 친구가 많은 학교 문화를 조성해야 한다. 이런 분위기에서 자연스럽게 교사는 아이들과 함께 배우고 역량을 키워나갈 수 있을 것이다. 영어독서 수업을 한 학기 마친 우리 반 아이들이 지역아동센터에서 영어 동화책 읽어주기 프로젝트 봉사활동 계획을 세우고 실천에 들어갔다. 아이들이 대견하고 교사로서 성취감을 느낀다.

우리 아이들의 영어 지식과 영어 의사소통능력이 다소 부족하지만, 이 수업을 통해 명백히 드러난 것은 아이들의 협력과 창의성 그리고 발전 가능성이었다. 이 아이들이 살아갈 미래에는 지식보다는 역량을, 결과보다는 과정을 중시하며, 경쟁이 아닌 협력의 가치가 더 빛을 발하는 세상이 될 것이다.

비고츠키는 '경쟁과 협력은 인간의 타고난 본능이며, 협력은 경쟁을 넘어선다'고 주장했다. 왜곡된 경쟁 때문에 자연스럽고 평화로운 협력

---

19 특수교육에서 고안된 보편적 학습설계 원리를 (UDL, Universal Design for Learning) 교육과정에 적극적으로 반영해야 한다. 보편적 학습설계는 원래 신체적 인지적 장애가 있는 학생이 일반 교육과정을 학습하는 데 있어서 겪는 어려움을 극복하도록 도움을 주기 위한 방법론으로 도입되었지만, 교육과정을 설계하면서 모든 학생이 배움의 기회를 가질 수 있도록 형평성을 구현하는 것을 의미한다. 즉 교수 학습의 목표 방법 평가 등을 설계할 때 학습자들이 학습자료를 이해하는 데 방해가 되는 모든 장애물을 제거함으로써 모든 학습자의 학습을 촉진하여 개별화 학습이 가능하고 학습자들에게 최상의 학습환경을 제공하는 것을 기본개념으로 한다(Bray & McClaskey, 2017).

의 가치가 희석되지 않기를 바란다.

부디 우리 아이들이 평생 배움을 즐기며, 공동체적 품성을 바탕으로 따뜻하고 실천하는 민주시민으로 성장하길 바란다.[20] 내 수업은 아직 미숙하지만, 기록을 위한 수업이 아닌 아이들의 삶에 선한 영향을 주고, 배움이 있었던 시간과 공간으로 기억되면 좋겠다.

미생(未生)[21]인 나에게 늘 힘이 되는 구절을 끝으로 글을 맺으려 한다.

인간은 완성되어가는 존재다. 인간은 내부가 결핍되어 있고 이를 채우기 위해 외부의 사회, 문화를 계속 지향하지만 이 과정으로 내부를 완전하게 완성시킬 수는 없다. 쉽게 말해 인간의 마음이라는 책장은 끊임없이 책이 꽂히고 책의 분류가 바뀌며, 신뢰하던 책이 비판하는 책이 되고, 중요하지 않았던 책이 중요한 책의 자리로 옮겨가기도 하는, '불완전체'라는 것이다. 그리고 '불완전체'이기에 계속해서 완전을 향해 나아간다. (『비고츠키, 불협화음의 미학』 중에서)

---

20 4 · 16 교육체제에서 추구하는 인간상으로 배움을 즐기는 학습인, 실천하는 민주시민, 따뜻한 생활인 · 함께하는 세계인을 의미한다.

21 바둑에서 집이나 대마가 아직 완전하게 살아 있지 않은 또는 그런 상태를 의미한다.

5장

수학

이윤진, 신장고등학교

무엇을 가르칠 것인가?

교직에 들어선 첫해부터 지금까지 잘 가르치고 싶은 마음은 한결같다. 하지만 크게 바뀐 것이 하나 있다면 잘 가르친다는 의미가 달라졌다. 예전에는 교사인 내가 수학의 전반적인 내용을 두루 섭렵하여 다양한 문제 유형을 어떻게 정리해서 학생들의 머리에 그대로 넣어주어 수능 점수가 잘 나오도록 도와주고, 더 나아가 수학의 역사적 배경과 수학을 배우는 당위성까지 가르쳐주려고 했다. 그런데 지금은 학생들이 수업에 흥미를 갖고 참여하게 하는 방법을 모색하는 것에서 시작한다.

교육과정이 바뀔 때마다 수학 내용은 한없이 이동과 삭제를 반복했다. 해가 갈수록 수학에 흥미를 잃는 학생이 많아져서 학습부담을 덜어주는 차원에서 내용을 점점 줄이기 때문이다. 하지만 자신은 예체능을 준비하고 있으며 오래전부터 수포자('수학을 포기한 학생'을 지칭)임을 당당하게 말하는 학생들에게 수학이 논리력을 키우는 중요한 과목이며 우리가 살고 있는 현실 곳곳에 수학이 숨어있다는 말은 설득력이 없다.

현재 내가 있는 학교는 도심에서 조금 떨어져 있어서인지 학생들이 성적은 조금 낮지만 순박하여 교사와 학생 간에 유대관계는 끈끈하다. 수업 태도도 좋은 편인데, 실은 잘 몰라도 그냥 들어주는 착한(?) 학생들이다. 현재 가르치고 있는 문과반에도 중학교 때부터 수학을 포기해서 인수분해를 잘하지 못하는 학생이 절반이다. 심지어 초등학교 때부터 수학을 포기해서 기본적인 계산이 쉽지 않은 친구도 한 반에 몇이 있는 실정이다. 이런 학생들에게 고등수학을 배우고 싶은 마음이 들게 하는 것은 여간 고민스러운 일이 아니었다.

우선 교과서의 모든 내용을 다 가르쳐야 한다는 생각부터 버리고 교과목에서 반드시 필요로 하는 성취기준이 무엇인지를 생각해보았다. 또한 자기는 예체능인데 왜 수학을 배워야 하는지를 묻는 학생들에게 수학을 왜 배워야 하는지를 느끼도록 해주고 싶었다. 내 첫 번째 시도는「확률과 통계」교과에서부터 출발했다. 고등학교 통계를 배웠다면 적어도 자신이 조사한 자료를 통계로 낼 수 있어야 한다고 생각했다.

대단원	중단원		비고
Ⅰ. 순열과 조합	• 경우의 수 • 분할	• 순열과 조합 • 이항정리	1학기 1차 지필평가 범위
Ⅱ. 확률	• 확률의 뜻과 활용	• 조건부 확률	1학기 2차 지필평가 범위
Ⅲ. 통계	• 확률분포 • 통계적 추정		2학기 1차 지필평가 범위 (통계포스터 제작 시기) 2학기 2차 지필평가 범위

확률과 통계 수업 진도 설계

그래서 통계에 좀 더 무게를 실어 일 년의 수업을 설계한 후 2학기 1차 지필평가가 끝난 직후 자신이 관심 있는 주제에 대한 설문 결과인 실제 데이터를 가지고 통계를 내보는 '통계포스터' 수업을 계획했다. 그리고 이를 평가에 반영하기로 했다.

구분		시수	활동 내용	비고
10월 1주	학급별 조 편성	–	4인 1조 혹은 5인 1조로 편성했으며, 가급적 성적에 의한 편성보다는 학생들 의견을 반영하여 수행평가를 잘하는 친구들이 고루 흩어지도록 편성	수업시간 외
10월 2주	주제 선정	1	주제를 선정하고, 관련된 사전 조사가 있는지 찾아봄	컴퓨터실
	설문지 작성	1	설문은 기본 10문항 정도로 하며, 설문 대상을 정하여 설문지를 만들도록 함 결과를 도출하기 위한 중요한 수단이므로 여러 번 생각해보게 함	컴퓨터실
10월 3주	설문조사	–	종이 설문과 구글 설문 중 원하는 방향 결정 10월 3주 한 주간 설문 받음	수업시간 외
	프로그램 강의 (통그라미)	1	간단한 설문 데이터(엑셀 파일)를 가지고 통그라미 프로그램에서 불러들이는 방법 및 그래프 다루는 방법 지도 그리고 원그래프 및 막대그래프 사용, 포스터 제작을 위해 인쇄하는 방법 등 설명	컴퓨터실
	프로그램 강의 (엑셀)	1	구글 설문은 응답 결과를 바로 엑셀 파일로 받아볼 수 있으나, 종이 설문은 직접 엑셀 파일에 결과를 넣어야 하므로 엑셀을 간단히 설명	컴퓨터실
10월 4주	통계포스터 제작		우드락 및 색지, 간단한 문구류를 조별로 제공 다음 주 월요일까지 제출하게 함	수업시간 외
11월 1주	통계포스터 제출 동료평가	1	학기 초 안내했던 평가 방법을 토대로 동료평가실시(TBL)	

통계포스터 제작을 위한 교육과정 재구성

그리고 「확률과 통계」 교과서의 소단원 앞뒤로 소개되어 있는 생각열기 혹은 수학 산책 같은 읽을거리를 학생들의 개인 발표로 이어지게 하여 평가했다. 우리 주변에 숨어 있는 수학 이야기를 통해 수업에서 배우는 내용이 단지 문제 풀이만을 위한 것이 아니라 우리가 살고 있는 현실을 보다 명확하게 이해하기 위함임을 알도록 해주고 싶었기 때문이다. 그래서 여러 출판사의 교과서를 구해 학생들의 발표로 이어질 수 있는 주제를 모아 보았다. 이를 복사하여 학급별로 그 주제를 발표할 학생들에게 나눠주어 이를 바탕으로 더 자세하게 조사하도록 했다.

연번	단원	주제	학번	이름	발표 날짜
1	순열	인터넷뱅킹의 보안카드와 OTP(One Time Password)기기(미래엔 p.27)			
2	직업탐구	보험계리사(비상출판사 p.52)(미래엔 p.89)			
3	분할	피겨스케이팅 대회에 담긴 분할의 아이디어 (두산동아 p.69)			
4	순열	바코드에서 QR코드로 진화(두산동아 p.24)			
5	순열	도로명 코드의 수–중복순열(두산동아 p.41)			
6	순열	버스체계(두산동아 p.91)			
7	순열	MBTI 검사와 16가지 유형(지학사)			
8	직업탐구	스포츠 애널리스트(지학사)			
9	직업탐구	순열과 조합을 이용하는 불꽃연출가 (미래엔 p.53)(두산동아 p.50)			
10	조합	골턴판(금성출판사 p.17, 50)			
11	순열	계단모양의 곱(계승)(금성출판사 p.72)			
12	조합	하키스틱 패턴(지학사)			
13	확률	쌍둥이 출산율(지학사)			
14	확률	보험과 확률(두산동아 p.95)			
15	확률	역사 속 주사위(두산동아 p.106)			
16	확률	독감판정자 실제 모두 독감에 걸렸을까?(두산동아 p.125)			

17	확률	확률에 대한 오해와 진실(금성출판사 p.81)			
18	확률	통계적 확률과 수학적 확률의 관계(두산동아 p.117)			
19	확률	신문기사 속 확률 찾기(두산동아 p.139)			
20	확률	파스칼과 페르마의 게임 상금 분배, 공평한 분배(금성출판사 p.118)			
21	확률	도박에서 시작된 확률(지학사)			
22	확률	몬티홀 문제(지학사)			
23	확률	심프슨의 역설(미래엔 p.72)–야구 이야기			
24	확률	확률 이야기–미맹, 하디–바인베르크 법칙(금성출판사 p.83, 92)			
25	확률	지프의 법칙(비상출판사 p.71)			
26	확률	베이즈 정리(지학사)			
27	확률	실생활 확률(지학사)			
28	통계	포획–재포획법(지학사)			

교과서에서 찾은 발표 주제

어떻게 가르칠 것인가?

다양한 평가를 통한 수업으로의 접근

가르치려는 내용은 자연스럽게 평가에 연계될 수밖에 없었다. 그래서 평가를 오른쪽과 같이 계획했다. 1학기에는 개인 발표인 '주제탐구발표'와 2학기에는 팀 프로젝트인 '통계포스터'를 중심에 두고 지금까지 서술형 평가와 별반 차이가 없었던 논술형 평가를 수업과 연계하여 수학적 근거를 바탕으로 자기 생각을 밝힐 수 있는 논술형 평가로 시행해 보려고 노력했다. 우선 1학기에는 수행평가의 비중을 50%로 늘려 논술형 평가를 3회 시도했으나 2단위 교과에서 수행평가를 여러 번 치르기가 쉽지 않아 2학기에는 40%로 낮추고 2회만 실시할 수밖에 없었다.

평가 종류	지필평가				수행평가				
반영 비율	50%				50%				
평가 방법 (횟수/영역)	1차		2차		3회 실시			수시	
	선택형	서술형	선택형	서술형	논술형 1	논술형 2	논술형 3	주제 탐구 발표	수업 참여도
만점 (반영비율)	90점 (22.5%)	10점 (2.5%)	90점 (22.5%)	10점 (2.5%)	10점 (10%)	10점 (10%)	10점 (10%)	10점 (10%)	10점 (10%)
	100점(25%)		100점(25%)						
서술형·논술형 평가 반영비율	2.5%		2.5%		10%	10%	10%	·	·
평가 시기	4월 5주		7월 1주		3월 4주	5월 2주	6월 2주	수시	수시
평가내용 (성취기준)	1121~1142		1211~1223		1121/ 1123-1	1131/ 1141~2	1221/ 1222-2	전 영역	전 영역

평가 종류	지필평가				수행평가			
반영 비율	60%				40%			
평가 방법 (횟수/영역)	1차		2차		2회 실시		1회	수시
	선택형	서술형	선택형	서술형	논술형 1	논술형 2	통계 포스터 제작	수업 참여도
만점 (반영비율)	75점 (22.5%)	25점 (7.5%)	75점 (22.5%)	25점 (7.5%)	10점 (10%)	10점 (10%)	10점 (10%)	10점 (10%)
	100점(30%)		100점(30%)					
서술형·논술형 평가 반영비율	7.5%		7.5%		10%	10%	·	·
평가 시기	10월 2주		12월 2주		8월 4주	11월 1주	10월	수시
평가내용 (성취기준)	1311~1314-2		1321~1323		1311-1/ 1312-2	1321/ 1322	1311~ 1314-2	전 영역

2015년 '확률과 통계' 평가계획, 1학기(위), 2학기(아래)

1학기에 실시한 개인 발표인 '주제탐구발표'는 어쩌면 학생보다 내게 많은 것을 남겨주었다. 학생들의 숨겨진 또 다른 능력을 발견하고 관찰하는 재미도 있었고, 학생들의 발표 준비를 피드백하는 과정에서 교사인 나도 성장하게 되었다. 한 학생이 서술형 평가에서는 답안지를 복사한 것처럼 논리적으로 생각을 펼치면서도 발표할 때는 전달력 없이 중언부언한 것과 '순열과 조합' 단원에서 '불꽃 연출가'라는 직업을 조사하여 발표한 한 학생이 수학이 5등급이라고는 믿을 수 없을 정도로 불꽃이 일어나는 화학적 반응 원리까지 조리 있게 설명했던 장면은 아직도 잊히지 않는다. 그 모습을 지켜보며 그 감동을 열심히 수첩에 메모했던 기억이 지금도 생생하다.

올해 맡고 있는 2학년 문과반 학생들에게 교과서에서 자신이 선택한 소단원의 한 꼭지를 능력껏 설명해보게 했을 때, 수업내용의 일부만을 간신히 이해하며 계산도 잘 못하면서도 수업에 참여한 한 학생의 발표도 인상적이었다. 개인 발표라 누구의 도움도 받을 수 없었지만, 자신의 이해력이 빠르지 않음을 부끄러워하지 않고 천천히 생각을 더듬으며 한 줄씩 써 내려가면서 자신 있게 설명하고 발표를 마쳤다. 듣는 학생들도 손에 땀을 쥐며 발표를 다 듣고 나서는 모두 박수를 치며 환호성을 질렀다. 그 학생의 또 다른 면을 모두가 발견한 날이었다.

이런 발표 수업을 통해 학생들을 지필평가 점수로만 잣대를 재어오던 나 자신을 많이 반성하게 되었다. 그리고 주제탐구발표는 교과의 내용을 이론으로만 바라보던 것을 넘어서 실생활에 수학이 얼마나 가까이 있는지를 느끼게 해주는 흥미 있는 주제가 많아 '몬티홀'과 같은 문제에서는 자연스럽게 학생들의 열띤 토론으로도 이어졌다.

그리고 논술형 평가는 수업시간에 열심히 참여하는 학생이 좋은 성적이 나올 수 있도록 수업시간에 학생들과 여러 각도로 생각하며 접근했던 문제 혹은 '주제탐구발표' 시간에 학생들이 발표했던 주제 가운데 선별하여 출제했다. 과외나 학원을 통해 수능형 문제 풀이에만 익숙한 학생들이 개념에 대한 이해 없이 무작정 공식을 외우는 것을 원치 않았기 때문이다. 그래서 각종 참고서의 문제를 많이 풀어본 학생이 아닌 수업시간에 열심히 참여한 학생이라면 친숙할 그런 문제를 논술형으로 출제하려고 했다.

[문제 예 1] $_3H_5$의 값이 결정되는 문제를 만들고, 이를 계산하는 공식이 나오게 된 배경을 통해 풀이과정을 설명하시오.[6점]

[문제 예 2] 파스칼 삼각형에 대해 다음 요소가 들어가도록 설명하시오.[4점]

※피라미드의 구조로 파스칼 삼각형 모습 보이도록 열거
※이항정리의 계수 규칙
※파스칼 삼각형에서의 연산 규칙 2가지 제시

[문제 예 3] A, B 두 사람이 100만원을 걸고 내기를 하였다. 이 때, 내기에서 1번 이기면 1점을 얻고, 먼저 4점을 얻은 사람이 상금을 모두 가지기로 하였다. 그런데 A가 1점, B가 2점을 얻은 시점에서 사정이

생겨 부득이하게 내기를 중단하게 되었다. 이때, 상금을 어떻게 분배

하는 것이 가장 합리적인지 설명하시오.(단, A와 B 두 사람이 내기에

이길 확률은 각각 $\frac{1}{3}$, $\frac{2}{3}$이다.) [6점]

[문제 예 4]

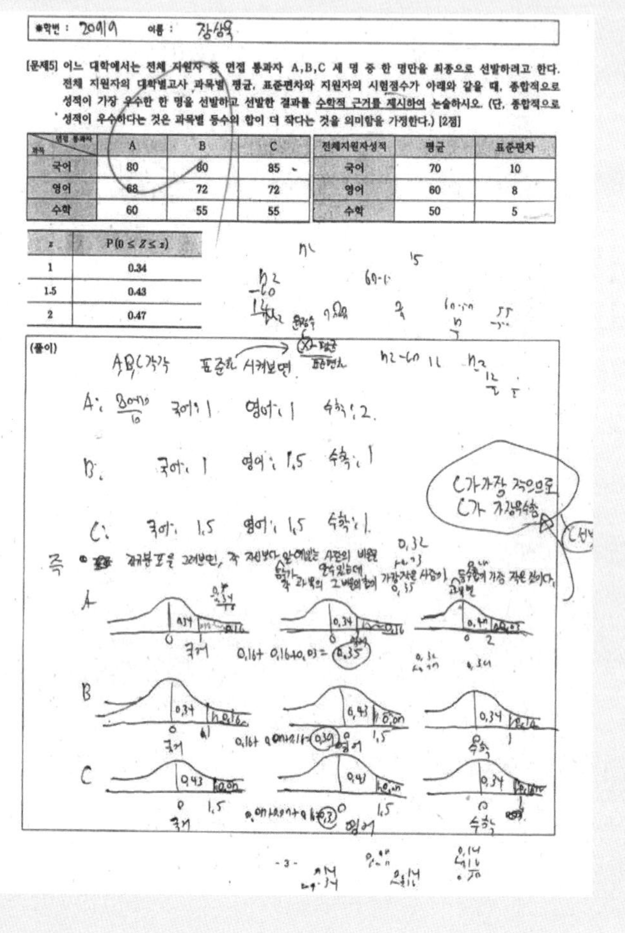

　2학기에 실시한 '통계포스터'는 팀 프로젝트로 진행한 평가였다. 조를 편성하여 자신이 관심 있는 주제를 선정하여 직접 설문지를 제작하고, 그 결과를 통계처리하여 이를 포스터로 제작했다. 그리고 마지막에 우드락에 꾸미는 일을 제외하고는 전부 정규 수업시간에 하도록 지도했다. 대략 5주 정도 진행하는 동안 학생들을 관찰하면서 아이디어가 좋은 학생, 통계처리를 잘하며 분석이 뛰어난 학생, 협동심과 배려심이 좋은 학생, 리더십이 뛰어난 학생 등 인성적인 면까지 들여다볼 수 있었다. 이렇게 첫해 시도한 프로젝트 수업에 따른 피드백은 다음과 같다.

| 좋았던 점 |

· 재미있는 통계 내용이 많아서 재밌었다.

· 직접 통계를 내보는 것이 의미 있었다.

· 팀원 평가 방식

· 힘들긴 했지만, 기억에 남는 좋은 추억이었다.

· 구글 설문조사 방법을 알게 되고 사용해본 점이 괜찮았다.

· 주제에 대한 통계 결과를 예상하고 직접 확인해볼 수 있어서 좋았다.

| 개선할 점 |

· 개인점수(3점)가 너무 낮음. 이를 더 높였으면 좋았을 것 같다.

· 참고할 수 있는 자료가 더 있었으면 좋겠다.

· 채점 방식이 별로였고, 시간을 너무 빼앗겼어요.

· 시간이 너무 없었다.

· 몇몇 참여하지 않는 친구들을 좀 더 끌어들이는 방법이 필요하다.

· 그래프에 대해 좀 더 자세히 알려주시면 좋겠다.

학생들에게 하지 못한 고백이지만, 첫해에는 처음 시도하는 프로젝트 수업이라는 긴장감에 계획된 일정대로 몰아가기 바빴다. 하지만 다음 해에는 좀 더 여유 있게 진행할 수 있었으며 학생들에게 받은 피드백과 나의 성찰로 몇 가지 문제점을 바로잡아 보려 했다. 우선 학생들이 주제를 자유로이 고르게 하되 그 범위를 자연계 학생들 수준에 맞게 과학에서 선정하기로 계획했다. 그리고 주제 선정과 설문지 제작을 준비하는 시간을 늘려 컴퓨터실에서 찾은 자료를 바탕으로 교실에서 다시 토의하는 과정을 넣어 그 과정에서 교사가 피드백을 주는 시간을 더 확보할 수 있었다. 그리고 평가 방식도 좀 더 개선했다. 이는 뒤에서 더 자세히 언급하고자 한다.

과학 교과 융합은 다행히 뜻이 맞는 선생님이 있어 자연계 전반에 걸쳐 수업이 들어있는 교과 중 「생명과학 I」과 융합했다. 생명과학 시간에는 주제 선정과 설문지 제작을, 확률과 통계 시간에는 통계처리와 분석을, 그리고 이를 보고서 발표와 통계포스터 제작이라는 두 가지 방법으로 각 과목의 수행평가로 반영했다. 내 생각과는 달리 점수에 예민한 학생들에게는 두 과목이 함께 걸려 있어서 조 편성부터 쉽지 않았다. 어렵게 조율하여 주제 선정, 가설 설정, 설문지 작성, 설문조사, 결과 통계처리, 응답 결과 분석, 가설 검증 및 결과 정리, 이렇게 한 달이 넘는 프로젝트가 마무리되어 결과물이 나왔을 때는 다들 자신의 조가 가장 잘했다며 뿌듯해했다.

프로젝트를 진행하면서 학생 개인의 인성부터 배려심과 협동심이 얼마나 있는지를 잘 관찰할 수 있었다. 행동에 문제가 있다고 생각하는 학생들을 기록으로 남길 수는 없었지만, 배려와 협동이 뛰어난 학생들은 동료평가에서도 높은 점수를 받으며 또 다른 관찰로 기록되었다.

학급-조	2015년	2016년
207-1조	청소년들이 생각하는 대학	신장고 학생들이 키우는 동물의 다양성과 그에 대한 효과
207-2조	결혼 희망 여부	알레르기
207-3조	한국인의 입맛	키는 유전의 영향이 클까? 환경의 영향이 클까?
207-4조	사람들은 어떤 사람에게 호감을 가질까? 비호감을 가질까?	시력은 유전일까?
207-5조	사교육, 그것이 알고 싶다	비염의 실태
207-6조	우리학교 교복 착용에 대한 인식의 실태 조사	GMO(유전자 재조합)
208-1조	청소년들이 SNS를 사용하는 이유	신장고등학교 학생들의 화장 인식 및 실태 조사
208-2조	충동구매	길거리 쓰레기통 설치! 반드시 필요한 행동인가?
208-3조	학생들이 가장 좋아하는 브랜드의 선호도 차이	물이 몸에 미치는 영향
208-4조	폭력적인 영상이 우리를 변화시키는가?	혈액형에 관한 간단한 고찰
208-5조	색깔이 우리에게 미치는 영향	알레르기와 약
208-6조	시험의 오답문제가 실력인가 실수인가?	다리를 떠는 행동에 대한 인식 조사

통계포스터 조별 주제

거꾸로 수업을 통한 학생 참여 시도

처음으로 도전했던 평가 덕분에 학생들의 다른 면을 보게 되었으며, 평상시에 학문적인 내용에는 관심이 없던 학생들도 직접 수행하게 하는 평가에는 적극적으로 참여했기 때문에 그 모습을 통해 학생들을 다각도로 바라볼 수 있게 되었다. 하지만 그래도 여전히 강의가 주가 되는 시간에는 수포자의 모습으로 앉아 있는 학생들이 있었다. 협동학습에 관심이 있어서 늘 조별로 앉게 하여 수업을 해보았지만, 학급에 따라, 때로는 조원에 따라 잘 되지 않을 때가 더 많았다.

2016년 1월에 ○○대학교 연수에 참여했다가 거꾸로 수업에 대한 과정을 듣게 되었다. 그 연수에서 소개한 KBS 3부작 '미래교실을 찾아서'를 보고 나도 해봐야겠다는 강한 의지가 샘솟아 그해 새로 맡게 되는 1학년 학생들을 대상으로 과감하게 거꾸로교실을 시도해보았다. 협동학습의 방법을 잘 몰랐던 내게 거꾸로 수업은 학생들이 자연스럽게

2016년 생명과학과 융합하여 제작한 통계포스터 수행평가 전시

협동학습을 할 수밖에 없는 상황을 제시해주었다. 그래서 수업시간 중 내 강의는 최소화했다. 물론 영상을 봐도 모르는 학생과 영상을 보지도 않는 학생이 많을 때는 10분간 수업을 안내하고 시작할 수밖에 없었지만, 그래도 학생끼리 서로 질문하고 가르치는 모습을 지켜보며 비로소 나는 학생들을 제대로 관찰할 수 있게 되었다.

또한 예전에는 모든 학생이 이해가 되건 되지 않건 학습지의 모든 문제를 그냥 따라왔다면, 이제는 개별속도에 맞춰 개념 문제까지만 해결할 수 있는 학생들은 학습지의 앞부분만 해결하고 잘하는 학생들은 마지막 도전 문제까지 해결함으로써 자연스럽게 개별화 수업이 가능하게 되었다. 그리고 드디어 진도에 허덕이지 않고 가르칠 수 있었다.

작년에 이어 올해에도 거꾸로 수업을 계속했는데, 올해 맡은 학생들은 자신의 진로가 예체능이라는 이유로 수업을 온몸으로 거부하는 학생이 많았다. "한 과목을 포기하기 시작하면 모든 과목을 포기하게 된다", "수학을 배우는 이유가 반드시 진로에 필요해서겠냐?", "선생님과 함께 해볼까?" 등등 여러 가지 방법으로 학생들을 달래고 독려했는데, 그런 가운데 해보고자 하는 학생들이 자꾸 벽에 부딪히는 이유가 복습이 제대로 되지 않아서라는 것을 절감하게 되었다.

그래서 멘토링 수업을 시작하게 되었다. 한 조의 4명이 다시 멘토와 멘티로 두 명씩 짝을 지어 소단원이 끝날 때마다 복습하는 방법이었다. 우선 짝을 이룬 2명에게 좌우 똑같은 문제로 구성된 학습지를 나누어 주었다. 멘토인 친구가 먼저 한 문제를 설명하면서 풀면 멘티인 친구도 멘토인 친구에게 똑같이 설명하면서 푸는 방식이었다. 소단원의 핵심적인 문제를 뽑아내어 이러한 방식으로 정리하게 하였더니 학생들의 집중도가 확연히 올라가고 평상시 불성실했던 학생들도 자신에게 완전히 집중해주는 멘토인 친구에게 고마움을 느끼며 열심히 했다. 그런 모습에 나도 많은 감동을 받았다.

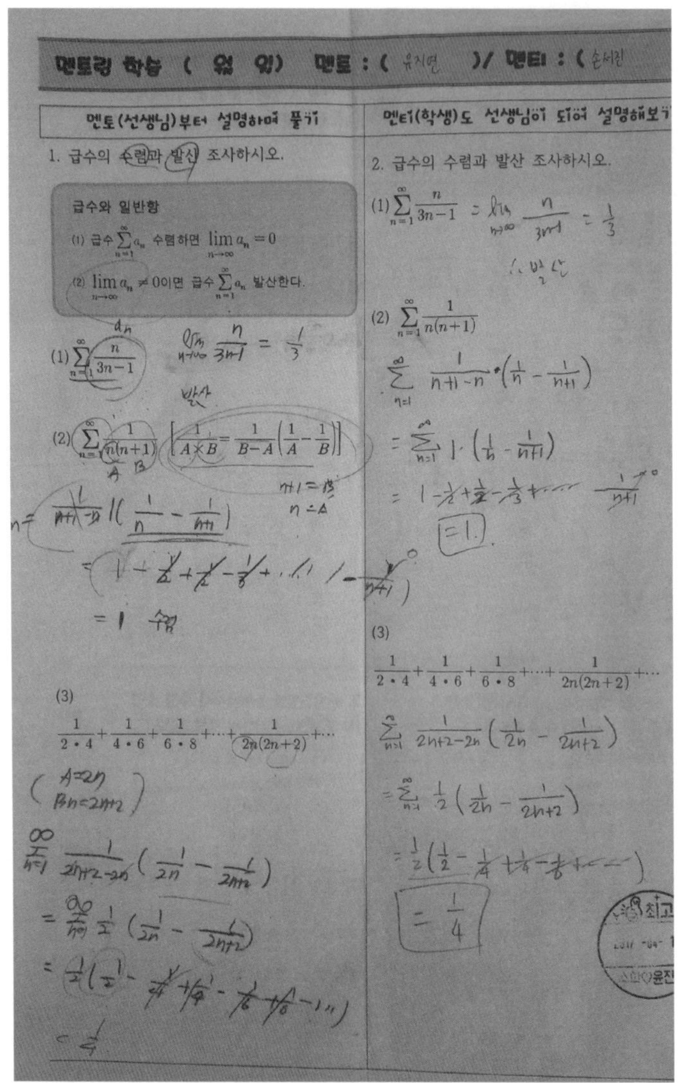

멘토링 수업을 하고 나서 학생들은 다음과 같은 배움일기를 남겼다.

멘토, 멘티 수업을 하며 내가 많이 부족함을 느꼈다. 열심히 설명해줘도 더 많이 알고 이해가 빨랐다면 멘토에게도 미안하지 않아도 되고 더 수월했을 텐데 함수는 언제 봐도 어렵다. 오늘 함수만 죽어라 공부해야겠다. 확실히 멘토, 멘티 수업이 성취도도 높고 효과가 좋은 것 같다.

오늘 수학 멘토링 활동을 통해서 그동안 배웠던 수학 개념을 정리하고 친구들과 복습하는 시간을 가지게 되어서 좋았다. 또 문제를 풀면서 나도 어떻게 풀어야 할지 고민되는 문제가 있었는데 조원 친구들의 아이디어로 문제를 해결할 수 있었다. 앞으로도 친구들에게 잘 가르쳐줘서 스스로 문제를 풀어보고 성취감을 느낄 수 있도록 도와주고 싶다.

실험을 통한 수학에 대한 이해

수학을 배웠다면 이론으로 그치지 않고 실생활에 반드시 활용할 수 있어야 진짜 수학을 이해했다고 생각한다. 그래서 『수학은 실험이다』(구로다 토시로)에 나와 있는 실험들은 고등학교 교과목과 연계되어 있어서 학생들에게 수학을 왜 배우는지를 알게 하기 좋았다. 그래서 '수학실험반'이라는 동아리를 모집하여 수업시간에 못해보는 여러 가지 다양한 실험을 했다. 그리고 이를 실험일지로 기록하며 실험의 전반적인 내용과 보고 느낀 점을 적어보도록 하였다. 동아리 학생들과 일 년 동안 진행한 실험은 다음과 같다.

날짜	주제	교과서 단원
2016. 04. 08.	측각기를 이용하여 건물의 높이 측정하기	삼각함수
2016. 05. 13	무게 중심을 이용한 여러 가지 팽이 만들기	적분
2016. 06. 03	몬티홀	확률
2016. 06. 10	부동점 찾기	기하
2016. 08. 12	주사위놀이	확률
2016. 08. 26	벤포드의 법칙	기타(숫자)
2016. 10. 21	사인, 코사인 정리를 활용하여 건물의 폭 측정하기	삼각함수
2016. 11. 25	우리학교 학생들의 신장 기록 추정하기	통계적 추정

동아리 실험 계획

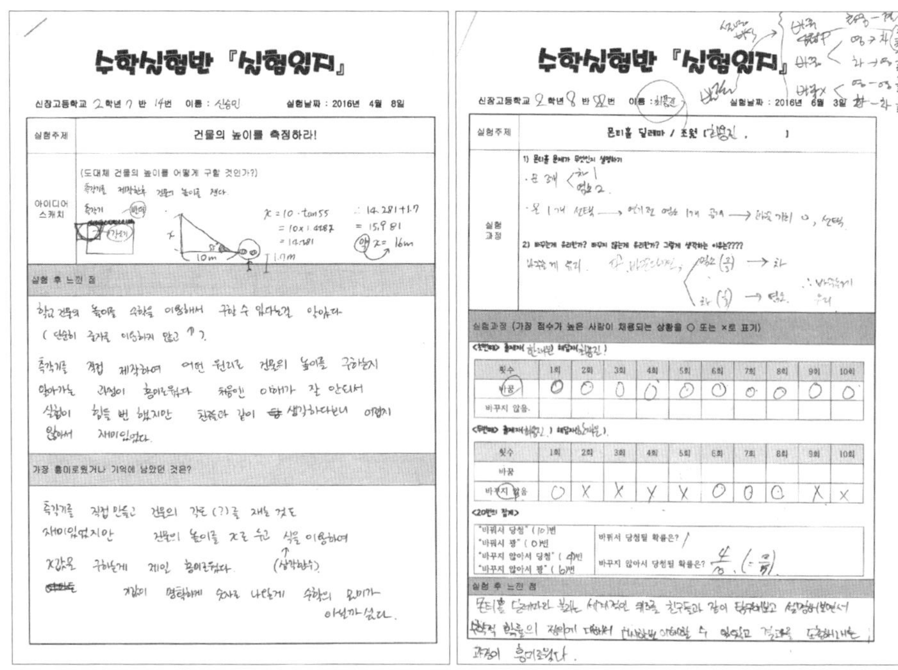

동아리 실험일지(2016.04.08)   동아리 실험일지(2016.06.03)

그리고 「확률과 통계」 시간에도 학생들에게 막연하게 느껴지는 표준편차의 개념, 이항분포와 정규분포의 관계에 관한 것들을 간단한 실험을 통해 확인해보게 했다.

지도 일시	2016. 10. 18.(화)15:00~15:50		대상	2-8반(26명)	지도 교사	이○○
영역	통계		장소	2-8 교실		
활동 주제	아랍어 단어 시험을 통해 이항분포와 정규분포와의 관계를 이해해보자.					
학습 목표	이항분포에서 시행횟수가 많아지면 정규분포에 가까워지는 것을 이해할 수 있다.					
준비물	교사용	컴퓨터(엑셀)				
	학생용	아랍어 단어 시험지, 실험일지				

학습 단계	교수 · 학습 활동	예상 시간	자료 및 유의점
배움열기	지난 차시 복습 : 이항분포, 정규분포 학습 목표 및 활동 확인	5′	프레젠테이션 자료
배움활동	활동 1. 실험하기 ① 아랍어 단어 시험지 – 50문항(2개의 보기 중 정답을 고르는 문제) ② 시험시간 : 10분 ③ 정답지를 나눠주고 짝과 시험지를 바꿔 채점하도록 한다.	20′	☞실험활동 정확하게 이해하기 • 조장이 한 번 더 조원들에게 설명하기
	활동 2 – 조별로 시험점수를 정리하기 – 학급 전체의 시험점수를 통계 내보기 – 미리 준비해둔 엑셀 데이터에 점수별 학생 수를 넣고 이를 막대 그래프로 나타내기 – 학급별 결과를 보여주고 4개 학급 전원 104명의 결과를 막대 그래프로 나타내기	10′	☞조별 누계
	활동 3. 결과를 통해 알게 된 점 및 느낀 점 발표하기	10′	☞의사소통을 통해 오늘 한 실험 도출과정을 다시 한번 숙지하고, 느낀 점 발표하기
배움정리	정리 및 차시 예고 – 오늘 알게 된 내용 정리하기 – 실생활 관련 수학 통계 학습 안내	5′	배움일기 작성

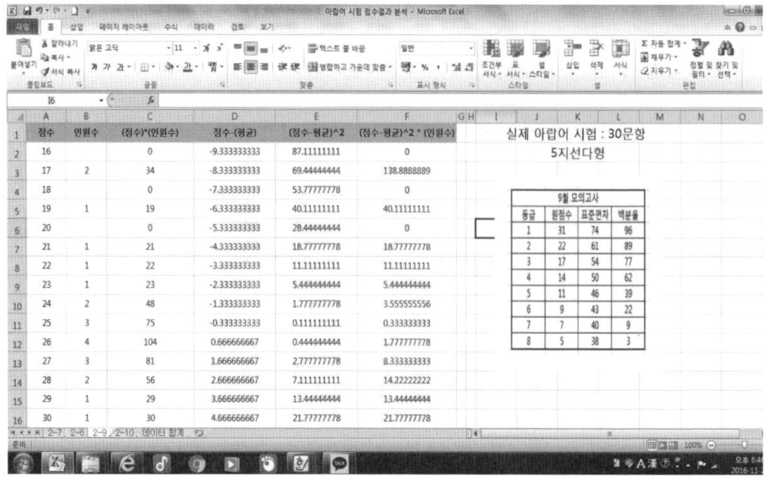

아랍어 단어 시험 결과

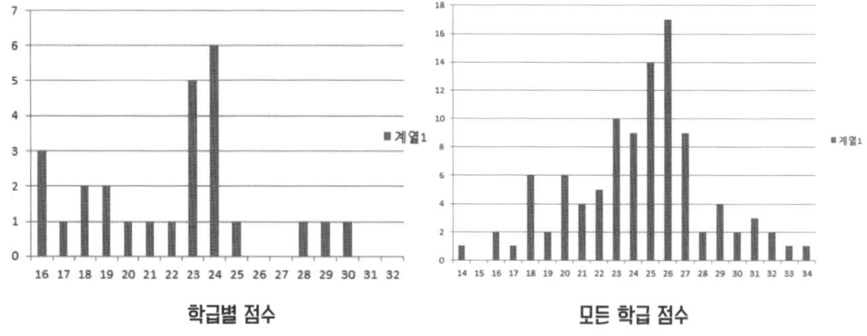

「확률과 통계」에서 통계 단원은 특히 이론적인 수치가 복잡하게 느껴지고 공식들이 사실인지 잘 받아들여지지 않는 부분인데, 학생들은 자신들이 잘 이해하지 못하고 외운 공식이 실제로 입증되는 실험을 통해 '우와~' 하는 감탄사와 함께 머리보다 가슴으로 먼저 받아들이게 되는 것 같았다.

어떻게 평가할 것인가?

보고서와 발표로 크게 두 부분으로 나누어 평가했는데 보고서에서는 준비한 정도를 좀 더 눈여겨보았고 발표에서는 발표력을 보았다. 열심히 준비하는 학생들 가운데 자신이 맡은 주제가 평소에 알지 못한 생소한 부분이 많아 나에게 질문하러 수차례 오는 학생도 있었다. 때로는 이해하지 못한 채로 PPT를 그냥 읽기만 하는 안타까운 학생도 있었다. 하지만 준비하는 과정에서 교사와의 피드백을 통해 처음에는 이해하지 못한 내용을 조금씩 이해하여 자신의 지식으로 소화하고 이를 정

보고서 (5점)	정리(2점) – 2단계 점수 중 하나를 부여	발표할 내용의 핵심을 잘 파악하여 정리함.	2점
		발표할 내용의 핵심을 파악하지 못하고 정리함.	1점
	자신이 새롭게 알게 된 점을 제시함.		1점
	깨달은 점 – 2단계 점수 중 하나를 부여	자신이 깨달은 점을 제시함.	2점
		자신이 깨달은 점을 제시하지 못하고 정리한 내용을 다시 언급함.	1점
발표 (5점)	제한된 시간 내에 수학적 지식을 이해하기 쉽고 분명하게 전달하여 청중의 공감을 얻음.		5점
	수학적 지식을 분명하게 전달하였으나 청중의 공감을 얻지 못한 경우. 혹은 수학적 지식을 분명하게 전달하였으나 발표 분량이 적은 경우.		4점
	수학적 지식을 쉽고 분명하게 전달하지 못하여 청중의 공감을 얻지 못함.		3점
	본인 의사로 수행평가 미응시.		2점

2016 주제탐구발표 평가계획

리하여 발표해내는 것을 보면서 그 노력과 성장이 기특하여 열심히 기록했다. 같은 점수여도 발표를 준비하는 과정과 그 학생의 성장은 결코 같지 않음을 과목세부능력 및 특기사항에 기록했다.

통계포스터

개인이 발표하는 주제탐구발표와 달리 팀으로 진행되는 조별 프로젝트에서는 평가계획을 세우기 전에 고민스러운 점이 하나 있었다. 첫째, 무임승차하는 학생들을 막는 것과 둘째, 노력한 만큼의 차별화를 어떻게 점수화하는지였다. 2학기에 계획한 프로젝트평가를 앞두고 고민만 안고 있던 그해 여름에 우연히 교육과정-수업-평가-기록 일체화(이하 교수평기) 동아리에서 진행한 심화과정 연수에 참석했다가 고려대학교 의과대학 교수님의 TBL(Team Based Learning) 강의에서 동료평가 기법을 보고는 눈이 번쩍 뜨였다. 대부분의 동료평가 기법은 A, B, C, D 4명의 학생이 한 조일 때 A학생이 B, C, D에 대하여 각각 상, 중, 하 3단계 정도로 평가하는 방식이라면, TBL 동료평가기법은 다르다.

예를 들면, A 학생이 자신들이 지금까지 해온 프로젝트 과정을 마무리하는 동안 조원들이 어느 정도 기여를 했는지 기여도 100을 기준으로 B는 50(%), C는 30(%), D는 20(%)와 같이 자신을 제외한 친구들에 대해 기여도 평가를 하는 것이다. 그래서 기여도가 100이상인 친구는 개인평가 3점에서 만점을 받고 기여도가 90인 친구는 3점의 90% 점수를 받는 방식으로 점수를 주었다. 하지만 학생들이 평가한 기여도를 그대로 반영하다 보니 상처를 받은 학생이 있었다. 그래서 다음 해에는 개인평가 점수를 좀 더 높이고 대신 기여도의 급간을 나누어 평가

하는 방식으로 조정했다.

평가 방법	① 통계프로그램 '통그라미'를 활용하여 조별로 조사한 내용의 평균과 분포를 알아본다. ② 통계포스터 제작을 통하여 조별로 조사한 내용을 정리하여 주제와 데이터 사이의 상관관계, 그리고 이를 통하여 새로 알게 된 점 등을 친구들과 함께 공유할 수 있도록 한다. ③ 「생명과학Ⅰ」 교과와 연계된 프로젝트 수업으로 함께 진행하여 평가한다.	
성취 기준	① 원하는 통계자료를 위해 적절한 설문지를 제작할 수 있다. ② 설문결과를 통계적으로 분석할 수 있다. ③ 분석된 자료를 통해 앞으로의 결과를 예측할 수 있다.	

평가 기준	개인평가 (5점)	 ① 아래 표 및 설명

<table>
<tr><th>(　)조 모둠원명</th><th>점수</th><th>피드백</th></tr>
<tr><td>모둠원 1</td><td></td><td></td></tr>
<tr><td>모둠원 2</td><td></td><td></td></tr>
<tr><td>모둠원 3</td><td></td><td></td></tr>
<tr><td>평가자 이름:</td><td colspan="2">합계(100)</td></tr>
</table>

– 4인 또는 5인 1조가 되어 하나의 모둠을 구성한다.
▶ TBL(Team Based Learning)에 나온 동료평가 방법을 활용한 것임. 동료평가에서는 포스터 제작 기간 동안 친구가 보여준 기여도를 차별하여 합이 100이 되도록 점수를 부여한다. 자신의 점수를 제외한 나머지 조원의 이름을 적고, 만약 3명이면 30, 30, 40 이러한 방법으로 점수를 부여함. 친구들 간의 점수는 5점 이상 차이 나도록 부여함.(34점, 34점, 32점 안 됨)

▶ 동료평가 점수(기여도)가 100% 이상이면 5점
▶ 동료평가 점수(기여도)가 80% 이상 100% 미만이면 4점
▶ 동료평가 점수(기여도)가 60% 이상 80% 미만이면 3점
▶ 동료평가 점수(기여도)가 40% 이상 60% 미만이면 2점
▶ 동료평가 점수(기여도)가 40% 미만이면 1점

포스터 제작 –조평가 (5점)	통계 처리 가치가 있는 내용을 설문조사하였는가	1점
	통그라미 프로그램을 활용하였는가	1점
	통계 데이터를 처리하여 평균 및 편차를 잘 구하였는가	1점
	통계 데이터를 가시화하여 포스터 제작을 하였는가	1점
	이 조사를 통하여 새롭게 알게 된 점을 밝혔는가	1점

2016 통계포스터 평가계획

포스터 제작이 완료되는 시점에 학생들에게 동료평가를 하게 할 때, 그 친구의 기여도와 함께 친구가 한 일을 기록하고 덧붙일 말이 있으면 적게 했다. 학생들의 평가는 생각보다는 공정했으며 어떤 한 학생에 대한 다른 친구들의 생각은 대부분 비슷하다는 걸 알 수 있었다. 그동안 자료 수집을 통해 주제를 선정하고 설문지를 제작하는 동안 조안에서 토의하는 과정을 관찰한 내 기록과 내가 미처 알 수 없었던 부분에 대한 동료들의 기록을 참고하여 교과세부능력 및 특기사항을 기록했다.

관찰일지

교수평기 동아리 활동을 통해 내 수업을 들여다보며 관찰과 기록의 중요성에 대해 생각해보게 되었다. 예전부터 교과세부능력 및 특기사항을 적을 때면 수업시간에 열심히 참여하는 학생에게 성적으로 보상받지 못하는 부분을 보충해주고자 교사인 내가 특별히 주는 하나의 상장처럼 열심히 기록하려고 노력했다. 하지만 몇 달 전의 기억을 더듬으려니 학생 개개인이 잘 구별되지 않는 기록이 될 수밖에 없었다. 그래서 동아리의 여러 선생님을 보며 나도 관찰일지를 작성하기 시작했다.

처음에는 수업시간이 끝나자마자 서둘러 노트북에 기록했다. 하지만 얼마 지나지 않아서 모든 학생을 관찰하는 것이 아니라 내 눈에 띄는 특정 학생들만을 반복적으로 기록하고 있다는 사실을 깨닫게 되었다. 그래서 관찰일지를 다이어리처럼 만들어 매주 번호대로 5명씩 관찰하는 방식으로 바꿔 보았다. 이제야 평상시 눈에 띄지 않던 학생들을 좀 더 체계적으로 관찰하여 기록할 수 있었다.

이렇게 모든 학생의 기록으로 이어졌고, 수업시간뿐만 아니라 다양한 수행평가에서 관찰한 사실을 엮어 학생들을 여러 측면에서 바라보며 그 학생의 강점을 쉽게 찾을 수 있었다.

1학기-관찰일지

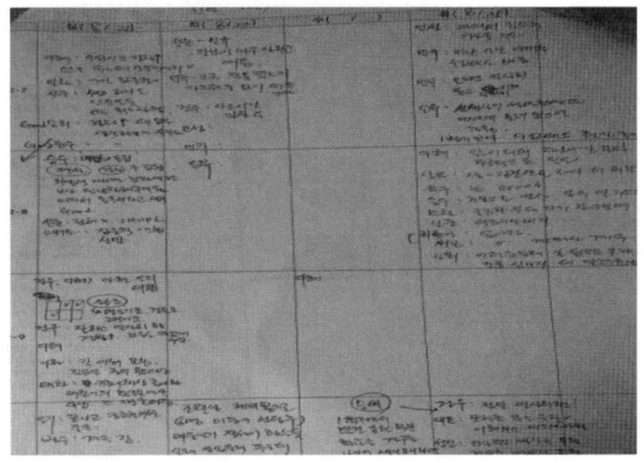

2학기-2학년 관찰일지

배움일기를 통한 자기 성찰

수업시간에 일어난 작은 배움을 학생들에게 매일 일기로 작성하게 했다. 오늘 배운 간단한 핵심내용과 함께 새롭게 알게 된 점, 더 궁금한 점, 기타 수업 활동에 대한 느낌을 기록하는 것이었는데 수업시간이 끝나면 학습지와 함께 매일 검사했다. 이를 통해 학생에 대해 한 번 더 생각해보고 알 수 있게 되었으며, 수업시간에 시간이 없거나 수줍어 질문하지 못했던 내용을 노트에 기록하면 즉시 답해줄 수 있었다. 때로는 그날의 수업 태도나 기분을 살펴 피드백을 해주니 학생들과 작은 의사소통을 할 수 있는 또 다른 공간이 되었다.

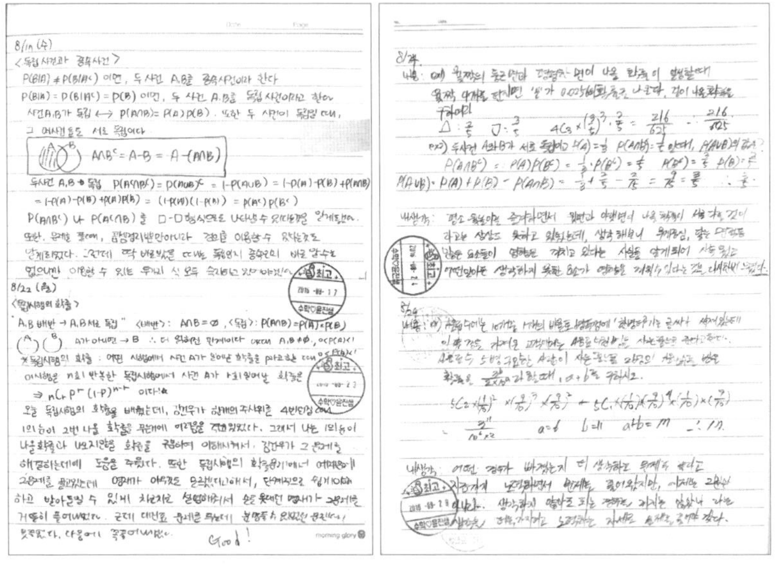

2학년 배움일기

학생들의 눈에 띄는 성장 그리고 기록

학기 말에 한 동료 교사가 내게 말했다.

"교과세부능력특기사항 그걸 다 써줘야 해? 수업시간에 예쁜 학생

몇 명만 적어주면 되지!" 그 순간 하고픈 말이 목구멍까지 밀려 나왔지만, 어설픈 웃음으로 대신했다. 내가 뭐라고…. 또 수업시간에 열심히 참여하지 않고 이기적으로 행동하는 얄미운 학생들을 보면 아무리 성적이 뛰어나도 딱히 쓸 말이 없어 몇 글자 적고 말아버렸던 소싯적 나를 떠올리고 그냥 입을 꾹 다물었다.

학생을 관찰하고 평가하여 기록하는 것은 교사의 의무이며, 교사만이 가지는 고유의 권한이다. 학생 개개인의 능력과 잠재력을 살펴봐주고 그 학생의 리더십, 협동심, 배려심, 발표력, 소통능력, 자기주도 학습능력 등을 관찰하여 기록한다면, 비록 내신 등급은 낮더라도 교과 교사에게 어느 한 부분에서 인정받았다는 사실에 큰 자신감을 얻을 것이며 이 또한 그 학생을 성장시킬 수 있는 길이라고 생각한다.

올해 내가 가르치는 학생 가운데 유달리 예쁘게 보고 있는 학생이 있다. 성적은 6등급이지만 수업시간에 보여주는 고군분투의 노력을 보면 내게는 그 학생이 늘 1등급으로 여겨져 엄지손가락을 치켜세우며 칭찬하곤 한다. 작년에도 가르쳤는데 그때는 2학기 초반까지 열심히 하다가 내용이 어려워지고 낮은 지필평가 점수가 반복되자 바로 좌절해버리고는 더 이상 알고자 하는 마음을 닫아버리고 수업시간뿐만 아니라 복도에서도 내 시선을 피하곤 했다. '수학이라는 과목이 뭐기에 저 학생에게 좌절만 안기고 상처를 주었을까' 하고 안쓰러운 마음으로 지켜보았다. 올해 그 학생이 새로운 마음으로 다시 시작하며 1차 지필에서 어느 정도 성적을 받았다. 하지만 어려웠던 2차 지필에서 형편없이 낮은 성적을 받았다. 그런데도 "선생님, 점수가 비록 낮지만, 이게 뭐 전부인가요~ 제가 공부한 과정은 이것 이상이에요~"라고 말하는데 그 말이 너무나 내 가슴을 울렸다. 결과보다 과정의 소중함을 느꼈다는 그 학생의 말에 남들과 다른 특별함을 느꼈다. 이 또한 이 학생의 성장이라고 생각한다.

반면 수업시간에 총명함이 빛나고 늘 열심히 수업에 참여하는 어느 학생이 수업시간이 끝나자마자 뒤에서 나를 부르며 우물쭈물하다 묻는다. "선생님~ 저 혹시 과세특에 제가 이러이러한 부분에 관심이 많다고 적어주시면 안 돼요?" 그 학생에게 알아듣게 안 되는 이유를 설명하고는 적잖이 실망했다. 그리고 뭔가 교육이 잘못 흘러가고 있음을 느꼈다.

학생부종합전형이 일반고가 살아날 방법으로 여겨지는 만큼 교과세부능력및특기사항에 대한 기록은 사실 기록을 넘어 경쟁으로 치닫고 있다. 학교 정규 교육과정을 넘어 클러스터나 꿈의 학교를 신청하는 이유가 다른 학생들과는 좀 더 차별화된 기록을 위해서라면 이건 분명 뭔가 크게 잘못된 것임이 분명하다.

4년제 대학에 진학하기 어려운 6등급 이하의 학생들에게는 학생부 기록이 아무 의미가 없다고 말하는 사람이 많다. 하지만 우리의 기록은 그 학생의 대학 진학을 위한 목적만 있는 것은 아니지 않을까? 우리는 단지 그 학생이 보이는 능력과 노력 그리고 수업시간에 관찰되는 배려와 협동, 적극성 등의 모습을 기록으로 남겨 한 학기 수업했던 학생들에게 정성평가로 피드백을 해주는 과정일 뿐이다. 선생님이 자신의 능력과 노력을 알아준다는 사실을 통해 학생들에게 점수를 뛰어넘는 만족감을 맛보게 해줄 수 있지 않을까? 그것이 그 학생이 사회에 진출했을 때 자신도 할 수 있다는 자신감으로 시작할 수 있게 해줄 거라고 생각한다. 그리고 나는 이것이 진정한 교육이라고 생각한다.

[1학기] (중략) 내성적인 성격에 모르는 부분에 대해 선뜻 물어보지 못하고 틀린 문제를 그냥 두고 지나쳐감. 그러나 학습지를 해결하고 스스로 답을 보고 채점하게 하는 일이 한두 달 반복되면서 이제는 책을 찾아 해결하거나 조금씩 친구들의 설명도 듣기 시작함.
[2학기] 1학기에 질문하지 못하고 머뭇거리는 모습을 보였던 것에 비해 2학기에 와서는 번쩍 손을 들며 모르는 부분을 꼭 정확히 확인하려고 노력하였으며 조원인 친구를 챙겨주기 위해 자리를 이동하면서까지 적극적으로 가르쳐주는 발전된 모습을 보여줌. (중략) 멘티인 친구에게 집합의 연산법칙을 아크릴판에 열심히 설명하던 모습은 정말 인상적이었음.

[1학기] '디딤영상(거꾸로 수업을 위한 예습 강의)을 빠뜨리지 않고 보고 오며 디딤노트 작성을 통해 매시간 예습을 꼼꼼하게 함. 수업시간에 제시된 학습지를 무작정 조장에게 질문을 던지기보다 교과서와 노트 정리한 내용을 참고하며 스스로 이해하여 해결해보려 하는 점이 탁월함.
[2학기] 처음에는 조별활동에서 자신이 아는 것을 친구들에게 적극적으로 알려주지 못했지만 조원들이 '어떻게 풀었어? 좀 설명 좀 해줘~' 하며 재차 질문이 계속되면서 한두 차례 대답을 하는 가운데 점차 자신감이 생기고 이제는 풀이 과정 하나하나를 꼼꼼하게 잘 설명해 나가는 발전을 보임.

[1학기] 처음에는 친구들에게 잘 다가서지 못하고 혼자만 공부하던 모습과 달리 시간이 갈수록 조원들이 모르는 문제를 열심히 설명해주고 알려주는 긍정적 변화가 눈에 두드러짐. 서로 가르쳐주고 함께 배우며 신장하는 수업을 목적으로 진행되는 수업이라 다소 소란스러워 처음에는 이러한 수업 분위기가 익숙하지 않은 듯하였는데 점차 본인 스스로 이러한 분위기에 빠져들어 학습지를 어려워하는 친구를 적극적으로 가르쳐주는 열성적인 모습을 보게 됨. 교과시간 외에도 다양한 문제를 접하며 자기 실력 향상을 위해 꾸준히 노력해오는 성실함이 돋보이며 이러한 결과로 성적이 크게 향상됨.

[2학기] 교과부장으로 활동하면서 수업의 진행이 원활하도록 적극적으로 도움. 매시간 제공되는 디딤영상을 놓치지 않고 보고 오며 영상 내용에서 계산 실수가 있던 부분이 있으면 정확히 짚어내는 면에서 얼마나 성실하게 보고 오는지를 알 수 있었음. 서로 가르쳐주고 배우는 수업시간 활동에 의미를 담고 즐거워하며 "선생님, 이대로 계속 수업해요"를 외치며 교사에게 많은 힘을 실어줌. 수업시간에 모르는 부분이 생기면 질문을 통해 정확히 이해하고 이를 나중에 다시 복습할 문제로 따로 표기해두는 세밀함이 돋보임.

[1학기] 개인 주제탐구발표시간에 '몬티홀 딜레마'에 대해 조사하여 발표함. 몬티홀 문제 하면 떠오르는 '21'이라는 영화의 한 장면을 먼저 소개하면서 친구들의 호기심을 자아냈고, 바꿔서 맞힐 확률과 바꾸지 않아서 맞힐 확률을 친구 한 명을 나오게 한 후 상황을 정확하게 재현하면서 급우들의 이해를 돕는 재치를 발휘하여 매우 전달력 있게 발표함.

[2학기] 생명과학과 융합하여 팀 프로젝트로 진행된 통계포스터 제작에서 '퍼스널 컬러'에 대해 조사함. 조장으로서 포스터 제작의 전반적인 과정을 총괄하여 운영하였으며 결과 분석이 매우 체계적이고 설문 결과를 활용하여 결론을 도출하는 부분이 뛰어남. 퍼스널 컬러 통계에 따르면 1학년 학생들은 대부분 웜컬러가 많은데 이는 체육복 색깔과 맞지 않아 어울리지 않는 학생들이 더 많음에 대해 시사하는 재치가 돋보임.

일체화를 위한 제언

교육과정-수업-평가-기록의 일체로 학교 문화 바꾸기라는 이름 아래 모였을 때, 이 용어가 무엇을 말하는 것인지 처음에는 알지 못했지만, 막연한 끌림으로 모였던 게 사실이다. 하지만 지금 이렇게 동아리 활동을 통해 서로의 수업을 공유하는 선생님을 만나서 수업에 대한 고민을 함께 토로하면서 교육에 대한 철학이 공유되어가는 것을 느꼈고 지금까지의 내 수업을 돌아보는 시간이 되었다. 그리고 '서로 가르치고 배우며 함께 신장하는 수업'이라는 내 수업에 대한 철학도 생겼다.

사실 혼자 가르치는 교과가 아닌 이상 교육과정 재구성이란 거의 불가능하다. 일체화에 앞서 동교과를 가르치는 동료와의 소통은 반드시 필요하며 수업과 평가를 함께 고민해나갈 때 진정한 일체화가 일어날 수 있다고 생각한다.

학생부종합전형이 대두되면서 특히 교과세부능력 및 특기사항에 많은 이들의 관심이 쏠리고 있다. 교육과정-수업-평가-기록 일체화도 화두로 떠올랐다. 이를 두고 '기록을 위한 수업'이고 '기록을 위한 평가' 아니냐며 반문하는 이들도 있었다. 하지만 분명한 것은 각기 다른 학생들을 위해 수업 방식은 다양하게 바뀌어야 하고, 지필평가만이 아닌 학생들의 숨겨진 재능을 찾는 다양한 평가 또한 반드시 필요하다. 특히 수학처럼 학생들이 싫어하는 교과일수록 수업에 대한 흥미와 관심을 불러일으키고, 자신감을 심어주기 위해서라도 수업과 평가의 변화는 꼭 필요하다.

전시성 수업이 아닌 수업의 본질을 찾아가는 동아리 여러 선생님에게 많이 배우며 자극을 받아 이제는 쉽고 편해 보이는 길을 가는 것에 내 마음이 움직이지 않는다. 오히려 여전히 고민만 많은 내 수업 안에서 나의 일체화는 잘 되고 있는지, 방향은 맞는지 나 자신에게 끊임없이 묻는다. 고민 없는 수업에 발전은 없으리라 믿고 학생이 중심이 되는 수업을 향해 진정성 있는 한 걸음 한 걸음 나아가길 꿈꿔본다.

수업을 고민하다

'과학을 왜 배우나요?' 학교에서 이런 질문을 종종 받는다. 예전에는 '대학에 가기 위해 필요하다'라고 답했다. 그래서 '저는 이과 안 갈 건데요', '저는 수능에서 화학 선택 안 해요'라고 말하는 학생들에게 해줄 말이 없었다. 그중에 이과를 선택하고, 화학을 선택한 학생이 몇몇 있었다. 이 학생들이 대학에 간 후, 고등학교에 놀러왔을 때, 내게 한 말은 충격이었다. '제가 공부했던 화학이 아니에요.'

우리 학교는 인문계, 자연계, 특성화계열이 있는 종합고등학교다. 처음 발령을 받고 인문계, 자연계, 특성화계 수업에 모두 들어갔다. 수업을 할수록, 자연계열 학생들은 조금씩 잠들었고, 인문계열 학생들은 2/3정도가, 특성화계열 학생들은 대부분이 잠들었다. 이 비율은 대학이나 진로의 선택에서 화학 과목이 필요한 학생 수와 거의 일치했다.

대학을 가기 위해 좋은 성적이 필요한 학생들은 수업을 들었고, 나머지 학생들에게 내 수업은 의미가 없었다. 나는 무엇을 가르치고 있었던 걸까?

잠든 학생들을 깨우고 싶었지만, 방법을 몰랐다. 어쩔 수 없다고 생각도 해봤다. 왜냐하면 자신의 진로와 대학을 위해서 듣는 학생도 존재했기 때문이었다. 이런 고민을 하던 중, 우리 집(학교관사)에 사는 가장 경력이 많은 선생님이 수업 동아리를 해보자고 제안했다. 관사에 같이 사는 사회 교사 두 명, 수학 교사 한 명, 역사 교사 한 명이 구성원이었다. 다른 교과 교사들과 수업 동아리를 할 수 있다는 것을 처음 알았다. 다른 교과의 수업 고민이 얼마나 도움이 될까 의심도 들었지만, 수업에 답답함을 크게 느끼던 터라 좋은 기회라 생각하고 참여했다.

다른 교과가 모여, 할 이야기가 별로 없을 줄 알았는데, 다양한 이야기를 나눴다. 학생에 대한 이야기, 수업 방법에 대한 이야기, 무엇을 가르칠지, 어떻게 가르칠지에 대한 이야기까지. 답답했던 마음과 고민을 이야기했다. 함께 고민해준 동료 교사는 참 든든했다. 일 년 동안 어떻게 가르칠 것인가에 대한 답은 찾지 못했지만, 많은 교사가 이런 고민을 끝없이 하고 있다는 것을 알았다. 이 고민이 외롭거나, 못난 고민은 아니었다.

2014년 1월 겨울, 따뜻한 이불 속에서 TV 채널을 돌리던 중에 EBS 다큐프라임 '우리는 왜 대학에 가는가?'를 보게 되었다. 호기심에 지켜봤다가 보면 볼수록 내 고민을 풀어줄 단서를 얻을 수 있을 것만 같아 빠져들게 되었다. 내 돈으로 결제까지 해가며 이틀 만에 6부작을 다 봤다. 가장 인상 깊은 부분은 5부 '말문을 터라'에서 나온 영상이었다.

우리나라에서 G20을 개최한 후, 오바마 미국 전 대통령이 기자 회견을 하는 자리에서 발생한 에피소드를 담은 것이었다. 오바마 대통령은 G20을 개최한 한국 사람들을 격려하고 응원하면서, 답례로 한국 기자들에게 질문할 기회를 준다. '질문 있습니까?' 한국기자들은 침묵으로 일관했고, 결국 질문은 중국기자가 가져갔다.

내 교실이 떠올랐다. 어쩜 이렇게 내 교실과 똑같을까. '질문 있습니까?'라고 물었을 때, 되돌아온 침묵이 너무 친숙하게 느껴졌다. 우리나라 사람들이 질문을 하지 않는 것은, 어쩌면 학교에서 12년 또는 대학까지 16년 동안 질문이 없던 수업 때문이 아니었을까?

이어서 재미있는 실험이 나왔다. 학생들을 두 개의 공부방에 나누어 한국사 공부를 하게 한 다음 시험을 보고 성적을 비교하는 실험이었다. 하나는 조용한 공부방, 다른 하나는 말하는 공부방이었다. 조용한 방에서는 혼자 자료를 보고 공부하고, 말하는 방에서는 짝을 이뤄 서로 가르쳐주고, 배웠다. 실험 결과는 말하는 공부방에서 공부한 학생들의 점수가 의미 있는 차이가 날 정도로 높았다.

여러 통제되지 않은 변인이 있어 논란의 소지는 있지만, 이 공부방법이 크게 공감됐던 것은 나 또한 임용고시 공부를 이렇게 했기 때문이었다. 서로 공부해온 것을 나누면서 모르는 것을 물어보고, 아는 것은 더욱 확실하게 했던 이 방법은 내게 큰 도움이 되었다.

유엔 미래보고서 2030을 읽는데, 충격적인 내용이 있었다. 미래에 없어질 직업 중에, 교사가 상위권에 있었던 것이다. 여러 강연이나 연구에도 교사는 없어질 직업으로 나타났다. 내 교실을 돌아봤다. 내가 하는 수업은 가르칠 내용을 정리해서 설명하고, 이 내용과 관련된 예제를 풀어주는 것이었다. 그리고 응용문제를 제시하여 풀게 한 다음 확인하는 것이었다. 그리고 모르는 것을 물어볼 때 대답해주고, 지루하지 않게 재미있는 이야기 몇 가지를 해주는 것이었다.

이 일련의 과정은 정말 온라인으로 대체 가능할 것 같았다. 인터넷 강의를 보면 내용 정리, 판서, 시각자료 모두가 나보다 잘 준비되어있다. 문제도 가장 최적의 방법으로 풀어준다. 인터넷 강의는 잠시 영상을 멈춘 다음 생각해볼 수도 있고, 모르는 것은 게시판을 이용하여 해결할 수도 있다. 반복해서 강의를 들을 수도 있고, 어려운 부분에서는 잠시 멈출 수도 있으며, 쉬운 부분은 건너뛰거나 속도를 높여 들을 수도 있다. 교실 속의 교사는 정말 없어지는 걸까? 내가 하는 수업대로 한다면 정말 없어질 수도 있을 것 같았다. 그렇다면 어떻게 가르쳐야 할까? 온라인상에서 할 수 없는, 만나야만 할 수 있는, 함께 같은 공간에서 지내야만 할 수 있는, 그런 것들을 해야 하지 않을까?

무엇을, 어떻게 가르칠 것인가?

교육과정-수업-평가-기록 일체화

내가 생각하는 '교육과정-수업-평가-기록 일체화'를 다음과 같이 정리해봤다.

- **교육목표**: 학생들이 교육과정을 경험하며 성장하는 것
- **교육과정**: 성취기준, 지역, 학교, 학생, 교사를 고려하여 재구성

· 수업: 재구성한 교육과정을 다양한 방법으로 학생들에게 제공하는 시간

· 평가: 학생들의 성장을 위해 시도 / 학생들의 다양한 능력을 측정

· 기록: 학생들의 현재 모습을 파악하고, 성장을 이끌기 위한 수단 / 숫자로 표현할 수 없는 학생의 모습을 보여주는 것

교육목표는 학생들이 교육과정을 경험하며 자신의 진로를 찾아가고, 성장하는 것이라고 생각했다. 학생들이 자신이 무엇을 잘하는지, 무엇을 좋아하는지를 알 수 있도록, 교사는 학생들에게 다양한 경험을 제공하고, 최선을 다하게 하는 것이 가장 중요하다고 생각했다. 이 과정을 겪으며 학생들은 성장해나갈 것이라 생각했다.

교육과정에는 국가에서 제시한 의도된 교육과정이 있다. 여기에는 국가가 생각하는 교과의 목표와 성격, 배워야 할 내용을 성취기준으로 제시하고 있다. 하지만 교육과정을 경험하는 것은 결국 교사와 학생이다. 그렇기 때문에 국가에서 제시하는 교육내용뿐만 아니라, 교사와 학생을 깊게 이해하는 것이 교육과정을 온전히 실현하는 데 꼭 필요하다고 생각했다. 내가 가르치는 학생들의 수준은 어떤지, 그 학생들의 삶은 어떤지, 근무하고 있는 학교는 어떤 교육과정과 교육 여건인지를 잘 파악해야 한다. 즉, 교육과정은 학생, 학교 그리고 교사를 고려하여 재구성해야 한다는 것이다. 이렇게 재구성한 교육과정이 '교육과정-수업-평가-기록 일체화'에서 말하는 교육과정이라고 생각했다.

수업은 이렇게 재구성한 교육과정을 실현하는 장면으로, 교실에서 학생과 상호작용이 일어나는 시간이며, 교육과정을 다양한 방법으로 실현하는 시간이다. 수업시간은 학생들의 성장을 위해 평가가 진행되

는 시간이기도 하다. 평가는 학생들의 단편적인 능력이 아니라 다양한 능력을 측정해야 하며, 그 측정결과를 바탕으로 학생들의 성장과 발달을 이끌어야 한다. 현재 참여하는 모습을 파악하고, 부족한 부분은 보완하고, 잘하는 부분은 더 높은 성취를 이룰 수 있도록 피드백을 해주어야 하는데, 이를 실현하기 위한 도구가 바로 기록이다.

교육과정-수업-평가-기록 일체화의 실천

많은 사람이 교수평기 일체화에 관심을 가지면서, 실제 현장에서 활용할 수 있게 이 과정을 경험해보고 싶어 했다. 그래서 실천계획을 세워볼 수 있는 틀을 만들게 되었다. 이 워크시트를 만들면서 내가 고민했던 과정이 정리되는 듯했다. 나루고 이명섭 선생님이 먼저 기본 틀을 제공하시고, 동아리에 많은 선생님이 조금씩 자신의 색깔을 입혔다. 나도 일체화를 실천하기 위한 워크시트를 만들기 위해 고민했다. 이런 고민이 한창일 때, PCK를 알게 된 것은 행운이었다.

통합과학 선도교원 연수를 들을 때였다. 많은 교수님이 오셔서 2015 개정 교육과정과 통합과학의 취지, 이론적 배경에 대해 설명해주셨다. 그때 가장 인상 깊었던 것이 강원대학교 이기영 교수님의 강의였다. PCK라는 개념으로 수업 준비 과정을 설명하셨는데, 일체화를 실천하는 과정과 흡사했다. 과학 교사 지식 기반 모형의 교과 교육학 지식(PCK)은 다음 3가지 요소로 이루어져 있다.(강원대 이기영 교수 강의 자료)

1. 교과 내용학 지식
2. 일반 교육학 지식

3. 상황지식

교과 내용학 지식은 성취기준, 즉 교과에서 가르쳐야 할 지식, 기능, 역량을 의미하고, 일반 교육학 지식은 이러한 교과 내용을 어떻게 가르칠지에 대한 교수학습 방법과 관련된 지식이다. 일반 교육학 지식보다는 교과 교육학 지식이라는 표현이 더 좋을 것 같다. 상황지식은 지역, 학교, 학생에 관한 정보이다. 교사는 자신의 신념과 교육적 철학을 바탕으로 PCK를 습득하고, 가르쳐야 할 주제에 맞춰 PCK를 적절히 변형시켜야 한다.

	항목	내용
	교사의 교육목표	
교과 내용학 지식	성취 기준 (지식, 기능) + 교과 역량	
상황 지식	학교, 학생 상황	
교과 교육학 지식	수업 방법	
	학습지 설계	

'수업–평가–기록' 계획		
수업	평가	기록

워크시트

앞의 워크시트는 이러한 내용과 동아리 선생님들의 워크시트를 바탕으로 만든 것이다.

나의 일체화 이야기

교육과정-수업-평가-기록 일체화를 우리 학교, 우리 학생에 맞춰 진행해봤다. 많이 부족하고 실제 수업을 하면서도 우여곡절이 많았다. '과학수업은 이렇게 해야 한다'라고 말하는 것은 절대 아니다. 단지, 선생님들과 같은 고민을 하고 있고, 그 고민을 일체화로 풀어보기 위해 노력한 하나의 예를 보여드리려는 것이다. 선생님들이 수업을 설계하실 때 참고할 수 있는 하나의 자료가 된다면 그것만으로도 감사한 일이다.

첫 번째. '안내-탐구-나눔'의 수업

'설명하기-문제풀기-발표하기' 수업의 문제점

처음 학교에 와서 '설명하기-문제풀기-발표하기' 수업을 했었다. 교과서나 문제집의 내용을 정리하여 가르친 후, 관련된 예제를 풀어주는 것이 '설명하기' 단계다. 그다음 비슷한 유형의 연습문제를 풀게 하는 것이 '문제풀기' 단계, 풀었던 문제들을 발표하게 하고 부족한 부분은 피드백 주며 수업을 마치는 것이 '발표하기' 단계였다. 앞에서 말했듯이 이 수업을 진행할수록 학생들은 잠들었고, 화학을 왜 배우는지, 무엇을 배우는지를 잘 몰랐으며, 나도 잘 가르치고 있는지 의심이 들었다. 그래서 이 수업의 문제점을 몇 가지 생각해봤다.

첫째, 지식은 있지만 역량과 기능을 키우기에는 부족했다. 학생들은 이 수업으로 지식을 잘 정리된 형태로 받아들일 수는 있지만, 지식을 구성해나갈 수는 없었다. 교사가 알려준 지식으로 문제를 풀어내는 연역적 사고만 가능했다. 과학의 교과 역량에는 과학적 사고력을 기초로 하여 실험, 조사, 토론 등 다양한 방법으로 증거를 수집, 해석, 평가하여 새로운 과학 지식을 얻거나 의미를 구성해가는 과학적 탐구능력을 중요하게 생각한다. 그러나 이 수업에서는 과학적 탐구능력을 발휘할 수 있는 장면이나 학생들이 의사소통능력이나 과학적 참여와 평생학습 능력과 같은 역량을 키울 수 있는 수업 장면이 너무 없었다.

둘째, 수업을 따라오지 못하는 학생들에 대한 설계가 없었다. 교사가 학생들을 관찰하거나 질문을 받아줄 수 있는 상황은 강의가 끝난 후, 문제 푸는 시간뿐이었다. 게다가 교사 한 명이 모든 학생의 질문과 머뭇거림을 해결해주기가 물리적으로 불가능한 수업 구조였다. 학생마다 배움의 속도가 다른 상황에서 교사 혼자, 반의 모든 학생을 돌보기가 어렵기 때문이다. 그렇기 때문에 학생들이 스스로 탐구하고, 모르는 것을 서로 물어보고, 아는 것을 가르쳐줄 수 있는 수업상황이 필요했다. 동료 사이에서 해결되지 않는 것들을 교사에게 물어보는 상황이 된다면, 수업에서 소외되는 학생이 많이 줄어들 것이라 생각했다.

앞에서 느낀 고민들을 해결하기 위해 '교육과정-수업-평가-기록 일체화'의 실천 계획을 다음과 같이 세워봤다. 성취기준 '화1302-2. 물의 전기분해 실험을 수행하여 생성된 기체의 부피비와 화학 결합의 전기적 성질을 설명할 수 있다'를 가르치기 위한 실천 계획이다.

	교육과정 재구성 의도	• 서로 가르치고, 배우며 함께 공부하기 • 지식을 넘어 다양한 역량을 함께 키워주기
교과 내용학 지식	성취 기준 (지식, 기능) + 교과 역량	• 성취기준: 화1302-2. 물의 전기분해 실험을 수행하여 생성된 기체의 부피비와 화학 결합의 전기적 성질을 설명할 수 있다. • 의도된 교과 역량: 과학적 사고력, 의사소통능력, 과학적 탐구 능력
상황 지식	학교, 학생 상황	• 학교: 과학실에 물의 전기분해 실험장치가 없다. 과학 보조 교사가 없다. 실험하기가 쉽지 않다. 1주일 화학1 2시간으로 기준시간보다 1시간이 적다. • 학생: 친구들과 함께 토의하며 문제를 해결하는 과정을 낯설어 한다. 수업시간 잘 참여하지만, 예습, 복습을 하지 않는다. 사교육을 받지 않는다. 많은 학생이 의욕은 있으나 학업성취는 학생마다 차이가 있다.
교과 교육학 지식	수업 방법	• '안내–탐구–나눔' 수업 [10분] 안내: 동기유발, 학습목표 제시 및 내용 강의 [30분] 탐구: 모둠탐구활동 [10분] 나눔
	학습지 설계	아래 표 참고

'수업–평가–기록' 계획

수업장면	평가	기록[관찰평가지]
안내	안내(강의)가 끝난 후, 탐구활동을 시작할 때, 순회하며 필기 확인 평가 • 필기가 되어있는 경우 A • 안 되어 있는 경우 D – (피드백) 개별지도로 모둠원 학습지를 보고, 필기할 수 있도록 지도	• 깔끔하고 체계적으로 작성한 학생 기록 • 필기가 느리거나, 의욕이 없는 학생들 기록
탐구–나눔	순회지도하며 [관찰평가지]를 이용하여 과정평가 • 개인 '과제집중도'를 확인하며 평가 • 모둠에서 가르치고 배우는 '나눔' 평가 • 모둠에서 의견을 모으는 '토의과정' 평가	• 과제집중도 A, B, C, D • 나눔 A, B ,C ,D • 토의과정 A, B, C, D
정리	• '보고서 작성' 평가 – 모두 필기가 되어있으면 A – 안되어 있는 경우 D – (피드백) 필기하여, 검사 받으러 올 수 있도록 지도 • 모둠 발표자 평가	• 보고서 작성 A ,B, C, D • 모둠 발표자 체크 및 발표내용이 우수한 경우 기록

학습지 설계

세 번째 시간, 물의 전기분해

- **학습 목표 :**

- **탐구내용**

- (   )결합 : 원자들 사이에 전자 공유 / 비금속과 비금속의 결합

선생님 도움말

[탐구활동] 물(H_2O)의 전기분해

〈실험과정〉

1. 비커에 증류수 500mL를 넣고 황
   산나트륨을 소량 녹인다.
2. 전기분해 장치에 과정1의 용액
   을 넣는다.
3. 전기분해 장치의 (+)극과 (−)극
   에 전원 장치를 연결하고, 전류를
   흘려주어 발생하는 기체를 모은다.

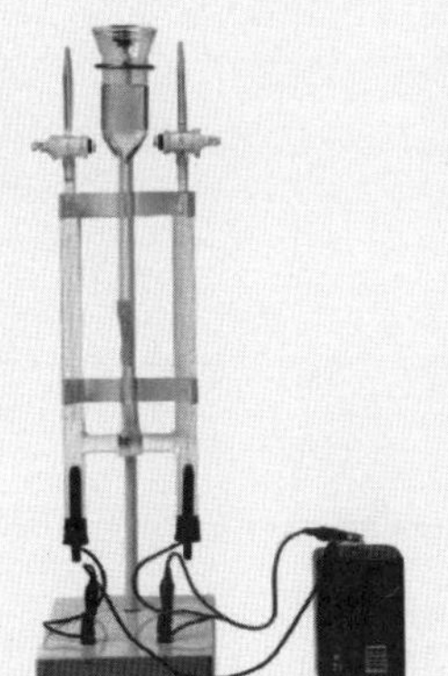

〈관찰〉

실험 영상에서 자신이 관찰한 내용을 모두 적어보자.

〈실험결과〉

1. 물(H_2O)이 전기 분해되어 수소기체(H_2)와 산소기체(O_2)가 되는 것을 화학반응식으로 표현하시오.

2. (+)극에서는 산소기체가, (−)극에서는 수소기체가 발생한다. 두 기체의 부피비는 얼마일까? 왜 그렇게 생각하는가?

〈결과 분석 및 정리〉

1. 증류수에 황산나트륨을 소량 녹인 이유는 무엇인가?

2. [발표] 전류를 흘려주었을 때, 물이 분해되어 생성물이 얻어지는 과정을 전자의 이동으로 설명해보자. 이온결합과 공유결합이라는 두 가지 화학결합이 가지고 있는 공통점은 무엇인가?

■ 정리하기

교육과정 재구성

이 수업에서 교육과정 재구성 의도는 배움의 속도가 다른 학생들이 동료의 도움을 얻어 다 같이 성장할 수 있는 수업을 하는 것이었다. 수업 안에서 학생들이 궁금한 것은 물어보고, 아는 것은 가르쳐주며, 함께 배워가길 바랐으며, 이 과정에서 서로 인정하고 존중하며, 함께 성장하는 것의 즐거움과 의미를 배우길 바랐다. 또한, 단순 지식의 습득과 문제풀이 말고, 교과에서 진정으로 키워야 하는 역량들을 학생들이 배울 수 있길 바랐다.

PCK에서 말하는 교과 내용학 지식은 성취기준과 비슷하다. 성취기준은 무엇을 가르칠지에 대한 범위를 정해주기 때문이다. 성취기준은 지식과 기능으로 표현되어있다. 기능은 결국 역량을 배우기 위한 행동을 표현한 것인데, 추상적으로 보통 '~설명할 수 있다'로 표현된다. 학생들이 지식을 단순히 외워서 설명하는 것보다는 지식의 생성과정을 경험하게 해보고 싶었다. 즉, 지식을 생성하기 위해서는 실험, 조사, 토론 등 다양한 수업상황이 필요하며, 모은 정보들을 정리하고 토의하는 과정이 필요하다. 이 과정을 수업에 반영하기 위해, 성취기준과 과학적 사고력, 의사소통능력, 과학적 탐구능력을 중요한 역량으로 가르치기로 계획했다. 또한, 이로부터 만들어진 자신의 생각을 설명하고, 타인의 이야기를 경청하며, 가장 적절한 의견을 모아 지식을 만들어가는 기회를 가질 수 있는 수업으로 계획했다.

PCK에서 상황 지식은 학교, 학생, 지역에 대한 정보이다. 이 정보를 수집하여 교육과정을 재구성한다면, 학생들에게 맞는 최적의 수업을 제공할 수 있으리라 보았다. 먼저 학교에 대한 정보를 분석했다. 화학 성취기준에서는 물의 전기분해 실험을 직접 실습해볼 것을 권장한다. 그러나 우리 학교는 과학실에 물의 전기분해 실험장치가 없다. 과학과에 배정된 예산도 많지 않다. 또한, 과학 보조 교사가 없으며, 교사 한 명이 다학년, 다교과를 가르치고 있어 실험을 준비하고, 실행하기가 쉽지 않다.

다음으로 학생에 대한 정보를 분석했는데, 우선 친구들과 함께 토의하며 문제를 해결하는 과정을 낯설어한다. 사교육을 받지 않아, 학교 수업과 과제에 집중하는 모습을 보인다. 그러나 학교 수업시간 외 예습이나 복습은 잘 하지 않는 편이다.

수업-평가-기록

재구성한 교육과정을 바탕으로 '어떻게 가르칠 것인가?'를 고민했다. 교육과정을 재구성한 의도를 실현하기 위해서는 수업시간에 학생들이 서로 가르치고, 배우는 과정과 단순 지식 전달을 넘어, 학생 스스로 탐구하는 과정이 있어야 했다. 이런 고민 속에, '설명하기-문제풀기-발표하기' 수업을 '안내-탐구-나눔' 수업으로 시도해봤다.

'안내' 단계에서는 학생들이 탐구할 수 있게 기초적인 개념의 설명과 학생들이 가지고 있는 선행개념을 확인했다. '탐구' 단계에서는 실험, 조사, 토론 등 다양한 상황을 제시하여, 학생들이 증거를 수집하고 해석, 평가하여 새로운 과학 지식을 얻을 수 있도록 설계했다. 마지막으로 '나눔' 단계에서는 탐구과정, 또는 탐구 후에 나온 지식을 서로 가르치고 배우게 했다.

수업 속에서 평가와 기록도 함께 진행하기 위해 안내 단계에서는 필기 상태를, 탐구 단계에서는 모둠활동의 참여도를, 나눔 단계에서는 학습지 작성 정도와 발표자에 대한 평가를 진행했다. 관찰평가틀을 이용하여 A, B, C, D의 루브릭으로 체크하기도 하고, 글로 기록하기도 했다. 평가요소 중 토의과정, 과제집중도, 나눔은 수업에 잘 참여하지 않는 학생들을 다시 끌어오기 위해 한 시간에 3번 또는 2번씩 평가했다. 이 과정중심평가에 사용했던 관찰평가틀 양식은 다음과 같다. 체

팀	이름	토의과정			보고서 작성			과제집중력			나눔			세부능력 / 특기사항
날짜														

성취도 내용	A	B	C	D
토의과정	적절한 참여 및 적절한 토의	적절한 참여 및 이상한 토의	일부 참여, 적절한 토의	참여하지 않음
보고서 작성	해당 내용을 모두 작성하고, 체계적이고, 성의가 있음.	해당 내용을 모두 작성했지만, 체계성과 성의가 떨어짐	일부분의 내용을 작성하고, 체계성과 성의가 없음	작성하지 않음
과제 집중력	수행평가 시간 동안 개인과제에 지속적으로 집중한다.	집중하는 편이나 딴생각, 딴짓을 하는 경우가 종종 있다.	잠이 들거나 핸드폰을 하는 경우가 있다.	의지가 없다.
나눔	친구들을 도와주면서, 배운다.	정확히 이해하고자 배운다.	단순히 베낀다.	도와주거나, 배울 의지가 없다.

날짜별 수업내용	날짜			
	내용			

크리스트 아래에 있는 루브릭은 우리 학교 학생들에게 맞춰 기준을 만든 것이다. 각 단계별로 수업-평가-기록을 일체화하고자 노력했던 구체적인 모습은 다음과 같다.

(1) 안내

오늘 배울 내용에 대해 동기유발을 하고, 학습목표를 제시하며, 탐구 활동에 필요한 개념을 설명하는 단계다. 그리고 복습이 잘 안 되어 있는 학생들을 위해 이전에 배운 개념을 간단히 언급하기도 했다. 안내 단계에서 학생들을 관찰하고 평가하기는 어려웠다. 오늘 탐구할 때 필요한 개념을 설명해야 하기 때문이다. 칠판과 멀티미디어 자료를 활용하며 강의를 하는 순간에는 학생들을 관찰하고 평가하고 기록하는 것이 어려웠다. 그래서 강의가 끝나면 강의 내용을 필기한 결과물을 평가했다.

필기가 깔끔하고 체계적이며 많은 내용이 들어가 있으면 '보고서 작성'란에 A를 부여했다. 해당 내용을 모두 작성했지만, 체계성과 성의가 떨어지면 B, 일부분의 내용을 작성하고 체계성과 성의가 없으면 C, 작성하지 않으면 D를 줬다. D를 받은 학생은 개별적으로 접촉하여, 모둠원의 필기를 보고 적을 수 있도록 지도했고 수업이 끝난 후, 화학 수업에서 힘들거나 어려운 점이 없는지, 오늘 왜 참여하기 어려워했는지를 물어보고, 듣고자 노력했다. 매 시간 하기는 어려웠지만, 이렇게 접근하다 보니 학생들은 '오늘은 안 졸았어요', '오늘은 저 혼자 써보려고 노력했어요'와 같은 기쁜 말들을 해주곤 했다. 이렇게 학생들과 이야기하고 관찰하면서, 기록한 예는 다음과 같다. 실제 수업에서 기록은 나

루브릭 등급	세부능력/특기사항
A	자신만의 용어와 그림을 활용
A	공간활용과 글씨체가 예쁨
C	지우고, 다시 깔끔하게 작성함
D	의욕이 없음
D	D를 받았으나, 다시 집중함

만 알아 볼 수 있을 정도로 더 간단하게 필기한다.

(2) 탐구 - 나눔

학교 여건상 실험을 준비하고, 실행하기가 힘들어 동영상으로 대체했다. 영상을 통해 실험을 관찰하게 하고, 현상을 해석하여 정보를 수집할 수 있도록 적절한 발문을 넣어두었다. 학생들이 의지는 있으나 토의과정을 낯설어하기 때문에 개인과제를 주고, 그것을 비교해보는 시간을 줬다. 학생들은 이 개인과제를 가지고 모둠 안에서 자신의 의견과 동료의 의견이 어떤 공통점과 차이점이 있는지 비교하고, 적절한 답은 무엇일지 토의했다. 그리고 토의 결과를 바탕으로 모둠의견을 작성하고 발표했다.

학생들은 실험 영상을 보고, 관찰한 것들을 적는다. 그리고 과제를 해결하기 위해 강의시간에 필기했던 내용을 들여다보고 교과서 등을 찾아보며 고민한다. 이 과정에서 나름대로 자기 생각을 쓰는 학생이 있는가 하면, 어떻게 할지 몰라 교사와 모둠원의 눈치를 보며 멀뚱멀뚱 있는 학생도 있고, 아예 포기하는 학생도 있다.

이때 과제집중력을 평가하면서, 학생들이 자신의 생각을 정리하게 했다. 정답이든 아니든, 일단 자신의 생각을 정리하고 표현해야 친구들과 토의가 가능하기 때문이다. 순회지도를 하며 정답이든 아니든 자신의 생각을 쓰게 했다.

탐구활동 시간 동안 개인과제에 지속적으로 집중하며 생각을 정리해 나가면 A, 집중하는 편이지만 딴 생각이나 딴짓을 하는 경우가 종종 있고 생각을 정리하지 못하면 B, 잠이 들거나 핸드폰을 하는 경우가 있다면 C, 의지가 없으면 D를 줬다. C, D를 받은 학생들처럼 과제를 해결하지 못하는 경우에는 무엇이 어려운지 들어보고, 필기한 내용이나 책을 읽어보게 하거나 비계(scaffolding)를 제공했다. 이렇게 한 번의 평가가 끝나면, 두 번째 칸의 평가를 하는데, 이때는 처음보다 학생들이 잘 보였다. 교실을 크게 훑어보면서, A나 B를 받은 학생들은 계속 집중하는지, C나 D를 받은 학생들은 다시 집중을 하는지, 아니면 포기하려고 하는지를 파악할 수 있었다. C, D를 받았지만, 지도 후 다시 집중하는 학생에게는 B를 주었다. 과제집중력과 관련된 특별한 기록사항은 다음과 같다.

루브릭 등급		세부능력/특기사항
A	A	발생한 기체 부피의 차이를 정확히 관찰함
A	A	실험 영상에서 많은 것을 관찰하여 기록함
A	A	책과 필기 내용을 보며 수월하게 문제들을 해결함
B	A	교사의 조언과 책, 질문으로 과제들을 해결해 나감
C	B	피곤해 보임. 피드백 후 다시 집중하여 과제를 해결함

학생들이 수행하고, 교사가 평가하는 과제는 발문으로 제시된다. 이런 발문은 닫혀 있는 것보단 열려 있는 것이 좋았다. 닫힌 발문처럼 정해진 답을 요구하는 발문은 학생들의 다양한 생각을 꺼내기 어렵기 때문이다. 닫힌 발문으로는 이 과제를 해결했는지, 못했는지가 주로 보이며, 가끔 정해진 답을 창의적인 접근으로 풀어가는 학생이 나타날 뿐이다. 그렇기 때문에 앞의 활동지에 있는 〈실험결과〉, 〈결과분석 및 정리〉처럼 닫힌 발문으로 설계한 단계보다는 〈관찰〉처럼 열린 발문으로 설계한 단계에서 학생들은 다양한 능력을 보여 주었다.

두 번의 과제집중력 평가를 한 다음에는 나눔으로 넘어갔다. 먼저 과제를 해결한 학생들이 해결하지 못한 학생들을 가르쳐주거나, 해결한 과제들에 대해 의견을 나누는 시간이다. 친구들을 도와주면서 배우는 경우는 A, 자신이 과제를 해결하진 못했지만 정확히 이해하고자 배우는 경우는 B, 단순히 베끼는 경우는 C, 도와주거나 배울 의지가 없으면 D를 줬다.

토의과정은 '탐구-나눔' 과정에서 모둠원 사이에 오가는 질문과 응답을 관찰하며 평가했다. 그러나 이런 토의과정이 없는 경우도 종종 있었다. 잘하는 학생의 의견을 그냥 받아들이거나 자기 생각을 표현하지 않는 경우가 있다. 그래서 토의과정은 평가하기도 어렵고, 헷갈리는 부분이었다. 토의가 활발히 일어나기 위해서는 특출한 리더가 있거나 모둠원 다수가 적극적인 의지가 있어야 했다. 토의과정에서 올바른 주제로 토의를 하는지, 수업과 관련 없는 이야기를 하는지, 토의를 하지 않는지 정도를 살펴보고, 이와 관련된 특기사항을 다음과 같이 적었다.

루브릭 등급			세부능력/특기사항
A	A	A	토의 분위기를 주도하며 이끔
A	A	A	토의과정에서 해결되지 않는 부분을 적극 질문함
C	A	A	조용한 모둠 분위기에서 토의과정을 이끌고자 애씀

토의과정은 세 번의 평가를 했다. 사실 눈에 띄지 않는 모둠은 토의 과정 평가를 진행하지 못했다. 아주 잘하거나, 분위기가 좋지 않았는데 순회지도 후 조금씩 나아지는 경우만 기록했다.

(3) 정리

오늘 수업한 내용과 학생들이 발표한 내용을 토대로 교사가 정리하면서 오개념을 바로 잡아주고, 좋은 생각이 나온 모둠에는 칭찬을 해준다.

이 관찰평가와 기록을 하면서 느낀 점은 루브릭 A, B, C, D 4개의 등급은 너무 많다는 것이었다. 실제 수업에서 4개의 단계로 평가하는 것이 너무 어려웠고, 여유가 없었다. 그래서 다음 학기부터는 A, B, C 3단계로 하려고 한다. 3개의 단계로 할 경우, A(잘함), B(보통), C(지도 필요)로 간단하게 나눠지기 때문에 학생들의 세부능력을 관찰하고 피드백을 주는 데 수월할 것 같기 때문이다.

관찰평가의 결과는 잘하는 학생뿐 아니라 수업을 따라오지 못하는 C나 D를 받은 학생들에게도 의미가 있다. 이 학생들은 교사가 파악하고 피드백을 주었을 때, 개선하는 모습을 보인다. 물론, 소수지만 피드백을 줘도 끝까지 안 하는 학생도 있다. 그러나 수업시간에 이 학생들을 파악하고, 계속 관심을 주면 조금씩 변하는 경우가 더 많았다. '왜 하지 않느냐?'라는 꾸중보다는 학생이 하기 싫은 이유를 들어보려고 했으며, 수업 중이나 수업 후에 간단한 상담을 진행하기도 했다. 한순간에 변하지 않더라도, 관심과 격려는 학생들과 좋은 관계를 맺는 데 도움이 되었다. 학생들과 관계를 맺어가는 것은 힘들지만 이렇게 함께했던 학생들은 조금씩 수업에 참여하는 모습으로, 어떤 순간에는 따뜻한 표현으로 나에게 힘을 주곤 했다.

> 지금처럼 한 명 한 명 봐가면서 우리에 대해서 써주셔서 너무 감사하고 감동이었어요!! 선생님이 해주시는 말들이 너무 도움이 되고 새겨가면서 잘 했던 것 같아요 그래도 가끔 수업시간에 조 친구들과 떠든 거 죄송하고 지금 말씀 드린 것처럼 선생님을 만나서 과학 한 거 같아요... 진짜 전에는 그냥 과학이 싫다는 생각을 가지고 있었는데 풀어가면서, 배워가면서 느꼈던 뿌듯함이 너무 컸어요. 선생님 ㅠㅠㅠ 너무 금방 시간이 빠르게 지나고 가버린 거 같아요 저희 잊으시면 절대 안 돼요!!!!

장점과 한계

이 수업을 진행하며 관찰평가를 했지만, 지금도 고민이 많다. 교사 한 명의 주관적인 관찰평가이기 때문에 객관도와 신뢰도가 떨어진다는 점 때문이다. 그리고 모든 학생의 30분간 탐구활동을 정확히 관찰하기가 어려웠다. 교사가 바라보는 순간에 학생이 잘할 수도, 못 할 수도 있기 때문이다. 그렇기 때문에 그 순간만 보고 학생들을 평가하는 것이 공정하다고 할 수는 없을 것이다.

반면에 장점도 있었다. 첫째, 학생 한 명 한 명을 관찰하게 되었고, 관심을 가지게 되었다. 그리고 관찰 결과를 기록하면서, 그 학생에 관한 정보가 쌓이게 되었고, 수업에서 학생을 어떻게 지도해야 할지 방향이 잡혔다. 둘째, 학생들은 교사가 자신들을 바라봐주고 있고, 언제든지 도와줄 준비가 되어 있다는 것을 알게 되면서 수업에 더 적극적으로 참여했다. 셋째, 수업에 참여하는 모습 자체를 평가하고 기록하기 때문에 학생생활기록부에 작성할 내용이 풍성해지고, 타당도가 높아졌다.

교사의 주관에 따른 평가와 관찰, 기록은 공정성이라는 측면에서 계속 문제가 제기될 것이라 생각한다. 그렇기 때문에 이를 해결하기 위해서는 교사의 전문성을 높이고, 그런 교사의 평가를 신뢰할 수 있는 시스템이 정착되어야 할 것이다. 또한, 교사평가에 덧붙여 학생들의 자기평가와 동료평가가 동반된다면 평가의 객관성을 좀 더 높일 수 있지 않을까 생각해본다.

교과세부능력 및 특기사항과 기록에 대한 고찰

학생부종합전형이 도입되면서 학교생활기록부의 중요도가 커졌다. 그 중 학교생활 대부분의 시간을 차지하는 수업은 대학에서 가장 중요하게 평가하는 요소다. 기록이 입시와 연결되다 보니, '어떻게 하면 학생들의 모습을 잘 보여줄 수 있을까?' 하는 고민이 들었다. 그러나 좀처럼 좋은 기록이라는 것이 어떤 것인지 알 수가 없었고, 내가 할 수 있는 것은 그저 '교육과정-수업-평가-기록'의 과정에서 나타난 학생들의 모습을 그대로 담아주는 것뿐이었다.

'이 기록이 잘 쓴 기록이냐', '대학에서 좋다고 한 기록이냐' '이렇게 기록한 학생은 어느 대학에 지원할 수 있느냐'와 같은 질문은 하지 않았으면 한다. 잘 모를뿐더러, 우리는 그저 관찰한 학생들의 모습을 그대로 평가하고, 그 내용을 기록하면 되기 때문이다.

> 물의 전기분해 모둠탐구활동 시, 모둠원들과 활발하게 의사소통하며, 토의과정에서 해결되지 않는 부분을 적극 질문함.

> 물의 전기분해 모둠탐구활동 수업에서 자신만의 용어와 그림을 활용하여 필기를 체계적으로 잘 했으며, 실험영상을 보고, 발생한 기체의 종류와 부피의 차이를 정확히 관찰함.

두 번째. 과학프로젝트 수업

성취기준을 넘어 학생의 삶과 연결된 수업으로

국가에서 제시하는 성취기준은 학생들이 배워야 할 교과내용과 기능을 명시해놓았다. 교사는 이를 학생의 삶과 연결시키고자 부단히 애쓴다. 왜냐하면, 자기 삶과 연결되어 있을 때, 내용에 대한 관심이 커지기 때문이다. 이것을 조금 뒤집어 생각해봤다. 제시된 내용에서 학생의 삶을 연결시키는 것이 아니라 학생의 삶을 내용으로 만들면 어떨까? 자기 삶에서 불편한 점을 찾고(문제 인식), 이것을 해결하기 위한 잠정적인 답을 설정해보고(가설설정), 이 답이 유효한지 증명하기 위한 실험을 설계하고 수행한다(실험설계 및 수행). 실험을 통해 나온 결과를 정리하고, 경향성을 파악하기 위해 적절한 형태로 변환하고(자료정리 및 변환), 실험 결과의 경향성과 공통점을 분석하여 잠정적인 답(가설)이 맞는지 틀린지 결론을 내보는 과정을 경험하게 하는 것이다. 의도적으로 정해놓은 내용과 기능을 넘어 자신이 경험한 것 자체가 배움의 소재가 되는 수업을 학생들에게 주고 싶었다.

과학프로젝트 수업에 대한 일체화 실천 계획을 다음과 같이 세워 보았다.

	교육과정 재구성 의도	학생들이 자기 삶과 연결된 문제들을 과학적 탐구과정을 통해 해결해보고, 이것으로 자신이 살고 있는 곳을 더 나은 곳으로 만들 수 있다는 것을 깨닫게 하는 것
교과 내용학 지식	성취 기준 (지식, 기능) + 교과 역량	• 성취기준: 없음 • 의도된 교과 역량: 과학적 사고력, 과학적 의사소통능력, 과학적 탐구 능력, 과학적 문제해결능력, 과학적 참여와 평생학습
상황 지식	학교, 학생 상황	• 학교: 1학년 과학 3단위 중 1단위, 한 학기에 17시간 수업 가능함. 과학 보조 교사가 없어 전 학년 프로젝트가 진행될 경우 실험 준비물을 지원하는 것이 어려움. 과학 예산도 부족함. • 학생: 1학년 학생들은 문·이과 선택이 안 되어 있어, 과학에 대한 학생들의 관심이 다양함. 과학 연구라는 것을 해보지 못함. 팀 프로젝트라는 것을 해보지 못함.
교과 교육학 지식	수업 방법	• 프로젝트 수업[17시간] [1시간] 과학의 탐구과정 강의 [1시간] 자기소개 및 모둠 만들기 [3시간] 문제인식 브레인스토밍 및 실천 계획 세우기 [4시간] 연구 진행 [2시간] 연구 중간발표 [3시간] 연구 진행 [3시간] 연구 최종 발표
	활동지 설계	별도 첨부

'수업–평가–기록' 계획

수업	평가	기록
과학의 탐구과정 강의 / 자기소개 및 모둠 만들기	연구일지 준비 및 필기 확인 평가	• 깔끔하고 체계적으로 필기한 학생 기록 • 필기 안 한 학생들 기록, 피드백
문제인식 브레인스토밍/ 실천 계획 세우기	브레인스토밍 활동지, 계획서, 연구일지 평가 / 관찰(수업 참여도) 평가	• 브레인스토밍 시 리더나, 수업 참여도가 높은 모둠 기록 • 모둠에서 소외된 학생, 활동자체가 안 되는 모둠 기록, 피드백
연구진행	오늘 할 활동계획 및 준비물 발표평가, 연구일지 평가, 관찰(수업 참여도) 평가	• 활동계획 및 준비정도 기록, 수업 참여도가 높은 모둠 기록 • 모둠에서 소외된 학생, 활동자체가 안 되는 모둠 기록, 상담 및 연구 진행 추가 안내
연구 중간 발표	발표 자료 평가, 발표자 평가, 질의응답 평가	• 청중의 우수한 피드백, 질문, 발표자의 응답 기록 • 경청 자세가 부족한 학생 기록, 피드백
연구진행	오늘 할 활동계획 및 준비물 발표평가, 연구일지 평가, 관찰(수업 참여도) 평가	• 활동계획 및 준비정도 기록, 수업 참여도가 높은 모둠 기록 • 모둠에서 소외된 학생, 활동자체가 안 되는 모둠 기록, 상담 및 연구 진행 추가 안내
연구 최종 발표	최종 보고서 평가, 발표 평가, 질의응답 평가	• 청중의 우수한 피드백, 질문, 발표자의 응답 기록 • 경청 자세가 부족한 학생 기록, 피드백

교육과정 재구성

국가에서 제시한 성취기준을 먼저 생각하지 않고 학생들이 과학 수업을 통해 무엇을 배워야 할지에 대해서 생각했다. 교과내용보다는 교과역량에 집중한 것이다. 국가에서 제시하는 교과내용은 가르치지 않지만, 그보다 더 많은 것을 가르칠 수 있다고 믿었다.

우리 학교는 1학년에 과학 3단위가 있다. 그중 1단위, 한 학기 17시간을 과학 프로젝트 수업으로 진행하고자 했다. 과학 예산이 부족하고, 과학 보조 교사가 없으며, 과학실은 특성화계 기초실습실로도 사용하기 때문에 실험이 쉽지 않은 환경이었다.

1학년은 문·이과 구분 없이 일반 공통과정의 학생들이기 때문에 과학을 좋아하는 학생도 있고, 싫어하는 학생도 있었다. 초등학교와 중학교에서 과학탐구나 팀 프로젝트 수업을 경험해본 학생이 거의 없었고, 영재교육원에서 산출물 발표대회를 경험해본 학생이 조금 있었다.

한 학기 17시간 수업은 과학의 탐구과정 강의(1시간), 자기소개 및 모둠 만들기(1시간), 문제인식 브레인스토밍 및 실천 계획 세우기(3시간), 연구진행(4시간), 연구 중간발표(2시간), 연구진행(3시간), 연구 최종 발표(3시간)으로 구성했다.

수업-평가-기록

(1) 과학의 탐구과정 강의

이 프로젝트 수업에서 강조한 것은 크게 두 가지였다. 첫 번째는 자신의 삶에서 문제를 찾아보라는 것이었고, 두 번째는 그 문제를 해결하기 위해 학교에서 할 수 있는 방법을 설계하라는 것이었다. 이런 강조점을 바탕으로 과학의 탐구과정을 소개하고, 과학에서 지식을 습득하는 것뿐만 아니라 이런 과정을 익히는 것이 얼마나 중요한지 설명했다.

(2) 자기소개 및 모둠 만들기

이 수업은 팀 프로젝트이고, 구성된 팀으로 17시간 동안 수업에 임해야 한다. 모둠은 교사의 의도로 구성, 무작위로 구성, 학생들이 원하는 대로 구성하는 방법 등이 있다. 나는 조금 독특하게 해봤다.

먼저 팀을 구성할 사람을 추천받아 그중에서 8명을 뽑고 그 학생들이 나머지 학생들을 뽑아 팀을 구성하는 방식이다. 8명이 추천되고 팀을 구성하기 전, 자기소개 시간을 갖는다. 프로젝트 수업에서는 주제를 찾아낼 창의성, 팀 분위기를 살릴 리더십, 자신에게 주어진 과제를 성실히 수행하는 팔로우십, 과학지식, 발표자료를 만드는 컴퓨터 사용 능력, 다른 친구들 앞에서 연구 결과를 발표하는 발표력 등 다양한 역량이 필요하다. 이 가운데 자신이 잘할 수 있는 역량을 선택하고, 이와 관련된 경험을 이야기하는 방식으로 자기소개를 했다. 그리고 자신이 가장 못 하고, 자신 없는 것도 발표하게 했다.

추천받은 8명은 다른 친구들의 자기소개를 들으면서 친구들의 장점을 간단히 적게 했으며, 친구들의 자기소개가 끝난 다음 자신의 모둠에 필요한 학생들을 우선순위를 매겼다. 수업이 끝난 후, 추천받은 8명은 교무실에 모여, 가위바위보를 해서 차례대로 돌아가며 팀원을 뽑았다. 팀 구성이 끝나면 마지막으로 팀원을 교환하는 과정을 거쳐 최종 팀을 구성했다. 이렇게 팀을 구성하는 방법은 시간이 오래 걸리고, 해야 할 것도 많았지만, 가장 합리적이고 민주적이라는 학생들의 피드백을 받았다.

이 수업에서 평가는 관찰평가틀을 활용했으며, 연구노트를 준비하게 하여 강의 내용을 필기했는지, 자기소개를 작성했는지를 확인했다. 수업시간이 끝나기 전까지 준비한 연구노트에 강의 내용을 필기했다면, A를 준다. 특별하게 필기가 깔끔하고, 체계적으로 정리한 학생은 특기 사항 기록으로도 남긴다. 수업이 끝날 때까지 작성하지 않은 학생은 C를 주되, 수업을 한 날이 지나기 전까지 정리해서 교무실에 찾아오면 A를 줬다. 그 학생들은 관찰평가틀에 기록했으며, 수업 참여도에 조금 더 관심을 가졌다. 학생들이 자기소개서를 작성하고 발표할 때는 나 또한 학생들의 장점을 기록하면서 학생들에 관한 정보를 파악할 수 있었다.

(3) 문제인식 브레인스토밍 / 실천 계획 세우기

팀원끼리 자신이 살면서 집, 학교, 동네에서 불편했던 점을 포스트잇에 3가지씩 작성하여, A1 사이즈 활동지에 붙이게 했다. 생각하는 것을 어려워하는 학생이 참 많다. 어디에서부터 고민하고, 문제점을 찾아야 하는지 모르기 때문이다. 그래서 아침에 일어날 때부터 학교에 오고 다시 집에 가서 잠자리에 들기까지 시간을 되짚어 줬다. 이 과정에서 학생들은 자기 삶을 천천히 생각해보면서 불편했던 것을 찾아내기도 한다. 이때 찾아낸 내용이 현실적이든 비현실적이든 자유롭게 써 보도록 적극적으로 격려했다.

팀원이 모두 포스트잇을 붙이면, 팀원들이 작성한 불편한 점 3개를 해결할 수 있는 아이디어를 하나씩 적은 후, 그 밑에 붙이게 한다. 즉, 한 명이 생각한 3가지 불편한 점에 대해 팀원 모두가 아이디어를 적어 붙이는 것이다.

이 과정이 끝나면 팀원들은 자신들이 제시한 불편한 점과 아이디어를 보며, 팀의 최종 주제를 정한다. 이때 필터링(Filtering) 과정을 거치게 하는데, 이 과정에는 '① 재미있고 흥미로운가? ② 한 학기 동안 할 수 있는 주제인가? ③ 과학적 사고를 키울 수 있는가? ④ 이 연구가 사람들에게 어떤 이로움과 편리함을 줄 수 있을까?'와 같은 내용을 넣었다. 학생들은 필터링 과정을 거치며, 이 과정을 통과한 주제 중에서 연구하기에 가장 적절한 주제를 정했다. 그다음 어떻게 진행할지 계획을 세우고, 계획서를 제출하게 했다.

학생들이 작성한 계획서를 보고, 주제를 선정했는지(좋은 주제, 나쁜 주제는 없다. 주제를 선정한 것만으로 만점을 줬다), 필터링 요소들을 충족하는 주제인지를 평가했다.

관찰평가틀을 들고 다니면서, 브레인스토밍을 할 때 팀원들의 소통을 독려하고 진행해나가는 리더나 수업 참여도가 높은 팀을 기록했다. 그리고 모둠에서 소외된 학생이나 활동 자체가 안 되는 팀을 기록하여 피드백 해주고, 원활히 진행할 수 있도록 독려했다. 이런 피드백 과정에서 중요한 것은 힘들어하는 부분이 무엇인지, 지금 학생의 기분이 어떤지를 알아차리고, 소통하는 것이었다. 학생들은 답을 찾아가는 것에는 익숙하지만, 열려 있는 수업형태에는 미숙했기 때문에 많이 어려워했다. 그래서 학생들에게 이런 수업은 정답이 있는 것이 아니어서 자기 생각을 자유롭게 끄집어내고 표현하는 것, 그리고 그것을 팀원끼리 존중해주고 칭찬해주는 과정이 중요하고, 의미 있는 과정이라고 알려줘야 했다.

(4) 연구진행

　실천 계획이 세워지면, 그 날짜에 맞춰 준비물을 챙겨오고, 그 날 무엇을 할지 발표하게 했다. 이 실천 계획은 반드시 그 전주에 작성하게 했다. 그래야 이번 주에 무엇을 준비하고, 해야 하는지 명확해지기 때문이다. 여기서부터 팀별로 차이가 많이 났다. 성실하게 준비하고 진행하는 팀이 있는가 하면, 아무 준비도 해오지 않는 팀도 있었다. 준비가 안 된 팀은 오늘 하지 못한 것들을 언제 모여서 할 것인지, 다음 시간에 무엇을 할 것인지 계획을 세우게 하며, 이를 연구일지에 작성하게 했다.

　평가는 관찰평가틀을 활용하여, 연구일지와 수업 참여도를 평가했다. 활동계획에 대한 준비가 얼마나 되어있는지 그리고 이를 수업시간에 잘 실천하는지를 평가했다. 연구 진행 중 과제준비도, 과제집중력, 토의과정 등을 수업 참여도로 평가했다. 실험을 설계하고 수행하기 어려워하는 팀에는 '조사'로 과제를 바꿔 진행할 수도 있다는 것을 알려주었다.

　연구를 진행하면서 학생들은 자신들의 역량을 보여줬다. 모둠원들을 이끌어가는 학생이 있고, 꼼꼼하게 연구노트를 작성하며 체계적으로 연구를 계획하는 학생도 있었다. 수업시간에 끝내지 못한 실험을 하느라 집에 늦게 갈 정도로 집념 있는 학생도 있었다.(덕분에 나도 늦게 퇴근했다.) 이런 학생들의 모습을 관찰하며 하나하나 기록해 두었다.

(5) 중간발표

　지금까지의 연구 과정을 연구동기, 가설, 실험설계, 예상되는 결론 및 제언을 포함하여 PPT 5장 내외로 간단히 발표하는 시간이다. 무슨 연구를 어디까지 하고 있는지 나누는 시간으로 친구들과 질의응답을 통해 더 나은 연구로 진행할 수도 있다. 학생들은 연구일지에 다른 팀의 발표 내용을 필기하며, 인상 깊은 연구에 대해 소감을 작성하고, 발표하게 했다. 평가는 발표 자료가 준비되어 있는지 팀 평가를 하고, 오늘 수업시간 작성한 연구일지를 개인 평가 했다. 발표할 때 청중 학생의 우수한 피드백이나 질문, 이에 대한 발표 팀의 응답을 기록했으며, 경청하는 자세가 부족한 학생들을 기록하고 피드백을 해주었다.

연습으로 발표 실력을 향상시킬 수도 있겠지만 학생들이 발표하는 모습을 보면 기본적으로 다른 사람들 앞에서 발표를 잘하는 학생이 있다. 유쾌하고, 재밌으며, 말도 시원하게 잘하는 학생이 있다. 그래서 발표를 잘하고, 못하고를 가지고 차이를 두진 않았다. 준비하고, 진지하게 발표한다면 모두 점수를 주었다. 그리고 발표 능력이 탁월한 학생이나 평소 조용하고 소극적이지만 준비를 많이 한 학생은 기록하여 교과세부능력 및 특기사항에 반영했다.

(6) 최종 발표

학생들이 연구한 결과를 최종 발표하는 시간이다. 팀당 10분으로 하며, 질의응답시간을 5분으로 계획했다.

평가는 최종 보고서에 과학의 탐구과정이 잘 반영되어 있는지를 중점적으로 보았다. 학생들은 자기평가, 팀원들에 대한 동료평가, 다른 팀의 연구 결과를 평가했다. 팀원 평가는 정성평가를 실시하며, 다른 팀의 연구 결과 평가는 체크리스트를 제공하여, 정량평가 하게 했다.

동료평가 결과는 점수에 반영하진 않았으며, 교내 발표대회인 교과통합발표대회에 반 대표로 출전할 자격 부여와 세부능력 및 특기사항란에 기록하는 것으로 활용했다.

단원	비율	평가 시기	성취 기준
전 단원	30%	수시	전 영역

평가주제	과학 탐구 과정과 관련된 자유 주제		
성취기준	주제 선정부터 연구진행, 보고서 작성, 발표까지 팀원들과 스스로 해낼 수 있다.		
성취 수준	상	주제 선정부터 학습지 제작, 발표까지 과학적 탐구능력을 발휘하여 팀원들과 스스로 해낼 수 있다.	
	중	과학적 탐구과정이 미흡하지만 포기하지 않고, 과제를 끝까지 수행할 수 있다.	
	하	과학적 탐구과정이 보이지 않고, 교사의 도움이 있을 때만 과제를 수행할 수 있다.	
평가 방법	관찰평가, 보고서 및 발표평가, 자기평가, 동료평가		

		평가 기준(연구계획서 작성)	배점
평가기준	평가 요소	• 문제인식능력: 주제를 선정했는가? • 브레인스토밍: 브레인스토밍에 참여하고, 주제선정 절차를 지키는가? • 내용의 타당도 : 필터링 과정을 잘 지키고, 각 요소에 대해 설명할 수 있는가? • 연구노트: 강의필기, 자기소개를 작성했는가? • 자기소개발표: 자기소개를 발표하는가?	
	평가 요소 5가지를 모두 만족시킴		10점
	평가 요소 5가지 중 4가지를 만족시킴		9점
	평가 요소 5가지 중 3가지를 만족시킴		8점
	평가 요소 5가지 중 2가지를 만족시킴		7점
	평가 요소 5가지 중 1가지를 만족시킴		6점
	5가지 평가 요소 모두를 만족시키지 못하며, 평가에 충실히 임하지 않음		4점

	평가 기준(연구진행과정)	배점
평가기준	평가 요소	• 연구노트: 매 수업시간 했던 활동들을 기록했는가? • 관찰평가: 과제준비도, 토의과정, 과제집중력을 잘 보여주는가? • 중간발표: 중간발표자료를 준비하고, 발표하는가? • 주제의 일관성: 일관성 있는 주제를 가지고 연구에 임하는가? • 과학 탐구 과정 : 실제 실험을 진행하는가?	
	평가 요소 5가지를 모두 만족시킴	10점
	평가 요소 5가지 중 4가지를 만족시킴	9점
	평가 요소 5가지 중 3가지를 만족시킴	8점
	평가 요소 5가지 중 2가지를 만족시킴	7점
	평가 요소 5가지 중 1가지를 만족시킴	6점
	5가지 평가 요소 모두를 만족시키지 못하며, 평가에 충실히 임하지 않음	4점
	평가 기준(연구 최종 발표)	배점
	평가 요소	• 발표: 모둠원 모두가 참여하며, 발표 태도가 정선되고 설득력 있는가? • 과학글쓰기: 발표 자료가 체계적이고 성의 있게 작성됐는가? • 과학통합탐구기능(실험설계): 실험설계에 관한 내용이 포함됐는가? • 과학통합탐구기능(자료정리): 자료를 표, 그래프 형태로 정리하여 변환했는가? • 과학통합탐구기능(결론도출): 자료를 근거로 타당한 결과를 도출하는가? • 자기평가: 프로젝트를 진행하면서 느낀 소감을 진지하게 말하는가?	
	평가 요소 6가지를 모두 만족시킴	10점
	평가 요소 6가지 중 5가지를 만족시킴	9점
	평가 요소 6가지 중 4가지를 만족시킴	8점
	평가 요소 6가지 중 3가지를 만족시킴	7점
	평가 요소 6가지 중 2가지를 만족시킴	6점
	평가 요소 6가지 중 1가지를 만족시킴	5점
	6가지 평가 요소 모두를 만족시키지 못하며, 평가에 충실히 임하지 않음	4점

과학프로젝트 수행평가 평가계획

학생들은 과학적 탐구과정을 거쳐 자신들이 선정한 주제를 해결해 나가면서, 다양한 역량을 보여줬다. 학생들은 이렇게 다양한 모습을 보여주는데, 평가기준만으로 이를 평가한다는 것이 아쉬웠다. 평가기준에 담기지 않은 학생들의 예기치 못한 능력을 표현하고 싶었다. 그래서 점수로 표현하는 정량평가 외에 학생들의 모습을 그려낼 수 있는 정성평가를 함께했다. 이 정성평가란 바로 수업시간에 진행한 관찰과 기록이었다. 그리고 이렇게 수업시간 기록된 정성평가가 모여 아래와 같은 결과물을 만들었다.

과학 프로젝트로 쓰레받기와 빗자루의 변화에 따른 남는 먼지와 모래양 변화에 대한 연구를 진행함. 단순한 주제이지만, 스스로 주제를 선정하고, 여러 변인을 고려하여 가설을 설정하고, 이를 바탕으로 실험을 설계 수행하면서, 연구결과를 꾸준히 연구노트에 기록하면서 자료로 정리하여 결론을 이끌어내는 과정이 매우 뛰어남. 또한, 연구 계획, 결과 발표 자료를 프레지로 세련되게 잘 만듦. 다른 모둠이 발표할 때 잘 듣고, 궁금한 부분을 질문하는 등 의사소통능력이 돋보임.

과학 프로젝트로 '사각지대 없는 양평고 야간자율학습실 만들기'를 진행함. 생활 속에서 불편한 점을 찾아 이를 해결하기 위한 가설을 모둠원들과 함께 정했으며, 이를 증명하기 위해 다양한 모형을 직접 만들어보는 일련의 탐구과정을 익힘. 특히, 모형을 만들기 전 야자실 구조를 파악하고, 야자실의 면적과 책상 수를 조사하여 모형으로 만들어 여러 배치와 빛의 반사와 굴절을 이용한 거울을 설치한 점이 참신함.

과학 프로젝트로 '기타 케이블의 불편함 개선'을 주제로 연구를 진행함. 주제선정부터, 산출물 제작과 발표까지 모둠원들과 함께 잘 해냄. 특히, 연구 계획 세우기 활동을 주도적으로 이끌고, 실천계획을 체계적으로 세우는 모습이 돋보이며, 계획에 맞춰가면서 미뤄짐 없이 해내는 모습을 통해 과제추진력과 협동심을 볼 수 있었음. 보고서 작성 시 자발적으로 교사에게 피드백을 요청하고 받으러 오는 등 더 나은 보고서를 만들기 위해 노력함.

과학프로젝트 수업 후기

이 프로젝트 수업을 생각하면 '힘들었다'는 단어가 가장 먼저 떠오른다. 혼자서 5개 반을 1시간씩 들어가 수업을 진행했다. 일단 연구 진행 시간이 부족하여 학생들은 따로 모여서 연구를 진행하기도 했다. 의도치 않은 과제가 발생한 것이다. 또한, 평가해야 하는 학생도 너무 많았다. 수행평가 점수를 계산하는 것부터 생활기록부를 작성하는 것까지도 만만치 않은 작업이었다. 그리고 포기하려는 학생들, 딴짓하는 학생들을 볼 때마다 '이 수업을 하는 게 맞는 건가' 싶은 생각이 들어 힘이 빠진 적도 많다.

하지만 '과학자가 된 것 같다', '과학 수업은 이렇게 하는 것 같다', '내가 하고 싶은 주제를 선정하여 실험을 해봐서 좋았다'와 같은 긍정적인 피드백이 다시 힘을 주었다. 그리고 자신의 과학 연구 소질과 적성을 발견하여, 과학전람회라는 과학연구대회에 참가하여 우수한 결과를 낸 학생을 보며 자신감도 얻었다. 아직 보완할 점이 많다. 과학 보조교사도 필요하고, 함께할 동료 교사도 필요하다. 그리고 내 전문성도 더욱 높여야 한다.

나에게 일체화란 무엇인가?

2015년 여름, 공문 하나를 받았다. 제목은 '교육과정-수업-평가의 일체화로 학교 문화 바꾸기 교사동아리 모집'이었다. 바로 자기소개서를 작성해서 보냈다. 이 동아리에서 지내며, 내가 가진 고민을 풀어가는 방법을 배웠다. 동아리 선생님들과 함께하며 따뜻한 위로도 받았고, 전문적인 조언도 받았다.

지금은 이 교육과정-수업-평가-기록 일체화라는 용어가 많이 알려졌지만, 이때만 해도 교육과정-수업-평가-기록 일체화가 무엇인지 나도, 우리 동아리 선생님들도 잘 몰랐다. 아무도 모르는 상황에서 연수도 듣고, 수업사례도 나누고, 교단일기도 쓰고, 대학과 연계하여 연구도 하면서 조금씩 의미를 찾아갔다. 교육과정-수업-평가-기록 일체화 동아리는 나에게 이런 곳이다. 정답은 모르지만, 그 정답을 찾기 위해 끊임없이 토론하고 실천하며, 실패하고 또다시 시작할 수 있는 용기를 얻는 공간. 학생들을 성장시키기 위해 무엇을 어떻게 가르칠 것인가를 고민하며 그 답을 동료 교사와 함께 만들어가는 곳.

마지막에 이렇게 동아리 이야기를 꺼낸 것은, 지금까지 보여드린 일체화에 대한 내 생각과 실천이 정답은 아니라고 말하고 싶어서다. 그저 고민하고, 배우고, 동료 교사와 나눴던 것들을 교실에서 실천했을 뿐이다. 우리는 정답을 찾기 위해 노력하지만, 많은 선생님은 아신다. 모든 학생을 만족시키는 수업은 없다는 것을. 그렇지만 선생님의 작은 고민과 실천이 학생들을 감동시키고, 성장시킨다는 것도 아신다. 이 글은 정답도 아니고, 매뉴얼도 아니다. 단지, 한 교사의 고민을 '교육과 정-수업-평가-기록 일체화'로 풀어보고, 실천해본 수업을 나누는 것일 뿐이다.

가끔 계속 고민하고 노력해야 한다는 것에 조금 지치기도 한다. 그러나 전국을 다니면서 선생님들을 만나고, 이야기를 나누면서 수업을 고민하고 노력하는 분이 정말 많다는 것에 위로를 받았다. 모두가 더 나은 수업을 위해 고민하고 실천하면서, 그 과정에서 상처도 많이 받으면서 그렇게 묵묵히 노력하고 있다.

우리는 교사이기도 하지만, 누군가의 배우자고, 누군가의 부모고, 누군가의 자식이다. 힘들면 그만하고 싶고, 상처받기 싫은 한 명의 평범한 인간일 뿐이다. 그럼에도 앞으로 나아가야 한다면, 다음 세대들이 지금보다 더 나은 세상에서, 더 나은 삶을 살 수 있길 바란다면 멈출 수는 없다. 그러나 이런 과정은 혼자서는 힘들다. 함께 해야 한다. 더디지만 함께 가야 한다. 우리 교사들이 서로 믿고 의지하면서 함께 가면 좋겠다. 이 힘으로 아프지만 멈출 수 없는 수업 고민과 실천을 해나가면 좋겠다. 가장 가까운 선생님을 바라보자. 그리고 대화를 시작해보자. '저, 오늘도 수업을 망쳤습니다.'

예쁜 시를 봤다. 내가 바라는 학생의 배움이 담겨있어 눈이 갔던 것 같다. 앞으로 교단에 있으면서, 이러한 신념을 가지고 실천하는 교사가 되어야겠다고 다짐해본다.

인생의 소중한 것들을 나는 학교에서 배웠지.

서로를 있는 그대로 인정하는 법과 삶의 주인공으로 참여하는 법.

타인을 배려하고 협력하는 법과 함께 사는 세상을 만들어가는 법.

그중에서도 내가 살아가는 데 가장 도움을 준 것은

이 많은 법들 속에 내가 가진 가능성을 최대한 펼쳐 내는 법.

- 유하의 '학교에서 배운 것'을 이형빈 교수님이 패러디한 시

7장

한국사

최미현, 수원여자고등학교

전 한국사가 필요 없어요

정확하게 기억한다. 2011년 2학기, 1학년 18반 남학생반 교실. 처음 도입된 과목인 '한국사', 집중이수제로 한 학기에 두꺼운 교과서를 끝내야 하는 상황.

2011년 1월에 동교과 선생님 3명이 함께 모여 교육과정을 재구성하고 수업을 함께 설계했다. 학생들에게 한 학기 분량의 수업계획서와 발표 계획을 꼼꼼히 제작하여 나눠주고, 모둠별 발표 수업 및 토론 수업을 진행했다. 1학기와 내용과 구성이 같았고 다른 학급에서도 같은 수업을 했지만, 이 학급의 반응은 정말 달랐다. 친구들이 발표할 때는 잠깐 듣는 척을 하다가 곧 지루한 듯한 표정을 짓더니 자기만의 세계에 빠져든다. 토론 수업을 해도, 내용을 정리해야 하는 시간에도 하지 않고 엎드려 자는 학생이 절반은 되었다. 남학생들이 좋아하는 독립전쟁이나 의열단 투쟁 등과 관련한 상세한 이야기가 잠깐 그들의 눈을 반짝이게는 했지만, 다음 시간엔 여지없이 책상 위로 쓰러졌다. 담임선생님과 다른 교과 선생님들께 고민을 나눠보았으나, 돌아오는 것은 "다른 수업 시간에도 다 그러니 상처받지 마~"라는 위로뿐이었다.

그러던 어느 날 교무실에 온 한 학생에게 이야기를 건넸다.

"선생님이 네 성적을 보았더니 다른 과목은 성적 꽤 잘 나오던데? 한국사가 다른 과목에 비해 많이 떨어지던데 수업시간에 좀 더 열심히 하면 어떨까?"

"저 이과 갈 거예요. 한국사 필요 없어요." (덧붙이자면, 이 학생들의 입시에서 한국사는 인문계열 선택 과목이었다)

머릿속에 수만 가지의 말이 돌아다닌다. 역사를 잊는 민족에겐 미래가 없다는 상투적인 말도 떠오르고, 임용고시 준비할 때 『역사교육의 방법과 이해』라는 책의 첫 단원에 나오는 역사교육의 목적과 목표에 밑줄 쳐가며 공부했던 내용도 떠오른다. 그런데 그 학생을 설득할 수 있는 말은 그 어디에도 없었다. 단순하게 입시에 필요하지 않으니 공부하지 않겠다, 그런데 체육은 재미있으니깐 입시에 안 나와도 열심히 한다는 그 학급 학생들의 보편적인 생각을 확인하게 되니 힘이 빠졌다. 모둠 발표도 했고, 토론할 때도 나름대로 몇 마디 거들기도 했지만 그때뿐이었던 이유는 흥미를 느낄 정도의 관심이 없기 때문이었다.

학생 중심으로 수업을 하겠다고, 수업 과정을 평가하겠다고 수행평가 비중도 50%로 높이는 시도를 처음으로 하면서 기대에 차서 시작한 한 해였다. 주제를 재구성하여 흥미를 유발하거나 쉽게 설명하고자 고민하는 학생들의 모습, 과제형 모둠 발표의 문제점 발견(특히 PPT 제작 발표 수업으로 인한 학생들의 부담감과 모둠 내 갈등) 등에서 얻은 것이 없지는 않았다. 그러나 2학기에 복병처럼 다가온 18반의 여러 학생은 참 한결같은 모습을 보여주었다. 당시 5년 차 교사였던 나는, 열심히 준비하고 수업시간에 열정을 갖고 대하면 학생들이 진심을 알아준다고 생각했다. 그러나 그 해, 그 학급에서 내 생각은 여지없이 무너졌고, 교사로서의 자존감도 바닥을 쳤다.

왜 수업을 바꾸었을까?

학교를 옮기고, 옮긴 첫해는 기존 선생님들이 하던 대로 하자는 자세로 조용히 일 년이 안 되는 시간을 보낸 후 육아 휴직을 하게 되었다. 정신없이 2년의 휴직 기간을 보내고 복직 6개월 전부터 교과서를 들추어보기 시작했다. 내용도 다시 정리해보고, 어떤 활동을 하면 좋을까 고민도 해보고, 교육청에서 제공하는 복직 연수도 필수로 수강해야만 했다. 복직 연수는 학교가, 수업이 바뀌어야 한다는 맥락에서 다양한 방법론적인 강의가 이어졌고, 막연하게 활동식 수업을 해야겠다는 생각을 했다. 그러다 전교조 수원지회의 2030 모임에서 새 학기 준비 고민을 나누는 모임이 있다는 문자를 받고, 일면식도 없는 사람들 사이에 무작정 참여했다. 그 날 만난 동교과의 한슬기 선생님(영덕고)은 수업을 토론식으로 바꾸었고, 그에 대해 설득력 있는 논조로 이야기를 나누어주셨는데 특히 이 한 마디가 가슴 깊이 남았다.

"내가 아이들에게 열심히 강의해도 모의고사 전국 평균 점수가 나오

고, 강의하지 않고 수업을 토론으로만 진행해도 점수가 비슷하게 나와
요. 그럼 기왕이면 토론식으로 수업하는 것이 낫지 않을까요?"

일체화를 위한 노력

내가 처한 상황 분석하기

2015년 2월, 새 학기 인사 배치가 끝나고 교과협의를 했다. 내가 맡은
한국사는 4명의 역사 교사가 모두 수업을 맡아야 하는 상황이었다. 전
입과 복직 등으로 모두 처음 만나는 자리에서 제각각 자신이 해왔던
수업에 대해 이야기를 나눴지만, 합의점에 도달하지 못했다. 결국 수
업은 해당 교사가 알아서 하되 평가만 맞추자고 결론 내렸다. 수업 내
용의 기준은 교과서였고, 수행평가도 기간과 내용을 지정하여 치르는
형식으로 결정되었다. 모둠을 구성하여 다양한 활동으로 수업하며 그
과정을 수행평가로 점수화하고자 했던 내 생각은 현실로 이루어지기
어려웠다.(안타깝게도 2016년에도 상황은 같았다)

　교과서가 주교재인 상황에서 어떻게 학생들을 움직이게 할 것인가
를 고민하다가 제목만 있는 활동지에 마인드맵을 그리게 하거나, 빈칸
에 들어갈 내용을 교과서를 읽어보며 찾아 쓰는 활동 등을 제시했다.
학생들이 활동을 마치면 내가 다시 강의했는데, 이렇게 진행하다 보니
다른 학급에 비해 진도가 너무 느려져서 1학기 중간고사를 앞두고 학
생들의 불평이 이어졌다.

　마침 교내에서 '수업지킴이'라는 이름의 협동학습을 주제로 한 전문

적 학습공동체에 참여하고 있던 차여서 이런 고민을 다른 선생님들과 나누었다. 3학년 수업을 맡은 수학 선생님께서 거꾸로교실을 소개해주셨고, 간단하게 동영상을 제작하는 앱도 소개해주셨다. 동영상 제작이 쉽지만은 않았지만 교실에서의 강의, 사진이나 지도 확인 시간을 압축적으로 요약할 수 있었고, 그 덕분에 교실에서는 학생들의 활동 시간을 확보할 수 있었기에 과감하게 도전해보기로 마음먹었다.

교육과정의 재구성

교과서를 활용하면서 학생들의 활동을 꾸려나가야 하기에 늘 시간이 부족했다. 그래서 교과서의 순서대로 하기보다는 시대와 분야에 따라 재구성하여 수업을 진행했다.

〈Ⅰ. 우리 역사의 형성과 고대 국가의 발전〉 단원은 동시대에 여러 국가가 등장하기에 학생들이 복잡해서 어렵다고 하는 경우가 많았다. 교과서 편제에서는 국가의 발전 단계에 따라 고구려, 백제, 신라의 역사적 사실과 왕들의 업적을 열거했는데, 실제 수업에서는 고구려, 백제, 신라, 가야로 나누어 각 국가의 흥망성쇠를 흐름으로 정리하도록 제시했다. 남북국 시대까지 내용 정리가 끝난 후 모둠별로 여러 나라의 흥망성쇠를 한눈에 볼 수 있는 자료를 제작하는 시간을 주었다. 학생들은 삼국 간의 항쟁이나 관계, 통일 과정 등을 여러 갈래의 기찻길이 합쳐지는 모습이나 오래된 필름 속에 100년을 기준으로 삼아 한 컷씩 담는 등 다양한 방법으로 재치 있게 표현했다.

Ⅱ, Ⅲ단원의 내용은 조금 더 큰 규모로 연결 짓고 분류했다. 2009 개정 교육과정에는 시대 순서에 따라 그 시대의 정치, 경제, 사회, 문화를

교과서 차례		재구성한 차례
대단원	중단원	
Ⅱ. 고려 귀족 사회의 형성과 변천	1. 고려의 성립과 정치 발전	주제 7. 고려의 정치
	2. 경제 정책과 경제 활동	
	3. 신분 제도와 생활 모습	주제 8. 조선의 정치
	4. 다양한 사상과 귀족 문화의 발달	
Ⅲ. 조선 유교 사회의 성립과 변화	1. 조선의 건국과 통치 체제의 정비	주제 9. 고려 · 조선의 경제
	2. 양 난과 조선 후기의 정치	
	3. 경제 정책과 경제생활의 변화	주제 10. 고려 · 조선의 사회
	4. 신분 질서와 생활 모습의 변화	
	5. 양반 문화의 발달과 문화의 새 경향	주제 11. 고려 · 조선의 문화

교육과정의 일부 재구성

분류한 성취기준이 있는데, 내 생각에는 고려와 조선 시대의 경제, 사회, 문화에서 큰 틀(예를 든다면 토지제도나 수취체제, 신분제, 유교와 불교 등)을 이해하고 나면 세세한 차이점들은 비교하며 이해하는 것이 더 수월하다고 보았다. 그러한 이유로 고려와 조선 시대에 한하여 7차 교육과정에서 적용했던 분야사별 접근방식을 택해 재구성했고, 근현대사로 넘어가면서는 교과서에 제시된 순서대로 거의 수업을 진행했다.

수업을 바꾸기 어려운 이유

첫 발령 받던 날, 교장 선생님은 전교생 앞에서 신규 발령 선생님들에게 꽃다발을 주셨다. 발령받자마자 이제 막 입학한 고1 남자반 담임을 맡았는데, 그 앞에서 교사 경력이 없는 초짜라는 것이 알려지는 것이 괜히 부끄럽기도 하고 학생들에게 무시당하지는 않을까 걱정도 앞섰다. 생전 처음 보는 나이스 체제 배우느라 정신없는데, 학급 아이들은 고등학교에서 적용되는 다양한 규제에 답답해하며 담임교사인 나와 작은 일에도 부딪히고 자신의 의견을 강하게 피력하기도 했다. 수업에서는 빈칸을 몇 개씩 둔 학습지를 채우게 하고 간혹 긴 글쓰기를 과제로 내주기도 했고, 여유가 될 때 토론도 한 번 하고 영상을 보여준 후 감상문을 받기도 했다.

그렇지만 수업에 대한 고민보다 학급 운영에 많은 시간을 할애했고, 대부분의 수업은 50분 내내 칠판에 필기하며 떠드는 내가 주인공이었다. 임용 준비하면서 다양한 수업모형을 공부했으나, 내 수업에서 어떻게 적용할 것인가 고민할 틈이 없었다. 진도를 다 마쳐야 한다는 생각, 쉽고 재미있게 가르쳐주고 싶다는 생각에 말은 길어지고 길어져서 아이들의 쉬는 시간까지 빼앗기도 했다. 반복되는 강의식 수업은 아이들이 어떤 이야기를 선호하는지, 어떤 표현에 감동받는지에 초점이 맞춰져 아이들 수준에 맞게 살점이 붙거나 떨어졌으며, 그러한 이유로 강의식으로만 수업해도 나름 할 만하다고 생각했다. 가끔 이벤트처럼 시행한 토론, 게임, 영상 수업은 10년도 더 전에 내가 받은 고등학교 수업과 다른 점이었지만, 매일 이루어지는 수업의 본질은 전혀 변하지 않았던 것이다. 심지어 수업을 바꿔보겠다고 노력했던 2011학년도의 수업도 수행평가로 모둠별 발표나 토론을 진행했지만, 해당 시간만 특별한 수업을 했을 뿐 대부분의 시간은 내가 신나게 떠들었다.

그렇게 내 몸이 기억하는 수업은 철저한 교사 주도의 강의식이었다. 교사의 귀보다 입이 훨씬 많이 사용되는 수업이었다. 재미있는 역사적 사실 혹은 한 사건에 대한 다양한 평가나 그와 관련된 가치관을 잘 설명해주고 이해시켜준다면, 아이들이 역사에 흥미를 느끼고 역사를 통해 현실을 바라보는 관점도 키워줄 수 있을 것이라고 생각했다. 그러나 졸업생들이 찾아와서 하는 이야기는 달랐다.

"선생님~ 선생님 수업이 그리워요~ 필기했던 공책도 아까워서 집에 잘 보관하고 있어요."

"그래? 뭐가 기억에 남니?"

"선생님이 재미있는 이야기를 많이 해주셨잖아요~ 궁예 이야기였나? 선생님이 눈 가리고 막 흉내 내면서 이야기해주셨던 게 가장 기억에 남아요."

일 년 동안 수업하면서 분명 엄청나게 많은 이야기를 했을 텐데, 아이들이 기억하는 것은 흥미를 유발하기 위해 해주었던 몇몇 이야기나 나의 어설픈 연기였다. 수업시간에 무엇을 배웠는지, 중요한 점은 무엇인지 기억하고 떠올리는 졸업생은 거의 없었다.

글로만 공부했던 구성주의적 접근, 학생 주도의 수업, 교사는 수업에 있어 조력자가 되어야 한다는 등등의 구절이 떠오른다. 학생들의 진정한 배움이 일어나는 수업을 구성해야 한다는 손우정 교수님 강의도 듣고, 수업 변화가 가장 잘 일어났다는 장곡중학교 사례도 들었지만, 막상 내 수업에서 어떻게 구현해야 하는지 감이 오질 않았다. 그런 수업을 직접 경험한 적도 없었고, 주변에서 찾기도 쉽지 않았다.

2015년의 수업을 바꾸는 과정에서 끊임없이 나를 괴롭혔던 것은 강의를 열렬히 원하는 여러 학생의 짜증 섞인 불만도 있었지만, 아이들이 잘 모르겠다는 표정을 짓고 있을 때 얼른 쉽게 풀어 이해할 수 있도록 설명해야 할 것 같은, 초임부터 아니면 그보다 더 일찍부터 내 몸에 깊이 배어 있는 수업에 대한 강박이었다. 정해진 수업시간 동안 학생

들의 의미 있는 배움과 성장을 위해서는 내 입이 멈추고 학생들 스스
로 생각할 수 있는 기회와 시간을 제공해야만 했다.

그리고 바로 그때, 교감 선생님께서 공문 하나를 보여주시며 새로 조
직될 동아리에 들어가서 많이 배우고 오라며 권하셨다. 내 수업, 내 학
급에 스스로 부끄럽지 않을 정도로 충실하게 한다면 그걸로 교사의 역
할은 다했다고 생각하며 학교 밖 활동을 거의 하지 않았던 나였다. 등
떠밀려 억지로 자기소개서까지 써가면서도 '공모니깐 아마도 나는 떨
어질 것'이라고 생각했던 그 동아리는 '교육과정-수업-평가의 일체화
로 학교 문화 바꾸기'라는 긴 이름의 동아리였다.

평가를 수업과 기록으로 확장하기
앞에서 말한 것처럼 수행평가를 일정 시기에 치르기로 협의가 되었기
에, 내가 할 수 있는 노력은 최대한 수행평가의 항목들을 수업에서 경
험하도록 기회를 제공하는 것이었다. 처음에 이렇게 수업을 진행하겠
다고 막연하게 생각했을 때 일체화가 어떤 것인지 알고 계획을 세워서
한 것은 아니었다. 단순하게, 수업과 평가를 연결하고 싶다고 생각했
을 뿐이었는데, 지금 와서 보면 이 역시 일체화를 위한 노력이었다는
생각이 든다.

한 명의 교사가 단독으로 교과에 들어간다면 마음껏 교육과정을 재
구성하고 평가까지 재량껏 할 수 있겠지만, 그렇지 않은 경우에 많은
교사가 교과협의에서 어려움을 겪는다. 나 역시 교과협의에서 늘 어려
움을 겪고 협의가 잘 되지 않지만, 일체화를 해보려는 선생님이 계신
다면 나의 사례가 조금이라도 도움이 되길 바라는 마음이다.

역사과 협의에서 만든 수행평가는 1학기에는 광고제작 및 역사적 사건에 대한 논술, 포트폴리오이며, 2학기에는 답사보고서와 역사적 인물에 대한 논술, 포트폴리오였다. 지금부터 항목에 따라 어떻게 수업과 평가, 기록을 연결하고자 했는지 소개해보고자 한다.

① 토론 수업과 논술 연결하기

논술 분야는 해당 주제를 공부할 시점에 모둠 내에서라도 꼭 토론을 경험할 수 있도록 했다. 역사적 사건에 대한 논술 문항은 찬반이 분명한 경우가 많기 때문에 대립 토론으로 했고, 인물에 대한 논술 문항은 중요한 인물에 대한 평가인 경우가 많아 인물에 대한 기본 지식을 바탕으로 지지 여부에 대한 토론으로 진행했다. 토론 수업을 위해 『내일을 읽는 토론학교』(이인석·정행렬 외 지음)를 여러 차례 참고했고, 전국역사교사모임 페이스북 페이지에 여러 선생님이 올린 토론 자료도 참고했다.(이 자리를 빌려 수업 자료를 흔쾌히 공유해주시는 전국역사교사모임 선생님들께 진심으로 감사 인사를 전하고 싶다)

여러 차례 진행한 토론 수업 가운데 2016년 2학기 사례를 소개하고자 한다. 2학기에는 역사적 인물에 대한 논술 수행평가와 연계하여 진행했다. 이 부분은 한국사 성취기준 '국 1242-1245'에 해당하는데, 개항 이후 근대화 과정에서 나타난 여러 유형의 인물 중에 대표성이 있는 인물을 선정하여 간략하게 일대기를 서술한 읽기 자료를 제공했다. 선정된 인물은 김옥균, 김홍집, 최익현, 민영휘였고, 학생들은 인물들의 일대기를 읽고 다음과 같은 활동지를 가지고 토론 수업에 임했다.

<table>
<tr><td>수원여고 1학년 반 번 이름 :</td><td>주제 13. 문호 개방과 근대적 개혁의 추진</td></tr>
</table>

1. 위의 4명 중 가장 지지하는 인물을 쓰고, 근거를 작성해봅시다.

____
____
____

2. 모둠 친구들의 의견과 그 근거를 요약해봅시다.

____
____
____

3. 내가 1883년에 살고 있다면, 어떠한 길을 걸었을지 써보도록 합시다.

____
____
____

4. 모둠 토론에서 친구들의 의견이 어떠했는지 적어봅시다.

____
____
____

5. 전체 토론을 거치면서 내 생각은 어떠했는지 적어봅시다.

____
____
____

6. 이번 토론 수업이 어떠했는지 소감을 적어봅시다.

____
____
____

수업과 평가 연계하기 사례 1. 토론 수업 활동지

위 활동지는 내가 제작하여 학생들에게 나누어준 활동지 중에서 '주제 13. 문호 개방과 근대적 개혁의 추진'(교육과정 재구성을 했으나 근현대사는 거의 교과서 순서와 일치하게 진행되고 교과서 단원명과 같다)의 일부이다(5쪽). 해당 단원의 내용 정리 및 확인(활동지 1~3쪽)을 마친 후 토론을 위한 읽기 자료(활동지 4쪽)가 제시되어 있다. 이 주제에서는 근대화라는 새로운 시대의 변화에 있어 어떤 행동이 바람직했는지에 대해 생각해볼 뿐만 아니라 자기 삶으로 가져와 나라면 어떤 선택을 할 수 있는지 고민할 수 있도록 구성했다. 또한 자신의 생각을 정리할 뿐만 아니라 다른 사람의 의견을 경청하고 이야기를 나눌 수 있도록 했다. 이 수업과 연계하여 모든 학급이 수업시간에 치른 논술평가는 다음과 같다.

《한국사 수행평가 - 논술형》

학번 :   이름 :

다음 김옥균에 대한 글을 참고하여, 김옥균을 어떤 관점에서 바라봐야 할지 자신의 의견을 정하고 근거를 들어 논술해봅시다.

세도정치기 안동 김씨의 문하로 태어난 김옥균은 말 그대로 명문가의 자재였다. 그는 마음만 먹었다면 한평생을 편히 가문 덕에 살 수 있는 존재였다. 이러던 그가 1870년 스승인 중인 유대치를 통해 개화사상을 접하게 되었고, 박규수의 사랑방에서 시작된 젊은 개화 멤버의 리더였다. 그는 다양한 관직을 거치면서 나라의 자주근대화 및 개화파의 세력확대에도 힘썼으며, 수신사 등 해외 견문 확장에도 노력했다. 임오군란 이후에는 파탄 상태에 이른 국가 재정 문제 논의에서 묄렌도르프의 당오전 발행을 백성의 고통을 가중시킨다며 적극 반대하는 모습을 보이며 외채 도입을 주장했으나 실패하여 급진적인 개혁에까지 이르게 된다. 당시 고종과 독대 과정에서 고종의 동의도 얻어 명분도 얻었으나, 김옥균을 비롯한 급진개화파는 농민들과 상인들의 힘을 조직할 줄 몰랐고, 단지 왕권에 의지해 위로부터 개혁을 시도했으며, 일본의 침략적 본질을 보지 못한 채 일본군의 힘에 의존했다는 치명적인 약점으로 무너지고 말았고, 이는 이후 조선에 대한 일본의 개입을 강화해주는 계기로 작용했고, 친일 매국노라는 오명을 씌웠다. 서재필은 김옥균을 이렇게 평가했다. "그는 상당한 학자였을 뿐만 아니라, 그 외에도 다재다예한 인물이었다. 그는 정적들에게 허다한 비방을 듣긴 하였으나 나는 그가 대인격자였고, 또 처음부터 끝까지 진정한 애국자였음을 확신한다. … 그는 시대 추이를 통찰하고, 조선도 힘 있는 현대적 국가를 만들려고 절실히 바랐다." '애국적 개화사상가'와 '친일 매국노'라는 극단의 평가는 아직도 김옥균의 이름 앞에 상존하고 있다. 백성들의 힘을 이용하지 못했고, 일본의 침략적 본질을 파악하지 못했다는 치명적 잘못 앞에 무너져 내리면서 결과적으로 일본의 침략을 용이하게 해준 결과를 낳았지만, 김옥균이 진보적인 사고를 가지고 있었고 조국을 부강한 나라로 만들려 했다는 사실이 부정될 수 없을 것이다.

〈유의사항〉
1. 답안에 자신을 드러내는 표현을 쓰지 말 것.
2. 제시문의 문장을 그대로 옮겨 쓰지 말 것.
3. 분량은 띄어쓰기를 포함하여 300자(±50자) 이내로 작성하도록 할 것.
4. 자신의 주장에 일관성이 있어야 할 것.

수업과 평가 연계하기 사례 1. 논술 수행평가 문항지

실제 문항지는 여러 인물로 더 만들어졌지만, 여기에서는 김옥균에 관한 문항지를 제시했다. 수업에서 토론 과정을 거친 후 논술 문항을 만난 학생들은 어렵지 않게 논술 수행평가에 임할 수 있었고, 수업의 연장선상에서 평가를 마주할 수 있었다.

학급 전체 토론 수업 때는 자연스럽게 학생들이 발표 분위기를 만들었고, 나는 진행을 하면서 학생들의 발언을 거의 빠짐없이 적어두면서 의미 있던 발언들은 정리하여 교과세부능력 및 특기사항 기록으로 반영했다. 아래 예시는 위에 제시한 수업에 대한 실제 기록이다.

> 근대사 4인에 대한 토론에서 의병봉기를 일으키고도 군대와 싸우지 않고 신념에 따라 살아간 최익현을 지지한다고 발표함.

> 근대사 4인에 대한 토론에서 기득권 세력임에도 불구하고 신분제 개혁 등을 하고자 했고, 상황에 따라 적절히 외세를 활용하고자 했던 김옥균을 지지한다고 발표함.

> 근대사 4인에 대한 토론에서 일본뿐 아니라 다양한 나라의 지원을 통해 개화정책을 이뤄나가고자 했던 김홍집을 지지한다고 발표함.

논술 수행평가에서는 자신의 주장을 설득력 있게 잘 쓴 학생들에 대한 기록을 남겼다. 간결하면서 논리적으로 써야 했기 때문에 학생들은 길게 쓴 다른 과목 논술평가보다 어려웠다고 소감을 밝혔다. 아래 예시는 역시 위에 제시한 평가에 대한 실제 기록이다.

김옥균에 대한 인물 평가 논술에서 개혁 정강을 근거로 하여 급진개화파의 개혁 방향에 동의하며 당시 급진개화파가 처한 상황에서 정변을 선택할 수밖에 없었기에 그의 선택을 지지한다는 글을 논리적으로 서술하여 작성함.

인물 평가 논술에서 김옥균이 갑신정변을 일으키면서 일본의 도움을 받고 농민의 염원인 토지개혁을 하지 않았던 점을 근거로 들면서 김옥균을 비판하는 논리적 글쓰기를 잘함.

㉡ 광고 수행평가, 사고방식의 경험과 공유

수업시간에 다룬 내용을 소재로 광고를 제작하면 흥미로울 것 같아 선택한 수행평가였다. 2015학년도 1학기에 처음 이 수행평가를 제시하면서 학생들에게 정부에서 새로운 정책을 홍보하는 것일 수도 있고, 물건을 판매하는 광고가 될 수도 있다고 예를 들며 설명한 정도였는데, 수행평가 결과물에 상당히 놀랄 수밖에 없었다. 흔하지 않은 주제를 고르기 위해 학생들의 고민이 이어졌고, 현대와 과거 시대를 적절하게 접목해 표현하는 능력을 보여주었기 때문이었다. 이때의 경험을 바탕으로 해당 학년 학생들은 2학기에 모둠별로 고려·조선의 문화재를 소재로 하여 광고를 제작하고 발표하는 수업을 했는데, 두 번째여서인지 다양한 생각을 잘 표현해냈다.

2016학년도 1학기에 광고 수행평가가 다시 배치되면서, 학생들이 다른 수업 내용으로 어떻게 광고를 제작하면 좋을지 모둠별로 함께 고민하고 제작해본다면 실제 수행평가 때도 크게 어려움을 겪지 않을 것이

★ 활동해봅시다 ★

1. 삼국시대, 남북국 시대의 문화재 중 한 가지를 골라 홍보하고 발표해봅시다.

자유롭게 활용하세요

1) 우리 모둠이 홍보한 문화재의 정식 명칭은 무엇인가요?

2) 우리 모둠이 이 문화재를 선택한 이유는 무엇인가요?

3) 이 문화재 홍보를 위해 가장 아이디어를 많이 낸 친구는 어떤 친구이고, 어떤 아이디어를 제공했나요?

4) 다른 모둠의 문화재 홍보 중 가장 기억에 남는 홍보는?

5) 왜 위의 모둠과 문화재를 선택했나요?

6) 이번 문화재 홍보를 통해 어떤 배움이 있었을까요?

수업과 평가 연계하기 사례 2. 모둠별 광고 제작 활동지

라는 믿음이 생겼다. 수행평가를 진행하는 부분은 한국사 성취기준 '국1221', 고려의 정치사에 해당하는 내용이었기 때문에 그보다 앞서 광고 제작을 경험해보게 하기 위해 수업에서 광고를 제작하는 것은 성취기준 '국1215'에 해당하는 고대의 문화사 부분으로 한정했다.

수업을 시작하면서 2015학년도에 선배들이 제작한 결과물을 예시로 보여주며 설명을 덧붙였는데, 2016학년도의 학생들은 선배들의 결과물을 보고 더 기발한 생각을 모아 표현했다. 20분간 문화재를 선정하고 어떻게 표현할지, 무엇을 준비할지 정하는 회의 시간을 제공하고, 모둠 칠판을 이용한 광고제작 시간은 다음 수업시간에 20분을 주기로 했다. 모둠 칠판에 제작한 광고를 칠판에 부착한 후, 모둠에서 한 명이 앞에 나와 광고를 하도록 했다. 시간이 짧아서 매우 바쁘게 움직여야 했으나, 간단하지만 문화재를 소재로 새로운 생각을 해보고 다른 모둠의 발표를 들으며 더 많은 생각을 얻었다. 아래는 이 수업 때 제작한 광고와 그에 대한 기록이다.

역사를 소재로 광고를 제작하고, 학급별로 그 사례를 공유하고 평가해본 학생들은 한 달이 지난 다음 다른 주제(고려 정치사)를 활용하여 개인별 광고제작 수행평가를 할 때 조금 더 편안한 마음으로 평가에 임할 수 있었다. 이때 역시 2015학년도에 선배가 했던 작품을 학급별 밴

<table>
<tr><td>무구정광대다라니경을 발표하기 위해 직접 유색 화장지에 글씨를 쓰고 편안함을 느낄 수 있는 화장지를 제작하여 판매한다는 재치 있는 설정으로 모둠을 대표하여 발표함.</td><td>첨성대를 빔프로젝터로 만들어 별자리를 보여주는 프로그램을 만들어 창의적인 광고를 제작하였고, 모둠을 대표하여 발표하면서 학급 친구들로부터 많은 갈채를 받음.</td></tr>
</table>

수업과 기록 연계하기 사례 2. 모둠별 광고 발표 기록하기

드에 공유하고 어떤 면에서 좋은 광고인지 분석하여 댓글로 써달라고 부탁했는데, 학생들이 어떤 면에서 좋았는지 더 잘 찾아냈다. 수행평가는 수업시간 중 오픈북 형식으로 치러졌고, 아래는 실제 수행평가 결과물과 그 기록이다.

왼쪽 사례가 뛰어났던 이유는 교과서에서 언급되지 않은 구체적인 역사적 사실을 스스로 찾고 그것을 소재로 있을법한 일을 구체적으로

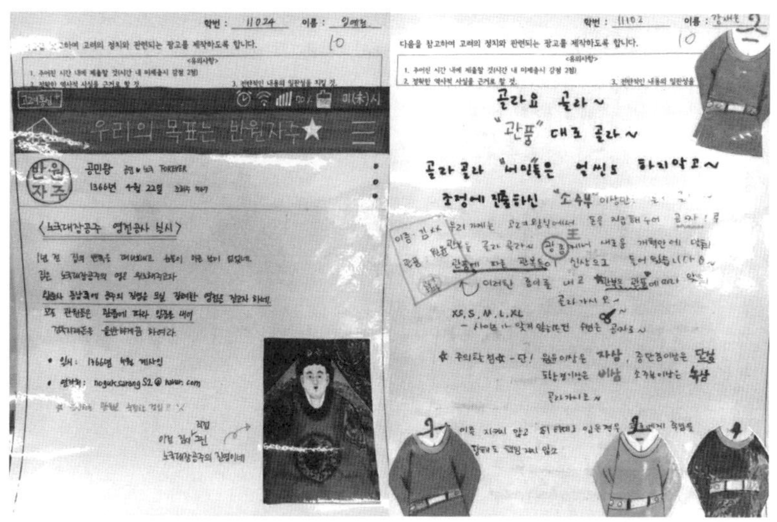

광고 제작하기 수행평가에서 '공민왕의 노국대장 공주 영전공사 실시'라는 세부적인 역사적 내용을 조사하여 관원들에게 일꾼을 내도록 지시하는 알림글을 참신하게 작성하면서도 눈에 돋보이는 디자인으로 꾸며, 내용 선택에 있어 상세한 역사적 내용을 조사해오는 노력과 본인만의 독보적인 디자인이 함께 표현되어 매우 뛰어난 작품을 제출하였음.

광고 제작하기 수행평가에서 '광종의 공복 제정'이라는 흔하지 않은 주제를 선택하여 상세하게 조사하였으며, 공복을 제작한 옷가게에서 공지사항을 홍보하는 참신한 아이디어를 돋보이게 표현하여 좋은 작품을 제출함.

평가와 기록 연계하기 사례 2. 수행평가 기록하기

상상하여 활용한 점이었다. 큰 틀은 수업 동영상을 올리는 밴드의 형태를 활용했는데, 공민왕과 관련하여 가장 중요한 핵심용어라고 여기는 '반원자주'를 밴드명이나 프로필로 활용한 점도 돋보였다. 또한 '고려통신', '미(未)시', 연락처로 적은 이메일 주소(noguksarangS2@naver.com)를 가상으로 만들어 사용한 점도 얼마나 세심하게 신경 썼는지를 알 수 있는 부분이었다.

오른쪽 사례는 교과서에서 광종의 개혁 정책 중 공복 제정을 소재로 활용하여 관복을 대주는 옷 가게 홍보물을 제작한 것이다. 고려 시대의 공복에 관해 상세하게 조사하여, 간단하지만 관복을 디자인하여 당시 색깔로 재현했고, 직책에 따라 어떤 옷을 입어야 하는지 소개하고 있다. 특히 마지막에 직책에 맞지 않게 취향대로 관복을 선택한 경우 광종에게 죽임을 당할 수도 있다는 경고는 광종의 호족에 대한 정책을 이해하고 나름대로 재치 있게 표현한 것이다.

이처럼 광고 수행평가는 학생들의 다양한 생각과 능력을 드러낼 기회가 되었고, 나는 학생들의 뛰어난 능력에 감탄하며 평가하고 기록할 수 있었다.

③ 의미 있는 수행 평가 – 답사를 위하여

역사 영역에서 답사는 상당한 의미가 있다. 과거에 일어난 사건을 직접 경험할 수는 없지만, 간접적으로 경험할 수 있는 것이 바로 답사이다. 역사적 인물이 머물렀던 공간, 역사적 사건이 일어났던 공간에 직접 가서 현장의 기록을 마주하고 잠시라도 그 시대에 있는 듯한 기분을 느끼는 시간과 경험은 매우 중요하다. 그렇지만 시대의 흐름에 따라 꼭 알아야 할 내용이 나열되어 있는 성취기준 내에서 답사와 관련된 내용을 찾아보긴 어려웠다.

성취기준에 명시되어 있지는 않았지만, 답사를 성취기준을 달성하는 수단으로 사용할 수는 있을 것이라는 생각으로 4명의 역사 교사가 흔쾌히 합의했다. 실제 수행평가는 2학기 1차 지필평가가 끝난 후 공지하여 한 달이 넘는 답사 기간을 주고, 2학기에 수업을 진행하고 있는 근현대사와 관련된 유적지에 다녀온 후 공지에 따라 정해진 수업시간에 보고서를 작성하는 것이었다.

기왕 가는 답사라면 학생들이 좀 더 의미 있게 다녀오기를 원했다. 인증사진을 찍기 위해 잠깐 다녀오는 답사가 아니라, 하루 정도 시간을 내서 제대로 답사를 경험하게 하고 싶었다. 그런 이유로 2학기 1차 지필평가가 끝난 직후 3시간의 수업을 할애하여 답사를 준비할 수 있도록 했다.

수원여고 1학년   반   번 이름 :

《서울에서 당일치기 일정으로 근현대사 답사하기》

답사란 무엇일까요? 말뜻을 풀어보면 밟은 답, 조사할 사, 발로 걸어서 조사하여 알아보는 것이라는 뜻을 가지고 있습니다. 대학교에서 역사를 연구하는 사학과나 역사를 가르치는 역사교육과에서 한 학기에 한 차례 이상 꼭 답사를 기획하고 있다는 점을 본다면, 역사 연구나 역사 교육에 있어 답사는 꼭 필요한 현장 학습이라고 볼 수 있습니다. 그러한 답사를 학교 차원에서 진행할 수는 없어서 개별적으로 진행하고자 합니다.
만약 여러분이 일일답사 기획단이라면 어떤 답사를 기획할 것인가요? 일단 볼거리도 많고 재미도 있어야 되겠죠? 그리고 하루 안에 소화 가능한 일정을 짜야 하기도 하고요. 낯선 공간이니 길도 확실하게 파악하고 있어야 길을 헤매면서 시간을 버리는 일도 없을 것입니다. 또한, 점심 식사는 어떻게 해야 할까요? 그리고 무엇보다도 근현대사를 배우면서 의미 있는 장소에 대해서 미리 공부해야 한다는 사실도 알고 있어야 되겠죠? 과연 그 자리에 가서 우리는 어떠한 장면을 머릿속으로 떠올려야 할지, 무엇을 눈여겨보고 와야 할지에 대해서도 공부하지 않고 간다면 눈에 보이는 것도, 느끼는 것도 없는 무미건조한 나들이에 불과하게 될 것입니다. 자, 이제부터 여러분은 일일답사 전문가가 되어서 주말을 이용한 당일치기 서울 근현대사 답사 계획서를 작성해보도록 합시다. 여러분은 즐겁고 알찬 답사를 준비할 수 있을 것입니다.

《답사계획서를 작성하면서…》

1. 우리 모둠이 제작한 답사계획서의 제목은 무엇인가요?
____

2. 우리 모둠이 제작한 답사계획서에서 가장 중점을 두고 작성한 것은 무엇이라고 생각하나요?
____

3. 우리 모둠이 답사계획서를 제작하면서 가장 어려웠던 점이 있다면 무엇일까요?
____

4. 답사계획서를 제작하면서 전체적인 큰 틀이나 표현 방법에 있어 아이디어를 낸 친구는 누구일까요?
____

5. 답사계획서를 제작하면서 내가 직접 한 일은 어떤 일들이 있나요?
____

6. 이번 수업을 통해 친구들에게 배운 점은 어떤 점들이 있을지, 친구들의 장점을 찾아봅시다. (의사소통방법이나 자료 준비력, 혹은 말없이 해야 할 일을 하고 있거나, 판단력 등등)
____
____
____

7. 이번 수업을 통해 더 알게 된 점이나 느낀 점 등을 적어봅시다.
____
____

수업과 평가 연계하기 사례 3. 답사계획서 제작 제안서

제안서를 분석하여 주어진 조건에 맞게 실제 운영이 가능한 답사를 계획하도록 했고, 교실에서 검색을 통해 필요한 정보를 얻을 수 있도록 했다.(와이파이가 제공되지 않는 환경이라서 교실에서 가능한 노트북, 각자의 데이터 혹은 핫스팟 등을 활용했다) 낯선 서울 지도를 검색하며 어디를 갈지부터 고민하는 학생들도 있었고, 하나의 주제를 정해 관련된 유적지가 어디인지 찾는 학생들도 있었다.

표현하는 방법도 다양했다. 영화 포스터를 활용하여 표지를 제작하려는 학생들도 있었고, 가이드북 형태로 제작하려는 학생들도 있었다. 모둠별로 특색 있는 답사계획서를 제작하고 그 결과물을 교실 밖에 게시하여 다른 학생들도 함께 보고 실제 답사를 계획할 때 참고할 수 있도록 했다.

한 달여간의 시간이 흐른 후, 실제 답사를 다녀온 학생들이 수업시간에 보고서를 작성했다. 공지한 대로 답사보고서를 쓸 때는 오픈북 형식으로 미리 조사해온 자료를 꺼내놓고 작성할 수 있도록 하고 뒷면에 다녀온 인증사진을 붙일 수 있도록 했다. 답사계획서 세우기 수업에서는 서울 지역에 한해 계획을 세워보았고 대부분의 학생은 계획대로 모둠 친구들과 답사를 진행했다. 그렇지만 모든 반(다른 역사 선생님들의 학급 포함)에 똑같이 적용하는 실제 수행평가에서는 장소를 자유롭게 선택할 수 있게 했기 때문에, 마음 맞는 친구끼리 수업시간에 작성한 답사 계획서처럼 자기만의 계획서를 작성하여 안동까지 다녀온 학생들도 있었다. 다음은 답사보고서 수행평가에서 눈에 띄는 학생들에 대한 기록이다.

- '아픔의 발자취를 따라 걷다'라는 제목의 답사계획서를 작성하면서 탐방 의의를 통해 답사의 필요성을 피력하는 글을 잘 작성함.
- '아픔의 발자취를 따라 걷다'라는 제목의 답사계획서를 작성하면서 탐방 의의를 상세히 쓰고 모둠원들의 어려움을 해결해주는 이끔이 역할을 잘 해냄.

수업과 기록 연계하기 사례 3. 답사계획서 제작 활동의 기록

> 서대문 형무소를 다녀오면서 인간의 존엄성과 추악함을 동시에 느꼈고, 독립운동가들의 출소 후 행적을 통해 일제 강점기와 현대를 분리할 수 없었다는 감상을 잘 표현하여 답사보고서를 잘 작성함.

답사 수행평가를 위해 안동 답사를 기획하여 이육사 생가와 임청각을 방문하면서 한 집안에서 여러 독립운동가를 배출할 수 있었던 배경에 대해 호기심을 갖고 찾아보았으며, 다양한 역사의 현장을 만난 소감을 잘 정리한 답사보고서를 제출함.

'성장과 아픔의 발자국을 따라서'라는 제목으로 독립운동 관련 유적지를 답사하면서 임시정부가 머물렀던 경교장의 경우 위치 찾기도 어렵고 관리가 허술한 면을 고민하는 모습을 보여주는 답사보고서를 작성함.

절두산 성지, 새남터 성지를 방문하여 한국 내에서 천주교가 성장해 온 역사와 박해받았던 사실들에 대하여 조사하여 '우리 모두 천국에서 만납시다'라는 제목으로 답사보고서를 작성함.

답사를 의미 있게 다녀온 학생들은 답사보고서 수행평가지에 딱 한 장의 사진을 붙여야 한다는 사실에 매우 아쉬워했다. 학급별로 한국사 부장을 중심으로 답사 사진전을 개최하여 교실 벽면에 게시하여 공유했는데, 추억도 되살리고 학급별로 특색이 드러난 사진전이어서 기억에 남는다.

수업과 개인을 담은 포트폴리오 평가

앞에서 언급했던 바와 같이 교과협의에서 수행평가 항목을 지정한 상황에서 평가를 수업과 연결하고 기록하려고 노력했는데, 그중 가장 수업 과정을 담은 평가가 바로 포트폴리오였다고 할 수 있다.

포트폴리오는 수업시간에 작성하는 것을 기본 원칙으로 하였고, 진도에 맞춰 내용 정리, 사료 해석 문제 풀이, 자신의 생각을 간단하게 서술하기, 모둠 친구들과의 생각 나눔 및 제작 활동 등 모든 수업 내용을 정리할 수 있도록 제공된 활동지의 모음집이었다. 수업시간에 이루어진 모든 제작 활동이나 토론, 글쓰기 활동에 제각각 점수가 있는 것은 아니었지만 모두 합치니 분량이 한 학기에 50쪽 정도가 되어 꽤 두꺼운 자료집이 되었다.

포트폴리오는 본래 수업 성실도를 평가하고자 넣었던 수행평가 항목이었으나, 실제로는 수업이 어떻게 진행되었는지, 그리고 학생들 개개인에게 수업이 어떠했는지를 들여다볼 수 있는 가장 소중한 평가 자료였다. 학생들은 수업 과정에 따라 포트폴리오를 채워나간 것뿐이지만, 교사인 내게는 그것이 학생들을 발견할 수 있는 자료였다. 그것을 기록으로 연결했다.

> 황사영의 백서 사건을 통해 종교에 대해 생각해보는 수업에서 우리나라에서 바람직한 종교의 역할이 무엇인지, 세계의 여러 나라에서 종교가 어느 정도의 영향력을 끼치는지에 대하여 고민하게 되는 계기로 삼음.

> 토론 시간마다 발표내용을 꼼꼼하게 받아적으며 정리하여 찬반의 논리를 살핀 후 자신의 의견이 어느 쪽인지 진지하게 고민하는 모습이 돋보임. 수업시간에 이루어지는 모든 배움과 활동을 꼼꼼하게 자신만의 용어로 다시 정리하는 성실함과 노력이 포트폴리오에 그대로 드러남.

신라의 삼국통일에 대한 모둠 토론 과정에서 오늘날의 남북 대립 상황과 비교하며 설명하는 모둠원의 설명에 외세 개입의 중요성에 수긍하며 상대방의 입장에 대하여 귀를 더 기울이게 되는 계기가 되었다는 소감문을 제출함.

위안부 할머님께 편지쓰기 활동에서 자신의 꿈인 초등교사가 되어서 어린 학생들에게 아픈 역사에 대해서 잘 알려주겠다는 다짐을 표현하며 슬픔에 공감하는 편지글을 작성하여 제출함.

위 사례의 학생들은 수업시간에 발표한 경험은 없다. 그렇지만 토론 활동이나 수업에 대한 소감을 활동지에 성실하게 작성했고, 이 활동지가 포트폴리오 평가로 연결되었다. 포트폴리오 평가가 아니었다면, 조용한 학생들이 수업시간에 가만히 있는 것이 아니라 충분히 다른 사람들의 이야기를 듣고 고민하면서 자신만의 배움을 만들어가고 있다는 사실을 알지 못했을 것이다.

첫 번째 사례는 수업을 통해 종교의 역할에 대해 고민하고 이야기 나누는 것으로 끝나는 것이 아니라, 다른 나라의 사례는 어떠한지 그 고민과 호기심을 확장시켜 나갔다는 점에서 상당히 의미 있었다. 교사가 제시하지 않았는데도 다른 사례를 통해 종교와 사회, 정치의 관계를 이해하고자 했다.

두 번째 사례의 학생의 경우는 포트폴리오가 다른 학생들보다 훨씬 두꺼웠다. 수업시간의 의사소통 내용 대부분을 기록한 원본과 그것을 다시 한번 정리한 기록지까지 함께 제출했다. 포트폴리오의 내용만 봐도 수업의 모든 과정을 얼마나 소중하게 여겼는지 알 수 있을 정도였다.

세 번째 사례는 교사인 내가 미처 발견하지 못한 수업시간의 장면을 보여준다. 토론 수업에서 모둠 토론 시간을 제공하고, 나는 교실을 계속 돌아다니지만 모든 학생의 토론 과정을 살필 수는 없다. 그런데 모둠 내 토론에서 오간 이야기를 토대로 자기 생각의 변화와 느낀 점을 담아내며 수업이 자신에게 어떤 영향을 끼쳤는지에 대해 작성한 글을 통해 개인에게 그 수업이 어떤 의미가 있었는지 파악할 수 있었다.

네 번째 사례는 수업 내용을 자신의 삶으로 확장한 모습을 보여준다. 이 학생이 위안부 할머님께 편지쓰기 활동을 했던 시기에는 역사 국정 교과서 문제가 한참 화제였다. 자신의 진로 희망인 초등 교사가 되어서 역사를 제대로 가르치겠다는 다짐이 드러나면서 수업이 교실에서 단발로 끝나는 것이 아니라 자신이 희망하는 교사의 상을 구체적으로 그려냈다는 점에서 의미가 있었다. 또한 현재 사회에서 일어나는 현상에 관심을 갖고 문제점을 해결하기 위해 자신이 할 수 있는 것을 찾아 보았다는 점에서도 의미가 있었다.

관찰, 좋은 관계 만들기의 시작

앞서 교육과정-수업-평가(기록)의 일체화 동아리에 떠밀려 들어가게 되었다는 이야기를 간단하게 언급했는데, 다시 한번 동아리 이야기를 해야 할 것 같다. 동아리에 들어가서 수업에 대한 가치관에서부터 다양한 수업 방법 등을 배웠는데, 그중 내가 가장 집중한 부분은 수업시간에 학생들을 관찰하는 것이었다. 2015학년도에 복직과 동시에 수업을 바꾸면서 스스로 정한 한 해의 모토가 '하던 대로 말고 성장하자'였는데, 2016학년도에는 '관찰과 누가기록, 성장'이었다. 2015학년도에 내 입을 덜 움직여 학생들에게 기회와 시간을 제공하는 것이 목표였다면, 동아리에서 보고 들으며 배운 바를 실천해보기 위해 다음 해에는 개개인의 학생들을 끈기 있게 살펴보는 것을 목표로 삼았다.

일체화 동아리에서도 관찰을 어떻게 할지에 대한 이야기가 오간 적이 있었는데, 매 시간 다른 학생들을 정하여 관찰하기도 하고, 수업 일기를 작성한다는 선생님도 있었다. 관찰한 모습을 날짜별로 엑셀 파일에 정리하는 선생님도 있었는데, 내게는 너무 부담이 컸다. 그래서 태블릿 PC를 수업시간에 늘 가지고 다니면서 모둠 활동 시간에 노트라는 프로그램에 손으로 짤막하게 써가며 정리했다.

모둠 활동 시간에 어떤 이야기를 주고받는지 관찰할 때 처음엔 학생들이 어색해하며 하던 말을 멈추는 경우도 있었다. 그러나 두 달 정도 지나면서는 상당히 익숙해지고, 여기저기에서 질문을 하기 위해 나를 부르거나 모둠 내에서 해결되지 않은 문제를 다른 모둠에 자유롭게 질문하며 문제를 해결해나갔다. 또한, 관찰을 하다 보니 모둠 내에서는 자신의 생각을 나누는 과정까지는 잘 해냈으나, 전체 토론 때는 한 번도 발표하지 않는 학생도 있었다. 앞의 포트폴리오 기록 사례의 두 번째 학생이 그런 모습을 보였다. 이 학생은 1학기에 한국사 1등급을 받을 정도로 수업에도 충실했고 지필평가에서도 성적이 우수했다. 학급 전체 토론에서 선뜻 말을 꺼내기 어려워하는 이 학생과 대화를 나누어 보았다.

"제가 정말 열심히 공부해서 시험을 잘 보긴 했지만, 저는 스스로 제 생각을 정리하고 발표할 정도의 실력은 아닌 것 같아요. 모둠 내에서는 이야기를 할 수밖에 없지만, 반 친구들이 너무 말도 잘하고 친구들 이야기를 들을 때 '저런 생각도 할 수 있구나' 하는 생각에 감탄하다 보니 저는 발표보다는 듣는 것이 훨씬 좋았어요."

많은 학생이 이와 비슷한 양상을 보였지만, 토론 수업에서 특히 우수한 능력을 보여주는 학생들도 있었다. 다음 사례의 학생은 수업 동영상을 못 보고 수업에 임할 때도 있고, 교실에서 이루어지는 내 짧은 강의에도 가끔은 졸음이 쏟아지는 모습을 보이던 학생이었다. 그러나 토론 시간에는 빛을 발했다. 특히 토론 과정에서 나라면 어떠했을까에 대한 솔직한 생각으로 친구들과 대화를 나누었고, 전체 토론 때도 스스럼없이 자기 생각을 드러내는 발표력 역시 훌륭한 학생이었다. 이 학생의 1학기 모습이 아래와 같이 교과세부능력 및 특기사항으로 기록되었다.

토론 수업에서 주어진 주제에 대해 진지한 고민과 성찰을 한 후 자신의 생각을 조리 있게 근거를 대며 발표하는 모습이 인상적인 학생임. 특히 신라의 삼국통일 찬반토론에서 고려의 통일과정을 비교하며 정당성을 획득하는 부분에서 신라의 삼국통일의 한계를 주장하였고, 그 당시의 사람들이 어떻게 생각했을지에 대하여 호기심을 가지고 고민하는 모습이 돋보임.

그런데 이 학생과 의미 있는 대화를 나눌 수 있었던 것은, 여름 방학 방과후학교 첫 수업시간에 이 수업을 선택한 이유에 대해 낯선 친구들과 이야기를 나눌 수 있도록 기회를 제공했을 때였다. 평소처럼 모둠별로 활동이 잘 이루어지는지 돌아보던 중, 이 학생이 한국사를 잘하지 못하기 때문에 이 수업을 선택했다고 이야기하는 것을 들었다. 그 자리에 멈춰 선 나는 내 생각을 솔직하게 이야기해주었다.

"○○가 왜 스스로 한국사를 못한다고 생각할까? 성적이 낮아서? 선생님은 그렇게 생각하지 않아요. ○○이가 토론 수업 때의 모습을 보았을 때 자기 생각을 솔직하면서도 논리적으로 발표도 잘하고, 가끔은 선생님이 생각하지 못한 부분까지 생각하는 것 같아서 놀란 적이 있을 정도인데, 단순하게 지필고사 문제 못 맞췄다고 해서 스스로 낮게 평가할 이유가 없어요. 충분히 잘하고 있으니깐 그렇게 생각하지 말아요."

그렇게 이야기하고 다른 모둠을 살피러 가는데, 이 학생이 옆의 친구에게 이야기했다.

"나, 태어나서 이런 칭찬 처음 들어봤어."

수업시간에 학생들의 모습을 잘 관찰하고 그에 대해 개별적으로 조금씩 이야기를 건네주었을 때 학생들의 눈빛은 조금씩 달라졌다. 관찰을 하고 그에 대해 짧은 기록을 남기고, 기록이 누적되고 일대일로 구체적인 이야기를 나누는 기회가 생길수록 당연히 학생들과의 관계가 훨씬 좋아졌다. 물론 이런 대화는 모둠별 토론이나 제작 활동 시간에도 이루어질 수 있었고, 자연스럽게 주변 학생들도 대화에 동참하는 경우도 많았다. 예전에 강의 위주의 수업에서는 학생들이 졸려 할 때면 재미있는 이야기로 깨우겠다고 내 개인적인 이야기를 많이 했고, 학생들은 나를 잘 안다고 생각하며 가깝게 여겼다. 그러나 수업을 바꾸면서는 내 이야기보다 학생들의 이야기를 더 많이 듣게 되어, 나는 학생들을 조금 더 아는 교사가 되면서 학생들과 가까워졌다. 무엇보다도 감사했던 것은, 이렇게 관계를 만들어왔기 때문인지 평가가 모두 끝난 학기 말 마지막 수업까지 학생들이 최선을 다해주었다는 사실이다.

그렇지만 교사의 관찰만으로 학생의 다양한 역량을 살피기엔 어려움이 있었다. 모둠 활동 시간 내내 돌아다닌다고 하지만 동시에 여러 일이 벌어지기 때문에 모든 것을 살필 수는 없었다. 그 점을 보완하고자 포트폴리오에도 모둠 활동 때마다 모둠 친구의 의견을 적거나 어떻게 기여했는지를 적게 했고, 학기 말에는 수업 평가서를 받아 모둠 친구들을 평가하게 했다. 학생들의 모둠 친구에 대한 평가가 내가 본 모습과 일치하는 경우도 많았지만, 그렇지 않은 경우도 있었다. 한 학생은 내가 모둠을 살필 때는 말을 많이 하지 않고 주로 웃고 있었고, 담임 선생님도 그 학생이 공부를 열심히 하지 않아 걱정이라고 말씀하셨다. 그런데 다른 3명의 모둠 친구는 다르게 평가했다.

"○○는 생각지 못한 부분에서 질문을 하고 그 질문으로 모둠 전체를 놀래게 만든 적이 많아요. 우리가 당연하다고 생각했던 것들이 왜 당연한 것인지 물을 때 모두 더 고민할 수 있었던 것 같아요."

"평소 ○○에 대해 그냥 웃긴 친구라고 생각했는데, 같은 모둠이 되면서 새로운 면을 많이 볼 수 있었어요. 저와 생각이 달라서 오히려 많이 배울 수 있었어요."

미처 내가 살피지 못한 학생의 장점이 궁금하여 다음 수업시간에 그 모둠에 가서 그 이야기를 나누었는데, 당사자인 학생은 칭찬에 매우 쑥스러워하며 어쩔 줄 몰라 했고 모둠 내 다른 친구들은 그 학생의 일상생활 모습과 진지하게 토론할 때의 자세가 다르다며 칭찬을 늘어놓

있다. 그냥 지나칠 수 없어서 친구들의 평가라는 점을 명시하며 교과
세부능력 및 특기사항에 기록으로 남겼다.

> 모둠 내에서 색다르고 깊이 있는 생각을 많이 제시하면서 모둠원들에
> 게 다양한 생각을 할 수 있는 기회를 제공하여 모둠원들로부터 많은 도
> 움을 받았다는 좋은 평가를 받음.

내 관찰을 토대로 학생들의 관찰과 평가를 덧붙여 교과세부능력 및
특기사항은 조금 더 풍성해졌고, 특히 모둠 내에서 어떤 역할을 했는
지 담아낼 수 있었다. 관찰을 모토로까지 삼았던 이유는 학생 개개인
에게 수업시간에 어떤 배움이 일어나는지, 학생들은 이 수업에서 어떻
게 하고 있는지를 살피고 기록해주기 위해서였다. 그러나 관찰하는 과
정에서 가장 크게 얻은 것은 학생들과의 원만한 신뢰 관계와 따뜻함이
었다. 그리고 오히려 그런 관계는 수업을 더 편안하게 이끌어갈 수 있
게 도와주는 중요한 촉매제 역할을 했다.

평가와 기록에 대한 부담감

교육과정 재구성과 수업, 평가와 기록 중 많은 사람이 결과적으로 들
여다보는 것은 평가와 기록이다. 특히 숫자로 일렬 세우기에 대한 신
뢰도가 높은 우리 사회에서는 5지 선다형의 문제를 잘 풀어 성적이 뛰
어난 학생들이 대학 입시에서 좋은 결과를 거두는 것에 매우 익숙해져

있다. 그런 이유로, 학교 내신 성적은 2주만 바짝 공부해도 얻어낼 수 있는 것으로 폄하하거나 일반고에서의 등급과 특목고에서의 등급을 비교한다. 그뿐 아니라, 수행평가에서도 교사의 평가에 공정성을 의심하는 경우도 있다.

숫자와 서열화가 입시를 결정짓고, 1점 때문에 등급이 달라질 수도 있는 상황에서 수행평가를 치르다 보니, 나도 모르게 점수의 이유를 표시하고 정리하는 습관이 생겼다. 광고나 논술, 답사보고서를 채점하면서 채점 기준을 근거로 하여 부족했던 점과 훌륭했던 점을 함께 점검하여 글로 작성했다. 특히 좋은 점수를 받은 학생들에게 동의를 구하여 그 학생들이 좋은 점수를 받은 이유를 함께 게시하거나 돌려볼 수 있도록 했다. 그뿐 아니라 포트폴리오에서도 글쓰기 부분은 특히 꼼꼼하게 읽어보고 잘한 학생들의 사례를 모두 기록해두었고, 빠뜨리거나 부족한 부분이 있다면 그 역시 모두 기록하여 학생들이 자신의 점수를 합당하다고 여길 수 있도록 했다.

꼼꼼하게 수행평가를 채점하고 수업시간에 학생들을 관찰하면서 알게 된 점은, 지필평가 점수로는 가늠할 수 없는 개별 학생들의 각기 다른 역량이 보인다는 것이었다. 논술평가에서는 역사적 사실을 근거로 하여 설득력 있는 글쓰기 능력과 비판적 사고력을, 광고 수행평가에서는 같은 사실이라도 다르게 인식하고 자유롭게 표현하는 창의성을 엿볼 수 있었다. 포트폴리오에 적혀 있는 학생들의 사고 과정과 감정의 변화 등을 통해 협력과정을 엿볼 수 있었고, 역사적 사실에 대한 공감 능력도 엿볼 수 있었다.

이러한 수업과 평가 과정에서 과연 지필평가의 성적은 그 학생의 역량을 얼마나 보여주는지 강한 의문을 갖게 되었다. 물론, 지필평가의 성적은 기본적으로 그 학생의 성실함과 교과 지식에 대한 이해도를 보여준다고 할 수 있다. 그렇지만 사실, 꼭 그렇지만은 않기도 하다. 국어, 영어, 수학 등 주요 과목에 비해서는 학원에서 개설되기도 어려운 과목이라고 하지만, 한국사 같은 경우는 TV 출연도 자주 하는 유명 강사들이 무료로 강의를 제공하기 때문에 원한다면 어렵지 않게 혼자서도 인터넷 강의를 들으며 좋은 성적을 거둘 수도 있다.

이런 생각에 이르게 되면서, 나는 학생들에게 어떤 역사 수업을 경험하게 해주고 싶은지를 다시 고민했다. 인공지능의 발달이라는 새로운 변화 속에서 학교는 어떤 역할을 해야 하는지, 어떤 공간이 될 것인지에 대한 연구에 자문위원으로 한 차례 회의에 참여하게 되었다. 그때 한 초등학교 교장 선생님께서는 이렇게 말씀하셨다.

"중고등학교 교사는 가까운 미래에 사라질 거예요. 그렇게 애들 쉴 새 없이 가르치고만 있고, 삶과 연결되지 않는 지식이 무슨 의미가 있겠어. 인터넷 검색만 해도 쏟아지는 것이 지식인데~"

정말 그럴까? 초등은 교과 간 융합을 통해 삶을 가르치는데, 교과 간 장벽이 높은 중등에서는 그렇지 못한 것일까? 중고등학교에서는 지식 위주의 교육이 이루어지고, 그것은 바람직하지 못한 것일까?

수업으로 더 의미 있게 만난 한 학생의 이야기를 해보고자 한다. 이 학생은 토론 활동에 매우 적극적이었다. 수업시간에 모둠 토론을 주도하며 자신이 알고 있는 부분을 상세하게 친구들에게 설명해주기도 하고, 자신의 주장도 명확하게 내세우는 학생이었다. 2학기에 '식민지 근대화론'에 대한 토론 수업을 계획하고 준비하는데, 일본의 논리에 가까운 식민지 근대화론에 찬성할 학생이 많지 않을 것이라는 생각이 들었다. 그래서 학생들에게 양해를 구하고 학급의 절반을 나누어 한쪽은 식민지 근대화론을 지지하는 입장으로, 한쪽은 식민지 근대화론을 반대하는 입장으로 토론을 준비하게 했다. 전반적으로 식민지 근대화론 지지하는 입장에서도 나올 법한 이야기가 나와주고, 식민지 수탈론을 지지하는 입장에서도 근대화론을 비판하는 논조가 언급되었다. 그 학생은 식민지 근대화론을 지지하는 입장에서 발표를 해야만 했는데, 그날 토론에서도 근대화론을 진심으로 지지하는 학생처럼 느껴질 정도로 열의를 갖고 수업에 임했다.

그런데 이 학생의 토론 후 포트폴리오에서 확인한 활동지의 내용에서 가장 눈에 띈 것은 '우리 반의 토론 준비가 전반적으로 미흡했다'였다. 그 이유는 식민지 근대화론이나 수탈론 모두 기본적으로 '근대화'에 대해 긍정적인 인식을 바탕으로 하는데, 그것에 대해서 논의하지 않았다는 것이다. 이 학생은 두 달 전쯤, 근현대사가 처음 시작될 때 '근대'는 어떻게 생겨났는지에 대한 생각을 나누었던 시간을 떠올린 것이다. 근대 사회가 철저하게 자본과 자본가들을 위한 사회였다고 결론을 내렸던 이 학생에게 더군다나 '식민지 근대화론'은 받아들이기 힘든 의견이었을 것이다.

다음은 '식민지 근대화론'에 대한 토론 수업에서 내가 던진 마지막 질문과 이 학생의 답안이다. 자신이 살고 있는 사회에서 일어난 정치적 사건과 수업을 연결하여 진지하게 고민하고 자신의 심정까지 솔직하게 토로하고 있다.

7. 겉으로 드러난 경제적 지표의 결과물을 위해서라면 도덕성이나 과정의 정당성이 필요하지 않거나 덜 중요하다고 여기는 사회는 어떤 사회가 될지 생각해보고, 자신의 생각을 정리해보고, 친구들과도 이야기 나눠봅시다.

도덕성이나 과정의 정당성이 하찮게 여겨지는 것이 만연해 진다면 그 사회의 미래는 갈수록 침체될 것이다. 시간이 지날수록 그 사회 구성원들은 순수하게 자신이 지켜내고 노력한 결과물이 물거품이 되거나 자신의 권리가 위협당한다는 사실을 깨달을 것이다. 그중 누군가는 사회를 변화시키고자 하고, 누군가는 다른 사회로 옮겨갈지도 모른다. 덧붙여 기득권층에서 나온 인재가 아닌 대다수의 인재는 그 사회를 떠나가거나 능력이 빛을 발하지 못할 것이며, 기득권층은 그 자리를 붙들면서 부도덕적인 만행을 쉬이 저지르고도 남을 것이다. 그로 인한 타격은 고스란히 사회 전체가 떠안을 것이고, 이것이 반복되면서 사회를 썩을 것이다. 쓰고 나니까 남 얘기 같지 않은 것이 더 슬프다.

이렇게 수업과 수업을, 수업과 현재 살아가는 사회를 연결하며 자신의 사고 과정을 논리적으로 명확하게 표현해내는 학생이 솔직히 많지는 않다. 그렇지만 고등학교에서 이루어지는 단독 교과 수업에서도 지식적 측면을 활용하여 개인의 삶, 혹은 공동체나 국가까지도 연결할 수 있고, 의미 있는 배움과 성장이 가능하다고 생각한다. 이 학생의 고민과 생각은 토론 수업을 통해 성장해 나갔고, 또 이 학생 덕분에 모둠 친구들과 학급 친구들은 더 깊이 있는 고민과 생각을 공유하며 성장할 수 있었다.

이런 수업은 인터넷 강의로는 할 수 없는, 학생들이 살아 움직이는 교실 수업에서만 가능한 것이 아닐까? 그리고 이러한 토론과 생각의 깊이를 더했던 경험으로 키워진 비판적 사고력은 실제 학생들의 삶에 영향을 주지 않을까? 내가 바라는 나의 교실 수업은, 학생들이 역사적 지식을 토대로 어제와 오늘을 알고, 자신의 생각을 자유롭게 이야기 나눌 수 있으며, 다양한 생각과 가치관을 공유하고 표현하며 성장할 수 있는, 성찰과 배움이 있는 역사 수업이다.

다시, 평가와 기록으로 돌아가 생각해본다. 수업 속에서, 혹은 수행 평가 과정에서 엿보았던 학생들의 다양한 역량은 지필평가 성적만큼 객관적이지 않고 중요하지 않은 것일까? 일 년의 네 차례, 50분의 시험 시간, 5지 선다형 문제, 정답을 요구하는 서술형 문제와 일주일에 3시간씩 적어도 10개월은 이어지는 교실 수업에서 일관성 있는, 혹은 성장하는 학생의 태도와 역량 중 어느 것이 더 진정한 학생의 모습을 보여줄까? 더 나아가, 지필평가 문제를 잘 풀어 좋은 성적을 거두는 학생들이 새로운 미래 시대에 적합한 인재라고 말할 수 있을까? 숫자와 서열화가 가진 객관성이라는 블랙홀에서 조금만 벗어난다면, 우리는 더 많은 학생의 능력을 알아주고 북돋아 줄 수 있을지도 모른다.

나에게 일체화란 무엇인가?

교실 붕괴라는 말이 회자된 지 벌써 20년이 되어 가고 있다. 무너졌다는 그 교실에서 살아가면서 다행스럽게도 내 이야기를 잘 들어주는 학생을 많이 만났고, 복직하면서는 내가 원하는 교실을 만들어가기 위해 제안하고 자료를 제시했을 때 내 예상을 뛰어넘을 정도로 능력을 펼쳐 보이는 학생들과 함께 수업을 만들어오며 많은 것을 배웠다. 성적이 우수한 학교는 아니었지만, 순수하고 긍정적인 학생들과 수업을 만들어간 것은 분명하다.

교사는 수업에서 막강한 영향력을 끼치기도 하지만, 사실은 학생들의 반응에 따라 자존감을 지키기도 하고 무너지기도 하는 등 영향을 더 많이 받는 존재이다. 수업을 바꾼 내 교실에도 경험하지 못한 새로운 수업방식에 반발심이 강한 학생들도 있고, 일 년 동안 수업을 진행했음에도 불구하고 자신의 낮은 지필평가 성적의 이유가 강의를 많이 하지 않은 교사에게 있다고 생각하는 학생도 있었다.

그렇지만 수업에 대한 고민에서 시작한 일체화의 노력은 나와 내 교실을, 그리고 가장 중요한 학생들을 성장시키는 데 집중할 수 있도록 해주었다. 물론, 교과협의부터 수업 동영상과 활동지 제작 등 그 누구도 시키지 않았지만 혼자서 짊어져야 하는 짐이 무겁기도 했다. 그렇지만 수업시간에 생동감 있게 살아 있는 학생들의 모습, 학생들의 다채로운 역량을 발견했을 때의 기쁨, 학생들과 조금 더 깊이 있는 교감을 통해 얻은 행복, 그 만족감은 나를 강의'만' 주로 하던 예전의 모습으로 돌아가지 않게 해주었다.

일체화는 사실 어려운 것이 아니다. 수업에서 학생들에게 다양한 능력을 펼칠 기회를 제공하고, 그 모습을 평가하며 관찰하고, 기록하는 것인데 그간 우리가 교사 주도의 강의식 수업에 익숙해져 있어 학생을 관찰하고 기록할 시간이 없었을 뿐이다. 교사에게 가장 중요한 것이 무엇일까? 당연히 수업일 것이다. 학교는 교사에게 수업에 집중할 시간과 여유를 제공해야 하고, 교사는 수업을 통해 학생의 성장을 도와야 한다. 그리고 평가에 대한 유연한 사고를 갖고 줄 세우기가 아닌 성장을 돕기 위한 평가로의 전환이 필요하다. 물론, 고등학교의 평가가 대입과 관련되고 여전히 대입은 사회 전체의 관심사이기 때문에 쉽지 않을 것이다.

평가가 갖고 있는 매력은 학생들의 역량이 총동원된다는 점이다. 수업과 연결되어 자연스러운 평가가 이루어지고, 그 평가가 학생의 교과 이해도를 높일 뿐만 아니라 흥미까지도 유발할 수 있다면 지필평가보다 훨씬 의미 있다고 생각한다. 수업과 평가에서 만난 학생들의 모습을 있는 그대로, 교사가 평가한 대로 객관적으로 적어준다면 학생에게는 학교생활 대부분의 시간을 보낸 교실 수업에 대한 기억 저장고와 같은 역할을 할 수 있을 것이다.

앞에서 말했지만, 처음 만났던 일체화 동아리의 진짜 명칭은 '교육과정-수업-평가(기록)의 일체화를 통한 학교 문화 바꾸기'였다. 일체화를 통해 어떤 방법을 찾아내고, 기록을 잘 해내고, 그래서 내가 가르치는 학생이 대학 입시를 성공적으로 치르게 하는 것이 목적이 아니다. 고등학교의 존재 목적은 대입이 아니고, 수업의 본질은 성적 향상이 아니기에, 수업에서 진짜 추구해야 할 것은 무엇인지, 고등학교에서 어떠한 교육을 제공해야 하는지, 철저하게 학생의 성장을 중심에 둔 본질로 돌아가자는 움직임이다.

작은 움직임에서 시작했지만, 어느새 크게 확장된 일체화에 대한 논의가 또 하나의 귀찮은 업무가 아니라 교실 수업에서 수업을 살려나가고자 애쓰시는 많은 선생님께 도움이 되길 바란다.

8장

문학

고은정, 늘푸른고등학교

수업 고민, 협력이 만드는 '꽃'

"『최척전』은 임진왜란, 정유재란, 나중에 후금과 명나라 전쟁까지 나와요. 공간도 조선을 넘어 일본, 중국, 안남까지 완전 해외 로케이션인데, 이런 방대한 이야기 어떻게 풀어야 할지 모르겠어요."

"성취기준이 뭐예요?"

"'다양한 맥락에 대한 이해를 바탕으로 작품을 감상할 수 있다'예요. 단원은 '다양한 맥락을 고려한 작품 수용과 평가'이고요."

"지금까지는 어떻게 했어요?"

"전에는 이동 경로를 그린 지도가 있거든요, 함께 보면서 EBS 강사처럼 했죠.(웃음)"

"(웃음) 혼자서 열심히!"

"그런데 지필고사를 준비하는 아이들을 보면 빼곡하게 자습서를 옮겨놓고 외우는 거예요. 그렇게 해결할 수 있는 문제는 없는데, 평가 문항은 사고력이나 종합적 사고를 요구하는 수능형으로 출제하면서 수업은 여전히 지식전달에 머물렀다는 생각이 들었어요. 혼자 잘난 척하느라 아이들 관찰도 못 했고, 결국 과목별 세부능력 및 특기사항에 적어줄 얘기도 없더라고요."

교직의 대부분을 고3만 담당해서인지 새로운 교수학습 방법을 모색하고 논의하는 것이 어색하고, 귀찮고, 때로는 부끄러웠다. 하지만 아이들은 새로운 세대였다. 빙고 게임을 변형한 모둠별 단어 설명하기, 표현방법을 조건으로 제시한 창작하기, 상호텍스트 작품 찾아 발표하기 등 창의적인 수업에서 아이들은 저마다의 빛깔을 마음껏 뿜어냈다. 아이들은 분명 새로운 시대를 열어나갈 터인데, 나 혼자만 과거의 지식을 오만하게 과시하고 있다는 생각이 들었을 때, 참 혼란스러웠다.

하지만 교실이 학생과 교사가 관계를 맺고 만남을 이어나가면서 서로의 '꽃'이 되는 공간이라면 한번 해보자는 생각이 들었다. 다행히 올해는 수석 선생님이 본교에 처음으로 부임하셨고, 그것도 내 앞에 앉아 계시고, 같은 학년을 맡은 분들도 자주 수업 고민을 나눠주셔서 함께 새로운 수업을 설계하고, 공유할 수 있어 행복하다.

분명, 아직은 부족함 그 자체다. 그래도 평가계획을 수립하는 과정에서 돈독해진 동학년, 동교과 선생님들과 머리를 맞대면 요술 램프를 문지른 것도 아닌데 좋은 수업모형이 뚝딱 나오는 쾌감은 참으로 짜릿하다. 물론 수업모형을 실현하는 데는 아직 저마다 차이가 있고, 아이들의 성향이나 깜냥에 따라 서로 다른 결과를 만들기도 한다. 그리고 행정업무를 처리하느라 관찰한 내용을 정리하고 칭찬 도장을 찍어주는 시간을 확보하지 못하기도 한다.

'옆구리를 쿡쿡 찌르는'이라는 뜻의 'Nudge'라는 영어 단어를 자주 생각한다. 아이들에게 고민거리를 던져주고, 해결하는 모습을 관찰하면서 슬쩍 쿡쿡 찔러주다 보면 아이들은 생각한 것보다 더 큰 역량을 발휘한다. 스스로 새로운 질문을 제시하고 그것을 해결하기 위해 서로 토의하며 성장하는 모습을 지켜보는 기쁨은 선운사 동백을 5년 만에 목격했던 순간보다 설렌다. 이 봄도 꽃 피는 찰나를 기다린다.

무엇을 가르칠 것인가?

교육과정 분석

'문학' 과목의 목적은 '작품의 수용과 생산 활동을 중심으로 창의적 · 심미적 · 성찰적으로 사고하고 소통하는 능력을 기르고 문학을 통해 인간과 세계를 총체적으로 이해하고 공동체의 문화 발전에 기여하는 태도를 기르는 데' 있다.(『국어과 교육과정』, 교육부, 2016. 122면)

하지만 오늘날의 '문학' 수업은 낱낱이 분해하고 분절마다 의미를 새기는 구조주의의 기계적 암기와 반복적 문제풀이로 변질되어 본래의 목적을 수행하지 못하는 경우가 빈번하다. 이러한 작금의 현실이 성장보다 선별에 초점을 둔 대입제도에 기인한다는 주장을 반박하기는 어렵다. 또한 학교생활기록부에 기록되는 학생의 진로역량은 진학을 위한 단편적 사실에 지나지 않아 학생부 중심의 대입선발 제도에 대한 사회적 불신까지 초래하고 있다. 이러한 현실에서 교사는 『방망이 깎던 노인(윤오영)』의 '구증구포(九蒸九曝)'라는 말에 담긴 철학처럼 '신용'을 회복하기 위해 노력해야 한다는 생각에 도달했다.

그렇다면 고등학교 '문학' 수업이 대입으로 가는 통과의례를 감당하면서 '문학' 과목의 본래 목적을 달성하는 방안은 없을까? 이런 생각을 하면서 학생의 삶과 진로 고민을 수업에 연계하여 배움의 주인 되는 경험을 제공하고, 학생들의 작은 경험들이 세상의 주인으로 성장하는 토대가 되도록 교육과정 재구성을 시도했다. 고등학교 『진로와 직업』(박기출 외 4인, 동화사)과 『문학』(미래엔) 교과서를 연계하고, 『학교진로교육프로그램(SC⁺EP) 창의적 진로개발』(교육과학기술부, 2012)을 활용하여 진로문학통합교육과정을 설계하고, 성장중심 평가를 도입했다.

학교환경 및 학생의 요구 반영

학생을 둘러싼 학교환경은 학생들에겐 가장 익숙한 것들이다. 또한 지금의 학생을 있게 한 요소들일 수도 있다. 따라서 학교환경을 분석함으로써 수업의 장애물이나 개선 방향을 설계할 수 있다. 지금 근무하는 학교의 경우에는 최고 학력의 학부모들이 강점이자 약점이다. 학부모의 역량을 수업에 접목한다면 학생들은 더욱 다양한 인프라 속에서 교육활동을 누릴 수 있겠지만, 부모세대의 대학 타이틀은 학생들에게 무언의 압력이 되고 있다. 따라서 단지 학벌이 아닌 진로를 위한 소통의 기회를 확대하는 것이 중요하다고 판단되었다.

"우리는 아이들에게 미래의 주인으로서의 의무는 강요하지만, 오늘의 주인으로서 누릴 권리는 무시하는 경우가 많습니다"라는 야누스 코르착(Janusz Korczak)의 말은 학교 현장에 많은 과제를 던진다. 학생자

• 학생의 삶과 연계된 진로교육에 대한 필요성과 인식의 확산
• 학생중심 교육과정 운영에 대한 인식 공유 및 환경 구축

• 개개인의 진로 요구를 수용하지 못하는 행사 위주의 진로교육
• 사회적 가치보다 사회적 평판에 중요성을 두고 있는 진로선택

S W
O T

• 학생부종합전형의 확대로 인한 수업내실화 요구 증대
• 진로연계 교육활동 지원을 위한 마을교육공동체의 인식 확산

• 입시 중심 부모의 교육관 및 강의식 수업 분위기 만연
• 새 교육 패러다임과 기존 교육관 간의 가치 갈등 잔존

수업과 연계된 진로교육

• 학생의 진로역량 강화를 위한 진로와 교과 연계 수업 설계
• 실생활 연계 수업으로 사회 구성원으로서 사회에 기여하는 진로설계 및 사회적 책무성을 내면화 하는 수업 운영
• 더불어 사는 사회구성원으로서의 진로디자인을 내실화하는 과정중심 평가, 학생의 진로성장을 돕는 평가 운영

치나 학생인권 측면에서는 말할 것도 없겠지만, 정작 가장 많은 시간을 보내는 수업에서 학생들이 주인 되는 경험은 어떻게 제공해야 할까⋯⋯. 고민과 고민 속에서 수업설계부터 학생들을 주인으로 모셨다. 다음과 같이 설문과 토의를 통해 학생들의 의견을 듣고 학생들이 원하는 수업으로 설계를 진행했다.

〔N=80〕

Q. 학교에서의 일과 중 가장 의미를 두는 시간은?(복수 선택 가능)

① 교과 수업시간(42명)

② 동아리 활동(7명)

③ 방과후 교육 활동(1명)

④ 친구들과의 추억 만들기(51명)

⑤ 선생님들과의 관계 및 인성 기르기(21명)

⑥ 학교시설 활용 체력 증진(11명)

⑦ 기타(쉬는 시간, 점심)(9명)

Q. 수업시간이 진로에 대한 고민과 연결되어 있는가?

① 전혀 그렇지 않다(6%)

② 그렇지 않다(19%)

③ 보통이다(70%)

④ 그렇다(5%)

Q. 수업계획에 학생의 선택이나 의견이 반영되어 있는가?

① 전혀 그렇지 않다(8%)

② 그렇지 않다(39%)

③ 보통이다(49%)

④ 그렇다(5%)

Q. 수업시간에 반영되었으면 하는 것은?(복수 선택 가능)

① 기타(심화교육)(5명)

② 학생이 참여하고 주인 되는 수업 운영(42명)

③ 학교와 가정의 연계 교육 활동(12명)

④ 진로 및 진학지도(33명)

⑤ 생활지도 및 인성 교육(11명)

이 결과를 보면, 학생들은 주로 '친구들과의 추억 만들기'를 위해 수업에 참여하며, 진로고민이 수업을 통해 보완되지 않는 것으로 나타났다. 또한 학생이 참여하고 주인 되는 수업으로 진로가 병행되길 희망하고 있다. 따라서 협력과제 수행의 기회를 통해 또 다른 추억 만들기를 제공하고, 진로교육활동과 수업을 연계하여 제시하기로 했다.

왜 가르치는가?

수업의 주제(역량) 및 방향

학교활동 중 가장 많은 시간을 할애하는 교과수업을 진로와 연계하면 학생들이 좀 더 자주, 좀 더 깊이 있게 진로에 대해 고민할 수 있지 않을까 하는 생각이 들었다. 또한 진로 교과서를 연계하여 단계별로 학생들의 진로역량 성장을 지원하면 좋지 않을까 하는 구상에까지 이르게 되었다. 뿐만 아니라 그러한 진로성장이 바람직한 민주시민으로 성장하는 가치관을 포함한다면 더 좋지 않을까 하는 욕심까지 생기고 말았다. '문학' 과목이 추구하는 역량들은 민주시민으로 성장하기 데 필요한 요소들이라는 생각까지 들었다. 이러한 고민 속에서 진로를 주제로 한 나름의 수업방향을 설정하게 되었다.

1) 학생과 함께 설계하는 문학진로통합 교육과정 운영으로 지속적인 진로성장과 긍정적인 자아존중감 회복하기

2) 학생의 삶과 연계된 수업혁신으로 사회 구성원으로서의 역할과 사회적 책임감을 나누는 진로 탐색 활성화

3) 학생 개개인의 진로과제 수행을 나눔으로써 진로 계획을 재점검하는 자기평가를 통한 진로디자인 내실화

재구성을 통한 조망도 설계(문학진로통합 SEE 프로그램)

'SEE 프로그램'은 학생들이 세상을 보는 새로운 시선으로 사회적 책무성을 내면화할 수 있도록 고안한 문학진로통합 수업모형이다. 앞에서 설정한 수업방향에 맞추어 수업 실천과제로 각각 Structure(긍정적 자아존중감 기초 세우기), Exploration(진로 탐색 활성화하기), Evaluation(자기평가를 통한 진로디자인)을 의미한다. 프로그램의 세부 내용은 다음과 같다.

① Structure(긍정적 자아존중감 기초 세우기)

수업 소주제	진로 역량	활동주제	수업 제재	진로교육활동	운영	
					월	주
만남	자아 이해	• 자신의 꿈 표현하기	• 봄(이성부)	• 비유적 표현으로 자기이해 하기	3	1
		• 진로마인드맵	• 별 헤는 밤(윤동주)	• 진로마인드맵(지금 & 내일)	3	1
관계 맺기	대인 관계	• 수업설계 설문조사	• 해(박두진)	• 우리가 희망하는 문학진로 통합 수업	3	2
		• 설문결과 분석	• 해바라기의 비명 (함형수)	• 진로 열정 세우기	3	2
수업 대화	의사 소통	• 수업 협의회	• 원고지(이근삼)	• 꿈을 찾는 문학진로 통합수 업 설계하기	3	3
		• 수업설계 및 보완	• 사평역(임철우)	• 협력과제 선정 및 팀 구성	3	3

② Exploration(진로 탐색 활성화하기)

수업 소주제	진로 역량	활동주제	수업 제재	진로교육활동	운영	
					월	주
시선	변화 하는 직업 세계	• 새로운 시선으로 세상보기	• 꽃덤불(신석정) • 성에꽃(최두석)	• 새로운 시선으로 세상 포착하여 작품 감상하기	4	1
		• 진로멘토 찾기	• 머슴 대길이(고은) • 여우난 골족(백석)	• 나만의 진로멘토 소개하기 • 소중한 친구직업 추천하기	4	2
공감	건강한 직업 의식	• 사회적 역할 찾기	• 엄마를 부탁해 (신경숙)	• 작품감상을 통해 사회적 역할 찾기	4	3
		• 가치 세우기	• 태평천하(채만식) • 납작납작-박수근 화법(김해순)	• 가치토론하며 직업윤리 정립하기	5	2
성장	교육 기회 탐색	• 가치 나누기	• 메일꽃 필 무렵 (이효석) • 최척전(조위한)	• 경청과 배려 • 다문화 사회의 존중과 협력	5	3
		• 상호성장 기록	• 묵화(김종삼) • 통곡할 만한 자리 (박지원)	• 서로 다른 입장 존중하기 • 친구에게 희망의 엽서쓰기	5	4

③ Evaluation(자기평가를 통한 진로디자인)

수업 소주제	진로 역량	활동주제	수업 제재	진로교육활동	운영	
					월	주
도전	직업 정보 탐색	• 진로고민 나눔	• 진로와 연계하여 도서선정 • 선정도서 서평쓰기	• 표어(or 광고문구) 만들기 • 진로고민 나누기	6	1
		• 진로성장 기록	• 진로 독서 감상문 작성 • 진로도서의 내면화	• 진로계획 및 다짐 세우기 • 독서 후 활동 기록하기	6	2
설계	진로 의사 결정 능력	• 진로설계 기사문 작성	• 진로인터뷰 질문 만들기 • 기사문 작성하기	• 인터뷰 대상자 소개 및 선정 이유 • 잠정적인 진로의사결정 점검	6	3
		• 발표 및 나눔	• 진로인터뷰의 깨달음 발표 • 상호 질의 및 응답	• 자신의 미래상을 그려보기 • 진로장벽 협력하여 해결하기	6	4
도약	진로 설계 준비	• 역량 펼치기	• 상호평가 및 질의 • 평가문항 출제	• 자기주도적 수업운영 • 삶과 연계된 평가문항 출제	7	1
		• 진로성장 재설계	• 과정중심 평가 누가 기록 • 학교생활기록부 기록	• 진로계획 재점검 및 보완 • 자기관리능력을 통한 개선 모색	7	2,3

어떻게 가르칠 것인가?

평가계획

수업의 큰 틀은 평가계획으로 정리할 수 있다. 욕심은 수행평가의 비율을 70% 정도로 확보하여 학생들에게 보다 다양한 경험을 지원하고 지필평가의 부담을 줄여주고 싶었지만, 교육적 환경의 제약으로 40%로 만족해야 했다. 40%라는 수행평가의 범위 내에서 프로젝트 보고서 쓰기를 과정중심평가로 설계하고, 진로성장의 점진적 발전을 이룰 수 있도록 진로독서와 진로인터뷰를 연계했다. 큰 틀은 정하되 세부 내용은 학생들의 의견을 반영하여 채웠다. 프로젝트팀 구성과 탐구할 수업 제재 등은 학생들 스스로 선택하게 하고, 진로독서와 진로인터뷰에 관한 얼개를 학기 초에 일정 및 방법을 자세히 설명하여 학생들 스스로

평가종류 (반영비율)	지필평가(60%)				수행평가(40%)			
만 점	1차 지필(100점) (환산점수 30점)		2차 지필(100점) (환산점수 30점)		프로젝트 보고서쓰기 (15점)	진로독서 감상문 (10점)	진로인터뷰 기사작성 (10점)	문학 포트폴리오 (5점)
평가유형	선택형	서술형	선택형	서술형	논술형	논술형	논술형	
배 점	90점	10점	90점	10점	15점	10점	10점	5점
반영비율	27%	3%	27%	3%	15%	10%	10%	5%
평가시기	4월 5주		7월 2주		상시	5월	6월	상시
성취기준	[12문학02–01] ~ [12문학03–06]				[12문학01–01]	[12문학02–06]	[12문학04–02]	[12문학04–01]
서술형 · 논술형 반영비율	1) 서술형 반영비율: 6% 2) 논술형 반영비율: 35% – 수행평가(프로젝트 보고서 쓰기, 진로인터뷰 기사 작성, 진로독서 감상문)에서 35%(35점)							

도서를 선택하고 인터뷰 대상을 섭외할 수 있도록 운영했다. 수행평가 항목들이 낱낱의 별개가 아니라 꼬리에 꼬리를 무는 문제 상황들에 대해 학생들 스스로 해결책을 모색하는 진로 탐색의 연속체가 되길 소망했다.

수업사례

(1) 프로젝트 보고서 쓰기: 작품을 삶으로 확장하여 실천적 능력 함양

운영	방법	점수 부여(15점)
• 2인 1모둠 • 작품 연계, 모둠별 발표 • 과정중심평가	① 발표내용 스케치 점검 ② 수업 관련 작품의 창의적 해석 및 감상 나누기 [①+②+(③)의 발표는 수업시간에 진행] ① 자신의 삶과 연계하여 창의적으로 작품해석하기 ② 연계된 기사 및 뉴스 동영상 찾아 감상 확장하기 ③ 감상 나누며 상호토의하기(상호평가지 작성) ③ 발표내용을 정리하여 보고서 제출하기	10점(모둠)+5점(개인) • 작품의 창의적인 해석력 • 논리적 적합성 • 내용의 충실성 • 자기주장의 명료성 ※ 자습서 해설을 그대로 담을 경우 0점 처리

문학 작품의 감상을 신문기사나 사회적 사건에 적용하여 확장해보자는 프로젝트형 수업은 이런 고민 속에 만들어졌다. 국어과에는 '상호텍스트성'이라는 작품 감상이 있다. 시대나 작가, 주제 등의 기준으로 공통분모를 찾아 감상을 연결짓는 방법이다. 첫해에는 이런 방법으로 프로젝트 수업을 했다. 하지만 아이들은 교사의 생각 위에서 날고 있었다. 자습서의 '더 읽을거리'에서 쉽게 탐구를 해결하는 모습을 보면서 교과서 밖에서 '상호텍스트'를 찾아보자는 생각이 들었다.

먼저 짝모둠이 선택한 작품을 감상하고 하나의 초점을 잡는다. 하나의 초점과 공통분모를 이룰 수 있는 실생활 속 뉴스나 신문기사와 연계하여 새로운 관점으로 문학작품을 해석하고 심화 과정으로 해결방안을 제시하며 패러디 작품을 창작한다. 이 일련의 과정을 발표하고 친구들과 나누는 것이 수업시간에 진행된다. 어찌 보면 발표를 준비한다는 측면에서 '과제제시형' 수행평가라는 생각을 떨쳐내기 어려웠다. 그래서 단계마다 점검을 하고 발표가 끝나면 잘한 점과 보완할 점, 다시 좋았던 점을 질문하고 답하면서 생각을 정리할 수 있도록 도왔다. 보고서에는 질의응답에서 이루어진 내용까지 담게 함으로써 과정중심 평가를 운영하고자 노력했다.

① 작품 감상을 통한 실생활 연계 초점 포착하기: 탐구활동 설계 검토하기

(수업 전)

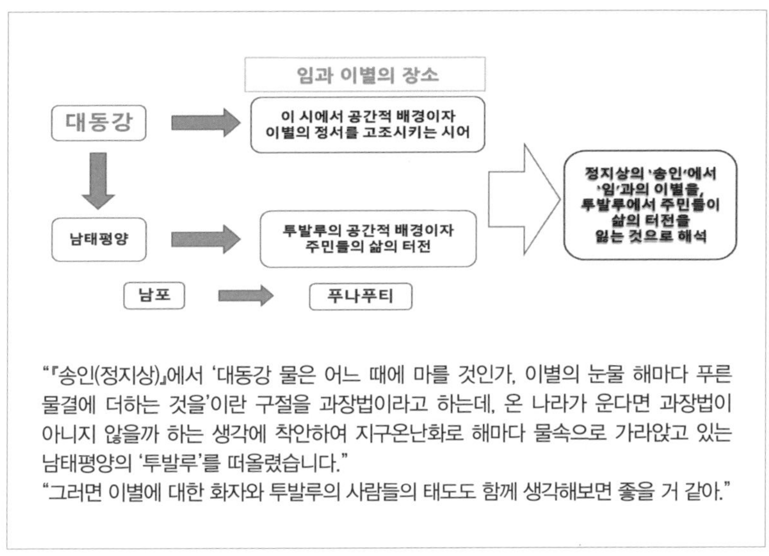

"「송인(정지상)」에서 '대동강 물은 어느 때에 마를 것인가, 이별의 눈물 해마다 푸른 물결에 더하는 것을'이란 구절을 과장법이라고 하는데, 온 나라가 운다면 과장법이 아니지 않을까 하는 생각에 착안하여 지구온난화로 해마다 물속으로 가라앉고 있는 남태평양의 '투발루'를 떠올렸습니다."
"그러면 이별에 대한 화자와 투발루의 사람들의 태도도 함께 생각해보면 좋을 거 같아."

② 교과서 밖 상호텍스트 찾아 감상 확장하기: 탐구활동 나누기(수업 중)

기사 및 뉴스 연계하여 발표하기

해수면이 높아지면서 바다 속으로 사라지게 될 운명에 놓인 나라 투발루. 지구온난화가 낳은 재앙의 상징으로 남태평양 적도 부근의 작은 섬나라다. 온난화를 막기 위한 투발루 국민의 노력은 눈물겹다. 이산화탄소를 줄이기 위해 자동차나 오토바이 이용은 자제한다. 돼지우리에서 발생하는 메탄가스마저 줄이려 돼지 분뇨를 가정용 연료로 전환하는 사업을 진행 중이다.(중앙일보 2007.09.07)

지구온난화 때문에 해수면이 상승하는데
푸나푸티를 떠나며 우는 소리 커지네.
남태평양 해수면은 언제 낮아질 것인가?
날마다 흘린 눈물로 푸나푸티는 잠겨가네.

패러디 작품 창작하기

"투발루 기후난민들은 '송인'의 화자처럼 눈물을 흘리며 고향을 떠나 인근 국가로 이민갈 수밖에 없었어요. 하지만 지구온난화를 막기 위한 다른 실천방안은 없을까요? 속수무책으로 이별을 맞이하기보다는 이별을 막을 수 있는 능동적인 대안을 함께 나누고 싶습니다."
"토의 안건으로 제안하는 거지? 그러면 이 안건에 대해 함께 의견을 나누어 볼까?"
"토론을 마무리하며 저희가 창작한 패러디 작품을 함께 감상하고 싶습니다. 우리가 나눈 실천방안들을 모두 잘 실천해서 우리는 투발루 난민들처럼 대한민국을 떠나는 일이 없으면 좋겠습니다."

③ 상호평가를 반영한 프로젝트 보고서 제출(수업 후)

① 상호평가지 작성
- '과장법'은 작품에서 개인의 슬픔을 증폭시키는 요소라고 생각했는데, 새로운 각도로 이야기를 끌어내다니 대단하다~!!
- 문학시간에 환경문제를 이야기하게 될 줄은 몰랐는데 세상은 결국 다양한 사건들이 이렇게 저렇게 연결되어 있는 거 같아.
- 신문기사가 새로운 창작물이 된 거잖아. 결국 문학이란 다양한 삶들이 글 속에 담기는 것 같아.

② 보고서 작성(발췌)

선생님께서 이 활동을 통해 무엇을 배웠는지 질문하셨을 때, 제대로 대답을 하지 못해서 친구와 생각해 보았다. 우리의 프로젝트 탐구활동을 통해 가장 크게 얻은 것은 정지상의 '송인'이라는 작품이 고려시대에 머물지 않고 현재의 문제 상황도 고민해 볼 수 있었다는 것이다. 문학작품은 한 시대의 대표이면서 시대를 뛰어넘어 존재하는 것 같다. 또한 '눈물'의 의미가 개인적인 측면뿐만 아니라 모두의 공감일 수도 있다는 것을 깨달았다. 그리고 예측 가능한 상황 속에서 '눈물'을 흘리게 될 미래를 막기 위한 능동적인 실천의 중요성도 알게 되었다.

기록 예시 1

작품을 삶으로 확장하는 프로젝트 탐구활동에서 '송인(정지상)'을 선택하여 개인의 눈물로 대동강이 마르지 않는 것이 과장법이라면 과장법이 아닌 상황을 찾아보자는 탐구활동으로 남태평양의 투발루를 소개하며 지구온난화라는 문제 상황을 해결하기 위한 실천방안으로 모색하고 탐구활동의 감상을 패러디 작품창작을 통해 정리함. 작품을 교과서 밖의 텍스트와 논리적으로 연계하여 창의적이고 비판적인 역량을 발휘하며 감상을 확장하였고, 대안을 모색하는 토의를 유연한 태도로 수렴하고 체계적으로 정리하여 실천방안을 제시하는 리더십이 돋보임.

(2) 진로독서 감상문:

진로설계에 필요한 자료 및 정보를 선별하고 활용하는 역량

다른 학교 자기소개서 컨설팅에서 중학교 때까지 '외줄 타기'를 했던 한 학생이 관련 활동을 자기소개서에 기재할 수 있는지 물어왔다. 대학교육협의회 자기소개서 항목들은 '고등학교 재학 중'이라는 단서가

운영	방법	점수 부여(10점)
• 개인과제 • 단계별 평가 (5월 2주)	1 진로 결정 및 준비에 영향을 준 도서 선택하기 2 관련 도서의 서평을 작성하고, (10자 이내 표어 만들기 포함, 서평 5줄 작성) 3 선택 도서를 통한 자신의 진로비전 펼치기 4 진로도서 감상 나누기(상호평가)	• 책 소개 표어 2점 • 서평작성 3점 • 진로비전을 담은 감상문 5점 ※ 학생상호평가지 점수 및 의견 고려하여 점수 부여

붙어 있다. 아이는 상심했다. 그 아이의 작은 역사에 가장 중요한 부분을 자기소개서에 담을 수 없다는 것은 듣는 이까지 안타깝게 했다. 나는 '이청준의 「줄」'을 추천했다. 이 책을 읽고 중학교 때 경험을 바탕으로 '나만의 진로도서'란 코너로 수업시간에 허락을 구하고 발표해보라 권했다. 자신의 진로고민을 현재화하는 데는 독서만한 것이 없다. 근무하던 학교로 돌아와 기회를 주었더니 한 반에 절반 이상이 신청했다. 아이들의 삶이 수업시간에 펼쳐지던 겨울날의 경험은 새 학기 평가계획에 고스란히 반영되었다.

지필고사가 끝나면 아이들은 도서관으로 몰려간다. 시간표를 조정해 반별로 도서관에서 진로를 고민하고 관련 도서를 선택할 시간을 충분히 제공했다. 시간에 쫓겨 일회적인 행사가 되지 않도록 3차시 동안 진행하고, 별도로 감상나눔 시간을 확보했다. 첫날은 책을 고르고 선정 이유를 작성하고, 둘째 날은 책을 읽고 서평이나 광고문구로 핵심내용을 표현해본다. 마지막 날에는 자신의 진로와 연계하여 직업 세계를 탐색하고 진로 도서를 통한 진로계획을 세우며 감상문을 적는다. 이렇게 글로 표현하는 과정이 끝나고 나면 발표를 통해 진로고민을 나누고 비슷한 고민을 공감하는 시간을 운영했다. 저마다 다른 관심과 진로 고민은 아이들 스스로 도서를 선정하고 내면화하는 과정에서 저마다의 빛깔로 빛나고 있었다.

① 진로결정 및 준비에 영향을 준 도서 선택하기

초등학생 때부터 중학생 때까지 스포츠 관람이 취미였던 저는 스포츠 아나운서나 스포츠 에이전트를 꿈꿨던 적도 있었고, 역사에 관심이 많아 고고학자를 꿈꾸기도 했지만 제가 진짜 원하는 장래희망인지 의심을 가지기도 했습니다. 그러던 중에 위안부 할머니 문제, 강제 징용문제 등 대한민국 안에서 정당한 사죄 없이 고통받는 할머니, 할아버지들과 사회적 약자들의 억울함에 관심을 갖게 되었습니다. 외교관이라고 부르든 유엔청년대사라고 부르든, 제가 하고 싶은 일은 이러한 억울함을 세상에 알리고 해결할 수 있는 일입니다. UN과 국제기구 운영진이 지은 『한국인이 아닌 세계인으로 성공하라-세상 밖을 꿈꾸는 거침없는 글로벌 청춘 대한민국 20대들의 국경 없는 성공기』는 제가 할 수 있는 세상 속의 일들을 찾아볼 수 있는 기회입니다.

② 나만의 진로도서를 선정하고 표어 또는 광고문구로 핵심내용을 표현하기

억울한 세상을 해결하기 위해, 세상 밖으로 떠나라!!!

③ 진로고민을 담은 독서 감상문 작성하기

거침없는 청춘들의 국경 없는 성공기

'위안부 문제와 라이따이한 문제에 대한 인식 개선'을 주제로 프로젝트 탐구 활동을 진행하였습니다. 역사적 이슈에 무관심한 학생들의 인식을 바로잡고 보다 많은 친구들에게 역사의 진실을 알리고자 기획한 탐구 활동이었습니다. 역사 인식에 대한 사전 조사 후, UCC를 제작하여 홍보하고 사후 조사를 진행하였습니다. 조사 결과 우리가 제작한 UCC는 효과가 있었습니다. 피해자분들의 의사와 상관없이 진행된 12 · 28 합의에 분노를 느끼는 학생들이 생겨났고 후원 용품 구매에 적극적인 태도를 보이기도 했습니다. 또한 베트남 전쟁 때 한국군 병사들의 잘못된 행동으로 지금도 고통 속에 살아가는 라이따이한에 관한 얘기를 듣고 안타까움을 드러내는 학생들도 많았습니다. UCC 하나도 이렇게 인식의 변화를 이끌어낼 수 있는데 앞으로 제가 국제개발활동가로서 더 열심히 활동하면 더 많은 사람들이 고통에서 벗어날 수 있지 않을까 하는 자신감도 생겼습니다. 그리고 억울한 사람들의 슬픔에 공감하고 근본적으로 위로하는 역할을 담당하겠다고 다짐하게 되었습니다.

『한국인이 아닌 세계인으로 성공하라』는 책 제목보다 '세상 밖을 꿈꾸는 거침없는 글로벌 청춘 대한민국 20대들의 국경 없는 성공기'라는 부제에 저는 매료당했습니다. '안 된다', '어쩔 수 없다', '다음에 하자' 이런 말들에서 벗어나 '거침없이' 맞닥뜨리고 도전해 보는 용기가 제겐 큰 자극이 되었습니다. 더 늦기 전에 제가 느끼고 깨닫게 된 상황들을 누군가의 손에 의지하기보다 제힘으로 해결하기 위해 도전하고 실천해야 한다는 사명감이 제 속에서 들끓었습니다. 좌충우돌하는 여러 작가들의 이야기처럼 실패할지도 모르지만 실패를 통해 더 많은 것을 얻게 될 것이고, 실패 또한 한 걸음 더 나아간 결과라는 생각이 들었기 때문입니다.

④ 독서 후 상호 나눔

- ○○덕분에 국제개발활동이 하는 일이 무엇인지 알 수 있었다.
- 국제개발활동은 꼭 특정학과를 가지 않아도 된다는 사실을 새롭게 알게 되었다.
- 떨지 않고 세세히 설명하는 모습에서 하고자 하는 일이 분명하게 느껴졌다.
- 학과, 조언, 필요한 자질에 대해 현실적으로 와 닿았다.
- 해외에서 지구촌을 위해 사는 것은 힘들겠지만 ○○는 지금도 다른 친구들을 잘 배려해주니 잘 할 거다!
- 더 전문성을 갖춘다면 외교관으로서 더 많은 일을 할 수도 있지 않을까?
- ○○이 성찰하는 모습을 보면서 목표가 뚜렷한 만큼 반드시 해낼 거란 생각이 들었다.

기록 예시 2

나만의 진로도서로 '한국인이 아닌 세계인으로 성공하라!(UN과 국제 기구 운영진)'를 읽고, '억울한 세상을 해결하기 위해, 세상 밖으로 떠나라!!!'라는 표어로 감상을 정리함. 구체적인 국제개발활동가의 임무를 고민하던 중 지구촌 각지의 봉사활동을 통해 자주 만나고 살피는 작은 실천부터 선행해야겠다는 다짐을 하게 됨. 또한 그들과 소통하기 위해 외국어 능력이나 친화력, 협상력을 향상시키기 위해 노력하는 계기가 됨. (진로도서의 경우는 교과별 독서활동란에 별도로 기록함)

(3) 진로 인터뷰: 진로장벽 요인을 해결하고 재설계하는 진로디자인 역량

운영	방법	점수 부여(10점)
• 개인과제 • 과정중심 　평가 　(6월 2주)	① 자신의 진로에 관련된 멘토나 직업을 가진 인물 찾기 직업이나 진로 연관 질문을 다섯 가지 만들어 사전 점검 후, ② 인터뷰를 진행한 후 대상과 함께 있는 인증사진을 준비하여 ③ 인터뷰 내용을 기사문의 형식으로 작성하여 제출하고, 친구들과 교류하며 내면화한다.	• 진로연계 질문의 적합성 5점 • 기사문의 형식에 부합 5점 ※ 학생상호평가지 점수 및 의견 고려하여 점수 부여

'마을 인터뷰'라는 다른 학교 선생님의 수행평가 자료를 보면, 평생 농사만 지은 친구 할머니를 인터뷰하는 내용이 나온다. "할머니, 할머니는 평생 농사만 지으셨잖아요. 근데요, 그중에 뭐가 제일 힘드셨어요?"라는 아이들의 물음에 할머니는 조금의 주저함도 없이 "농사는 뭐니 뭐니 해도 자식 농사가 젤로 힘들지!"라고 답하신다. '삶의 지혜'란 이렇듯 뭐라 형용할 수 없는 감동을 수반한다는 생각이 들었다. 그렇다면 우리 학교의 가장 뛰어난 재원인 학부모님들은 전문적이면서도 경륜 있는 이야기를 학생들에게 들려주지 않을까 하는 생각으로 구상은 이어졌다.

학생을 지원한다는 것은 학생을 둘러싼 환경을 파악하고 적절한 방법을 찾는 것이 효과적이다. 지금 근무하는 분당지역은 학부모를 비롯한 지역사회의 인적 자원이 매우 훌륭하다. 진로인터뷰는 학생들이 막연하게 꿈꾸던 진로를 현장에서 직접 체험하고 멘토들에게 조언을 구할 수 있는 기회였다. 앞서 『한국인이 아닌 세계인으로 성공하라』(UN과 국제기구 운영진)를 읽었던 아이는 11명의 저자에게 SNS를 보내 그중 한 분이 국내에 들어오시는 날 만남이 성사되었다. 같은 반 친구는 『혼자 공부해서 아나운서 되기』(정용실)를 읽고 저자에게 트위터로 메시지를 보내고 방송국까지 다녀오기도 했다. 두 아이의 진로인터뷰가 다른 친구들에겐 부러움이 되기도 했고, 더 열심히 수행하지 못한 자신에 대한 탄식이 되기도 했다. 그뿐만 아니라 부모님을 인터뷰한 친구들의 경우에는 부모님께서 그 자리에 서기까지 쉬운 일은 아니었음을 깨닫고 부모님을 이해하게 되었다고 말하기도 했다.

① 진로멘토 섭외 및 진로인터뷰 질문 만들기

질문 내용	질문의 의도 및 의미 설명하기
사회복지사란?	사회복지사라는 직업이 구체적으로 하는 일과 직업의 가치를 알고 싶었다.
사회복지사라는 직업을 가지게 된 계기는?	어떤 사람들이 사회복지사라는 직업을 담당하고, 어떤 인성이 바탕이 되어야 하는지 알고 싶었다.
사회복지사의 장단점은?	잘 알지 못하는 직업의 어려움이 있지 않을까 하는 생각과 그럼에도 그 직업을 감당할 만한 자긍심은 무엇일지 궁금했다.
저를 포함해 사회복지사를 꿈꾸는 학생들에게 하고 싶은 말은?	어떤 준비를 해야 하고, 사명감을 가져야 할지 선배로서의 조언을 듣고 싶었다.

② 진로목표가 담긴 표제어 및 부제어 정하기

복지사회의 미래를 이끌 사회복지사
– 풍부한 경험을 쌓고, 포기하지 않는 것이 중요 –

③ 기사문의 형식을 갖추어 진로인터뷰 기사문 작성하고 친구들과 나누기

① 인터뷰 내용

평소 내가 가장 존경하는 분이자 나의 멘토이신 ○○○ 사회복지사님을 인터뷰했는데, 신앙생활을 하시다가 남을 돕고 싶은 마음이 들어 사회복지 공부를 시작했는데, 공부를 하고 자격증을 따고 나니 장기요양 보험제도라는 제도가 생겨서 시작하게 되셨다고 한다.

사회복지사는 도움이 필요한 사람들의 문제 해결을 돕고 지원하는 일을 하기 때문에 지속적인 수요가 발생하고 전망이 좋으며, 일을 하면서 보람을 느낄 수 있는 직업인데, 하는 일에 비해 보수가 적고 사회적 인지도나 명예가 낮은 편이라고 하신다. 또 육체적 · 정신적으로 힘든 사람들을 도와주는 직업이라 육체적으로 힘이 들고 정신적으로도 스트레스가 많이 생기신다고 하셨다.

② 진로장벽

사회복지사님께서는 평소 친분이 있는 나에게 자꾸 간호사를 하라고 하신다. 그게 훨씬 낫다고, 그게 대우도 좋고 사회적 인식도 좋아서 사람들이 함부로 안 하니 공부 열심히 해서 간호사를 하라고 자꾸자꾸 말씀하셨다. 사회복지사보다 간호사라는 직업이 더 낫다는 것의 기준은 월급 때문인지, 사회적 인식인지 모르겠지만 자꾸 그렇게 말씀하시니 마음이 복잡하다. 그리고 젊은 친구들은 사회복지사를 시작하자마자 포기하는 경향이 많은데, 한 10년은 꼭 참고 해야 일도 익히고 적응해서 급여도 오른다고 하시면서 계속 간호사를 하라고 하신다.

③ 함께 해결방안 찾아보기

- 진로갈등을 느끼는 건 당연해. 한 번 정해지면 바꾸기 쉽지 않으니까. 네가 가장 잘 할 수 있는 일은 뭘까 생각해보면 어때?
- 부반장인 네 모습을 보면서 책임 있는 누나 같은 느낌을 많이 받았어. 현실적인 어려움이 있더라도 도움을 나누는 사회복지사가 너에게 아주 잘 어울린다고 생각해. 사회적 편견 따위는 우리가 바꿔 가는 거지.
- 간호사는 과학적 지식을 갖춰야 하는데, 우린 문과잖아. 물론 문과도 간호학과에 진학할 수 있지만, 내가 아는 ○○이는 과학을 싫어하는데~
- 직업을 선택할 때, 가장 중요한 건 자신의 재능과 노력해온 과정인 거 같아. ○○이는 지금까지 사회복지사가 되기 위해 준비해왔는데, 간호사처럼 전문적인 역할을

하는 사회복지사는 없을까?

④ 진로개선 및 재설계하기
너희 얘기를 듣고 보니까 사회복지사님도 누구나 할 수 있는 그런 분야가 아니라 좀
더 전문적인 일을 했으면 하신 것 같아. 사회복지사 중에도 정신질환을 가진 환자의
사회복귀를 도와주는 역할을 하는 정신보건사회복지사가 있는데, 갈수록 정신질환
발생률이 크게 늘어나고 있으니까 정신 보건사회복지사의 역할도 커질 것 같아. 막
연한 사회복지사가 아니라 그중에서도 어떤 영역의 사회복지사가 될지 정할 수 있도
록 도와줘서 고마워.

진로독서와 진로인터뷰 수행평가를 하면서 중요하게 생각한 것은 개인의 결과물을 공유하는 시간의 확보였다. 학생끼리 진로장벽에 대한 경험을 공유하고 조언을 나누면서 합리적인 해결방안을 모색하고 대안을 찾는 시간은 진지한 진로 재설계로 이어졌다. 평가가 단지 선별의 수단이 아닌 학생의 성장을 돕는 과정임을 깨닫는 시간이었다.

기록 예시 3

진로인터뷰로 사회복지사를 만나 사회복지가 실현되기 어려운 사회적 현실과 제약에 대해 고민하였고 진로장벽을 친구들과 나누며 보다 전문적인 사회복지사로서의 사명감과 포부를 밝힘. 또한 복지사회의 미래를 이끌 사회복지사로서 성장하기 위해 공동체·대인 관계 역량을 더욱 계발하기 위해 노력해야 함을 깨닫고 실천하는 계기로 삼음. 점진적으로 노력하고 실천하는 모습 속에서 진로 성장뿐만 아니라 주변을 배려하는 인격적 성숙함이 돋보이는 학생임.

(4) 학생중심 활동수업과 평가의 일체화: 협력적 모둠활동의 권위 세우기

교사와 학생의 신뢰구축은 평가에 있다. 학생들의 활동이 평가로 이어져야 모둠활동이나 참여수업의 신뢰망이 촘촘해진다고 생각했다. 따라서 모둠활동의 설계를 평가계획에서 출발했다. 지필평가를 구상하고 이를 바탕으로 모둠별 과제를 제시하여 참여를 통해 문제를 해결하고 성장할 수 있는 계기를 제공했다.

① 비주얼씽킹을 활용한 등장인물의 심리 변화 파악하기

예를 들면, '메밀꽃 필 무렵(이효석)'의 경우에는 공간의 이동에 따라 허 생원과 조 선달, 동이의 위치가 바뀌며 등장인물의 심리가 변한다. 공간에 따른 등장인물의 위치 변화가 사건 전개에 어떤 영향을 미치는지에 관해 다음과 같이 평가를 설계했다.

이동방향	공간적 배경	등장인물의 위치	사건 전개의 효과
↓	좁은 산길		㉠
	큰 길		㉡
	개울		㉢

처음에는 모둠별로 '공간에 따른 등장인물의 위치와 심리 변화'에 대해 비주얼씽킹(Visual Thinking)을 시도했는데, 아이들에겐 아무런 도표 없이 그리는 것이 어려운 모양이었다. 결국 미리 생각해 두었던 도표를 제공했다. 그러자 아이들은 제공한 도표에 맞게 똑 같은 모양으로 그려냈다. 아이들의 가능성을 더 믿었어야 했다는 후회가 밀려왔다.

[12문학02-01] 문학 작품은 내용과 형식이 긴밀하게 연관되어 이루어짐을 이해하고 작품을 감상한다.
[12문학02-05] 작품을 읽고 다양한 시각에서 재구성하거나 주체적인 관점에서 창작한다.

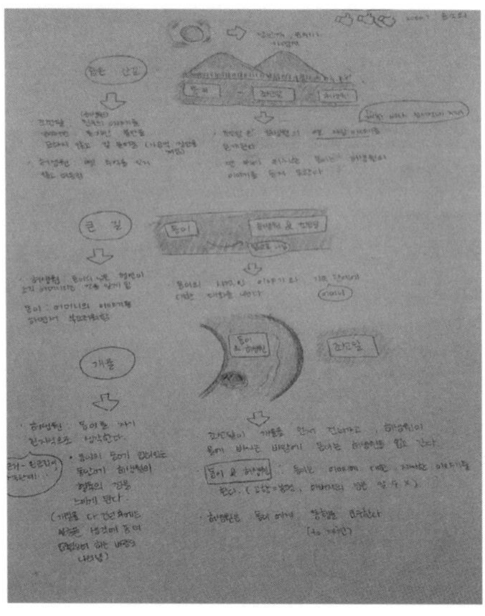

하지만 비슷비슷한 그림들도 자세히 보면 다른 구석이 많다. 그림 자료를 활용한 다음 차시 수업전개는 그 반의 그림을 활용해 제작한 자료로 진행했다. 그림을 세세히 쪼개고 필요한 부분을 편집해서 아이들이 자신의 그림과 친구들의 그림을 바탕으로 내용을 정리하고 모둠활동을 정리할 수 있도록 운영했다.

아이들은 자신들의 활동으로 만든 자료들이 수업 자료로 제시될 때 가장 반짝이는 집중력을 나타낸다. 아이들의 활동자료를 활용해 내용을 구성하고 환류의 기회로 삼음으로써 학생들 스스로 책임 있는 모둠활동 자세를 내면화하길 바라는 마음이었다.

하지만 단지 수업자료로서만 모둠활동 결과물이 존재한다면 학생들에게 모둠활동은 '쓸모없는 시간 낭비'일 수도 있다. 그래서 처음 설계한 평가계획에 따라 지필평가 문항을 제작했다.

13. 〈보기〉의 흐름에 따라 위 글을 감상한 것으로 적절하지 <u>않은</u> 것
은? [4.0점]

이동방향	해당 부분	공간적 배경	등장인물의 위치와 사건 전개의 효과
↓	(가)	좁은 산길	㉠
	(나)	큰 길	㉡
	(다), (라)	개울	㉢

① ㉠에서 허 생원은 자신의 이야기를 조 선달에게 요약적으로 전달
함으로써 독자에게도 정보를 제공하고 있는 것 같아.

② ㉠의 동이는 거리상 허 생원의 이야기를 확적히 듣지 못했기 때문
에 ㉢의 들뜬 허 생원의 심리를 제대로 알 수 없을 거야.

③ ㉡에서 동이는 앞으로 나서며 '봉평'이 고향인 어머니의 과거를 이
야기함으로써 ㉢의 사건으로 이어지는 것 같아.

④ ㉢에서 발을 헛디디거나 등에 업히는 장면은 놀람과 동시에 동이
에게 혈육의 정을 기대하게 되는 허 생원의 심리 변화를 보여주는
것 같아.

⑤ ㉢의 개울을 건너 허 생원은 예감을 확인하기 위해 제천으로 향하
고, 조 선달은 허 생원과 동이의 관계를 짐작하고 묵묵히 동행하게
되는 거지.

스토리 보드 작성 및 스토리 보드 활용 수업	

22. 윗글을 스토리 보드로 제작할 때, 장면과 설명의 연결이 적절하지 않은 것은? [4.6점]

	장면	설명
①		(가)는 가족에 대한 엄마의 사랑과 정성을 양말에 담자. 그리고 시간이 지날수록 쌓여가는 양말에 시무룩해지는 엄마의 모습을 담아보자.
②		(나)는 전단지를 만들면서 '호소력 있는 문구'를 찾지만 사실은 엄마를 찾아야 한다는 절박함에 점점 소리가 커지는 모습으로 표현하고 싶어.
③		(다)에서 겉으로 드러난 인물간의 갈등이, 사실은 엄마에게 무관심했던 각자의 자책감 때문이었음을 두 장면을 연결하여 전달하고 싶어.
④		(라)는 옷에 대해서 서로 다른 취향을 보였던 엄마와 딸이 삶에 대한 가치관 또한 상이한 입장을 갖고 있어 갈등을 빚고 있었음을 표현해 보자.
⑤	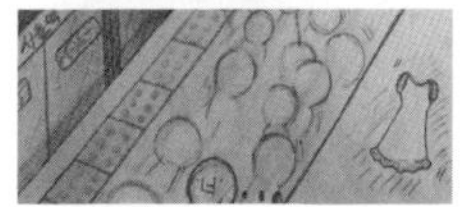	엄마를 (라)의 '프릴 달린 원피스'로 형상화하여 (마)에 장면에 넣으면 엄마에 대한 회상과 후회의 마음이 상징적으로 나타날 거야.

3 스토리 보드를 활용한 내용 전개 파악 : 『묵화(墨畫)』(김종삼)

교차시점을 활용한 작품 감상	① 소의 입장에서 할머니를 바라보며 (소설, 수필의 형식으로) 언제까지고 강녕하실 것 같던 나의 주인은, 시간이 흘러흘러 결국 노쇠해졌다. 힘 있고 맑던 눈동자가 가물가물, 안개 낀 것마냥 흐리다. 거칠지만 따스한 손길에 가만히 몸을 맡겼다. 눈을 감고, 나는 몸의 힘을 조금씩 풀었다. 이제는, 이제는 내가 주인을 이끌어야 할지도 몰라. 어쩌면 그 이후에는 나 혼자서 길을 거닐어야 할지도 몰라. 떠올리고 싶지 않은 생각들이 자꾸만 쌓이고 쌓여 큰 산을 이루었다. 신이시여, 정말 계시다면 이 순간의 톱니바퀴를 멈춰주십시오.	② 할머니의 입장에서 소를 바라보며 (소설, 수필의 형식으로) 사시사철 바뀌는 논밭의 빛무리와 함께, 너도 조금씩 커간다. 하루씩 쪼개어보면 미미한 변화이나 나는 널 보면 이따금씩 놀라곤 한다. 이렇게 많은 세월을, 힘든 시간을, 우리가, 우리가 함께 걸어왔구나. 서로에게 불평 한 마디 없이, 지친 내색 하나 없이, 서로를 서로가 다독여줬구나. 나는 생각한다. 네가 없었다면, 지금쯤 어떻게 지내고 있을는지. 청명하게 빛나는 눈동자가 나의 손짓에 따라 점점 붉어진다. 노을빛 속에 주홍으로 물든 네 부드러운 손, 내 자글자글한 손
교과꿈끼 창체활동 연계		
지필평가 문항 제작		

18. 다음은 (가)의 학습활동을 위한 선생님의 안내와 학생의 결과물이다. 결과물에 대해 토의한 내용으로 적절하지 <u>않은</u> 것은? [4.6점]

ㅇ선생님의 안내
오늘은 '묵화'의 시점과 글의 종류를 바꿔 창작해 봐요. 시의 중심내용은 유지하되, 관찰자의 시점을 '소'나 '할머니'가 주인공이 되도록 전개해 볼까요?

ㅇ학생의 결과물
㉠ 물을 마시고 있는 내게 할머니의 손이 부드럽게 다가온다. 굳이 말하지 않아도 알 수 있다. ㉡ 처음 만났을 때, 내가 막 세상에 나왔을 때, 그곳엔 어머니와 아버지라 불리는 사람들이 있었다. ㉢ 시간이 지나고 어머니는 할머니라 불리고 아버지는 할아버지라 불렸다. 그들을 그렇게 부르던 사람들도 어느 순간부터는 보이지 않았고, 할아버지도 어디를 가신 후 돌아오지 않으셨다. 이제 이 집에 오는 건 낯선 사람들뿐이었다. ㉣ 하지만 오늘은 그마저도 오지 않았다. ㉤ 일을 하고 돌아온 나를 어루만지는 손에서 할머니는 자기 자신의 오늘, 어쩌면 그동안의 자기 자신을 위로하는 것을 느낄 수 있었다.

① ㉠은 '소'가 주인공이 되어 이야기를 전개하고 있으니 시점을 바꾸라는 선생님의 안내를 잘 따랐네.
② ㉡에서 새로운 이야기를 첨가해서 '할머니'와의 함께한 시간을 시에서보다 구체적으로 알려주는 것 같아.
③ ㉢을 ㉡과 연결하여 생각해보면 '할머니'와의 유대감이 깊어질 수밖에 없는 시간의 흐름을 느낄 수 있어.
④ ㉣은 '적막하다고'의 의미를 '오늘'이라는 시간으로 한정하여 시의 중심내용을 유지하지 못한 것 같아.
⑤ ㉤은 '할머니'의 마음을 서술하고 있는데, '소'의 마음을 추가하면 동병상련의 처지를 더 드러낼 수 있지 않을까?

평가는 수업에 그 근원을 두어야 한다. 그리고 수업은 평가로 이어져야 힘을 얻을 수 있다. 아이들이 활동한 그림이나 글, 모둠별 발표 내용을 지필평가로 제시했을 때 아이들은 탄복하며 즐거워했다. 그리고 더 팔딱팔딱 뛰어오르며 수업에 몰입했다.

'메밀꽃 필 무렵'(이효석)의 심리변화를 인물들의 공간에 따른 위치 변화와 연결하여 논리적으로 파악하였고, '엄마를 부탁해'(신경숙)를 6컷 스토리보드로 구성하고 장면 촬영의 주요사항을 제시함으로써 각각의 장면에 새롭고 독창적인 의미를 부여하는 역량을 보여줌. '묵화'(김종삼)의 교차시점 활동에서는 상대방의 입장을 존중하며 모둠을 이끌어 문제를 해결하는 과정 속에서 조용하지만 꼼꼼한 리더십을 발휘하여 모둠의 생각을 조율하는 모습을 드러내며 문화를 향유하고 이를 재해석하는 데에 두각을 나타냄.

아이들과 나는 어떤 성장을 하였는가?

학생의 성장

'교사의 성장은 자기로부터 시작하여 본질로 이어져 협력으로 맺는 성장으로 의미를 가지며, 학생의 성장은 관계에서 출발하여 배움의 주인으로 이어져 결국 존재를 풍요롭게 하는 성장으로 그 의미를 가진다[22]'고 한다.

  교사와 학생의 성장에 선행되어야 하는 것은 관계 맺기다. 각기 다른 학생들이 한 학기의 수업에서 어떤 성장을 맞이했을지 활동지와 상담을 통해 파악해보았다.

(1) 프로젝트 탐구활동을 통한 비판적·창의적 사고 역량의 성장(심○○ 학생)

수업 전	사물에 빗대어 자기소개하기	저는 복면 같아요. 지금은 아니지만 언젠가는 벗게 되는 복면처럼 진심을 보이려고 노력하고 있어요. 복면을 벗은 후에 친구들과 더 잘 통했으면 좋겠어요.
	가치 있는 직업	경제적인 이윤보다 인류에 기여할 수 있는 학문을 묵묵히 탐구하는 일이 가치 있는 일이지요.
	가슴 속에 품었던 직업	어릴 때는 작가가 되고 싶었는데, 수(數)에 흥미를 붙이면서 이공계열로 진로를 결정하게 되었어요. 의사가 되라는 사람도 많지만 저는 교수나 연구원이 되고 싶어요.
	진로장벽	내신이겠죠. 도전적인 경시대회들도 올해는 참가하고 싶어요.
	• 뚜렷한 진로와 탁월한 역량에 비해 협업을 통한 모둠학습 활성화로 대인관계 역량이 부족함. • 하나의 분야에 몰입하여 다양한 학문적 분야를 융합적으로 사고하는 역량이 부족함.	
수업 후	수업 중 자신의 진로를 발전시킬 수 있었던 경험	숫자를 좋아해서 혼자서 공부하는 경우가 많았습니다. 짝모둠 프로젝트 과제수행을 위해 제3세계에 황토를 구운 정수기나 압력소자를 이용한 전구 등을 지원하는 사례들을 찾다보니, 세상은 함께 공존할 때 더 빛난다는 것을 알게 되었습니다.
	구체적인 진로계획과 준비	자연과학만 공부하느라 인문학은 등한시하고 있었는데 프로젝트 탐구활동을 하면서 사회현상을 분석하다 보니 '과학자'이자 '시민'인 하이젠베르크가 생각났어요. 부분'들과 상호작용하는 '전체'로서의 과학을 연구하는 학자가 되어야겠다는 생각이 들었어요.
	• 모둠활동을 통해 의사소통이 활성화되고 친구들과 어울릴 수 있는 마음의 여유를 갖게 됨. • 다양한 사람들처럼 학문의 다양한 융합이 필요함을 깨닫고 창의적으로 사유하는 역량이 성장함.	

---

22 길현주, 박가나, 이해영, 김지선, 『수업에서의 교사와 학생 성장에 관한 이해』, 경기도교육연구원, 2014

(2) 진로독서 활동을 통한 자료·정보 활용 역량의 성장(김OO 학생)

수업 전	사물에 빗대어 자기소개하기	사과 같아요. 겉과 속이 다른 사과처럼 겉으로는 웃지만 속으로는 걱정을 달고 사니까요.
	가치 있는 직업	생명을 존중하고 돌보는 직업이요. 자신이 가지고 있는 것을 나누는 직업 같아요.
	가슴 속에 품었던 직업	의사에서 신경외과 의사로, 다시 뇌혈관 전문의로 점점 구체화되고 있어요.
	진로장벽	공부해야죠. 그리고 제 적성과 맞는지 확인하기 위해 해부실습을 해보고 싶어요.
	• 뚜렷한 진로계획에도 불구하고 세부적인 직업탐색 및 구체적인 진로디자인 어려움	
수업 후	수업 중 자신의 진로를 발전시킬 수 있었던 경험	진로독서로 '뇌(베르나르)'를 읽으면서 마리탱과 핀처 박사가 뇌의 비밀에 대해 파헤치는 과정을 통해 수전증이나 치매의 원인이 되는 알츠하이머를 연구하고 그 원인을 규명해야 하는 의사로서의 삶을 다시 한번 생각해 보게 되었어요.
	구체적인 진로계획과 준비	효소관련 연구를 하고 계신 분과 진로 인터뷰를 통해 라이소지임에 작용하는 효소가 선천적으로 없는 질병을 가진 사람에게 유전공학적으로 효소를 만들어 주입하면 치료 가능하다는데, 이러한 연구가 진행되기 전에 빨리 참여하고 싶습니다.
	• 구체적인 직업이해를 통해 자신의 강점과 부합하는 진로를 확인하고 새로운 의지를 다짐	

(3) 진로인터뷰를 통한 자기 성찰·계발 역량의 성장(박OO 학생)

수업 전	사물에 빗대어 자기소개하기	TV요. 제가 가지고 있는 생각이나 감정을 알리고, 누군가에게 기억에 남는 사람이 되고 싶어요.
	가치 있는 직업	사람을 대하는 일이 가치 있는 거 같아요. 사람들의 마음을 모으고, 좋은 방향으로 이끌어 갈 수 있는 일이잖아요.
	가슴 속에 품었던 직업	스포츠 아나운서나 스포츠 에이전트에서 고고학자로 바뀌었었는데, 지금은 사회적 약자들의 문제를 해결하는 인권관련 직업을 생각하고 있어요.
	진로장벽	제2외국어 능력을 갖춰야 해요. 제가 여러 사회의 문제에 대한 지식과 정보를 찾아 탐구하려면 외국어는 필수잖아요.
	• 자신감에 비해 직업정보가 낮아 구체적인 진로디자인의 어려움을 겪고 있음.	

수업 후	수업 중 자신의 진로를 발전시킬 수 있었던 경험	진로인터뷰로 제가 읽은 책의 저자를 만나고 싶었어요. 무조건 페이스북에 글을 남기고 연락을 기다렸는데 해외 출장이 많으셔서 답변은 없고, 그래서 다시 정중하게 글을 남기고, 또 질문을 미리 알려드리며 기다렸어요. 신도림까지 가서 만나 뵈었는데, 정말 뿌듯했습니다.
	구체적인 진로계획과 준비	국제기구 취업은 2년간 UN산하 기구에서 근무하는 JOP인턴십제도가 있고, YPP제도, 전문가 공고에 응시하는 세 가지 방법이 있는데, 저는 그 동안 봉사활동이나 외국어 공부를 꾸준히 해 왔으니까 인권분야로 YPP에 지원해서 경력을 쌓은 다음 전문가 공고에 응시하고 싶어요.
	• 도서의 저자를 직접 인터뷰하며 자신감과 진로에 대한 내적 동기를 강화하는 계기로 삼음. • 구체적인 직업탐색을 통해 자신을 성찰하고 자기관리능력을 바탕으로 생활에 실천할 것을 다짐함.	

(4) 모둠활동을 통한 공동체·대인 관계 역량의 성장(윤OO 학생)

수업 전	사물에 빗대어 자기소개하기	나무그늘이요. 누구나 와서 편히 쉴 수 있는 공간, 기대서 쉬고 싶은 친구들의 휴식처가 되고 싶으니까요.
	가치 있는 직업	방송처럼 사회 곳곳을 담고, 나눌수록 행복해지는 일은 없는 것 같아요.
	가슴 속에 품었던 직업	아나운서였고 아나운서고 아나운서가 되고 싶어요.
	진로장벽	영어해야 해요. 그리고 아나운서 관련 체험도 많이 해보고 싶어요.
	• 학업에 어려움을 겪으며 자존감이 떨어져 구체적인 진로설계를 하지 못함.	
수업 후	수업 중 자신의 진로를 발전시킬 수 있었던 경험	어렸을 때부터 발표공포증이 심해서 사람들 앞에서 말하는 것을 부끄러워하고 창피해 했어요. 우리가 수업에서 진행할 과제를 만들고, 짝모둠으로 선택하니까 제가 잘 할 수 있는 과제를 선택하고 준비하는 과정에서 자신감도 생기고 발표도 잘하게 된 것 같습니다.
	구체적인 진로계획과 준비	이번 진로 인터뷰를 했던 아나운서께서는 학교 행사나 프로그램에서 진행자도 하다가 연극동아리 부장까지 하셨다면서 제게도 연극을 해보라고 권해주셨어요. 아나운서는 상황에 따라 다양한 언어전달 능력을 발휘해야 하니까 도전해 보려고요.
	• 모둠협력 및 짝모둠 과제해결 수업으로 자신감을 회복하고 구체적인 진로실천 계획 수립함.	

■ 관계 맺기를 통한 학생의 자아존중감 회복은 모든 수업의 출발점

윤○○의 경우는 진로재설계의 과정에서 자신감을 회복하고 의욕적으로 수업에 참여하며 진로 탐색의 과정을 수행했다. 뿐만 아니라 대부분의 학생도 누가 기록한 활동내용을 바탕으로 '기계공학도가 되고 싶다더니, 역시 분석력과 꼼꼼함이 남다른데?'라고 관심을 표하면 '그걸 어떻게 기억하세요?'한다. 아이들은 관심을 먹고 자란다. 관찰의 또 다른 이름은 사랑이다. 지속적으로 관계를 유지하고 성장을 도모하는 단계별 수업운영은 잃어버린 자존감을 회복하고 조금씩 치유하는 과정 속에서 출발한다.

■ 배움의 주인 되는 프로젝트 수업, 사회적 가치의 내면화 및 진로 탐색 활성화

문학작품을 사회적 상황에 적용하여 감상하는 학생중심 수업운영으로 사회구성원으로서의 가치를 내면화하고, 사회에 기여할 자신만의 진로를 디자인하길 바랐다. 심○○은 수업 속에서 모둠활동을 통해 대인관계 역량을 함양하며 사회 구성원으로서의 역할을 인식하게 되었다. 혼자만의 공부에 몰입하던 심○○이 협력적 문제해결학습과 모둠별 과제해결 수업을 통해 협업의 필요성과 효율성을 깨닫고 주변을 배려하며 모둠을 이끄는 인성적인 측면의 변화를 보였을 때 나는 흥분했다. 미래사회의 키워드는 '협업'이라고들 한다. 우리 아이들이 학교 안에서 이러한 경험을 보다 풍부하게 체득한다면 시행착오를 최소화해서 미래의 주인으로 안착할 수 있지 않을까.

■ 자기평가를 통한 진로디자인, 바람직한 민주시민으로 성장하는 마중물

윤○○, 박○○, 김○○의 경우는 학력저하나 구체적인 직업정보의 부재로 진로에 대한 불안감이 높았다. 하지만 진로 재설계를 수행하면서 진로장애를 극복하며 자기관리능력으로 이어지는 성장을 보여주었다. 뿐만 아니라 학교를 넘어 사회구성원으로서의 제 역할을 인지하며 민주시민으로서의 역할까지 내면화하는 모습을 보면서 흐뭇했다. 단지 몇 줄의 과목별 세부능력 및 특기사항으로 진학에 걸맞게 '조작'하는 것이 아니라 '진로역량'을 교과수업과 연계하여 교과 역량과 더불어 발전했던 그대로의 진로성장을 기록한다면 학생과 교사의 신뢰망을 뛰어넘어 공교육과 사회의 신뢰까지 확보할 수 있지 않을까.

교사의 성장: 관찰과 성장을 기록하는 신뢰의 시간

오랫동안 고민하고 실패했던 수업들이 이제 궤도 안으로 진입한 것 같다. 함께 해준 동료 교사들 덕분이다. 함께 해주신 세 분의 선생님이 계셨기에 나도 조금 더 단단해진 것 같다. 집단지성은 협력의 또 다른 이름이다. 수업을 바꿔야 고민을 공유할 수 있다. 동료 선생님들 덕분에 이제는 두렵지 않다. 실패를 하더라도 우린 또 다른 방법을 찾아낼 테니까.

결국 수업을 바꾸고 나서야 학생의 성장을 오롯이 관찰할 수 있었다. 학생이 주인 되는 수업, 그리고 성장을 관찰했던 장면과 장면이 학교생활기록부에 고스란히 담겨지는 희열을 맛볼 수 있었다.

프로젝트 탐구활동에서 '송인(정지상)'의 대동강물이 마르지 않는 상황이 과장법이 아닌 '남태평양 투발루'의 상황으로 재해석하여 지구온난화와 기후난민의 문제를 중심내용으로 패러디 작품을 완성함. 또한 정지상과 김부식의 역사적 이야기를 재구성하여 작품이해를 돕는 등 꼼꼼하고 논리적인 구성으로 과제를 해결함.

이 문구를 작성하면서, 자신의 눈물 때문에 대동강물이 마르지 않는다는 시 속의 과장법은 온 국민이 운다면 과장법이 아니라며 '투발루'의 기후난민이 된 현실을 이야기하던 아이의 맑고 또렷한 음성이 지금도 들리는 것 같았다. 어떻게 그 생생함을 담을 수 있을까. 아이가 고민하고 성장했던 과정을 어떻게 담아야 오랫동안 기억할 수 있을까.

항상 긍정적인 마음으로 '좋아요!', '그래요!'라는 추임새로 학급 친구들을 격려하고 분위기를 이끄는 학생

이 문구를 슬쩍 넣어 본다. 아이의 모습을 더 오래 기억할 수 있을 것 같다. 단지 학생부종합전형이니 자기소개서 증빙자료니 하는 것을 떠나, 과목별 세부능력 및 특기사항은 교사인 나와 학생이 함께한 시간의 기록이다. 그 시간 속에 우리가 나눈 성장과 감동의 순간을 오롯이 기록할 책무가 나에게 있다.

눈으로 보아서는 다섯 번을 쪘는지 열 번을 쪘는지 알 수 없지만, 단지 '구증구포(九蒸九曝)'라는 말을 믿고 사던 '신용'을 다시 회복하기 위해 '방망이 깎던 노인'처럼 고치고 또 고치며 수업을 기록해본다.

옛날 사람들은 흥정은 흥정이요 생계는 생계지만, 물건을 만드는 그 순간만은 오직 아름다운 물건을 만든다는 그것에만 열중했다. 그리고 스스로 보람을 느꼈다. 그렇게 순수하게 심혈을 기울여 공예 미술품을 만들어 냈다.

이 방망이도 그런 심정에서 만들었을 것이다. 나는 그 노인에 대해서 죄를 지은 것 같은 괴로움을 느꼈다.

'그 따위로 해서 무슨 장사를 해 먹는담.'하던 말은 '그런 노인이 나 같은 젊은이에게 멸시와 증오를 받는 세상에서, 어떻게 아름다운 물건이 탄생할 수 있담.'하는 말로 바뀌어졌다.

- 윤오영, 「방망이 깎던 노인」 중에서

[첨부 1] 2학년 문학 수업을 자기소개서에 반영한 사례

1. 고등학교 재학 기간 중 학업에 기울인 노력과 학습 경험에 대해, 배우고 느낀 점을 중심으로 기술해 주시기 바랍니다. (1,000자 이내, 띄어쓰기 포함)

문학 수행과제로 진로독서와 진로인터뷰 안내를 받고, 1학년 때 진로 고민 속에 읽었던 '혼자 공부해서 아나운서 되기'를 다시 읽으며 저자 정용실 아나운서를 만나 아나운서라는 직업에 대해 좀더 알아보기로 계획했습니다. 정용실 아나운서를 만나기 위해 SNS 쪽지를 계속 보냈습니다. 책을 다시 읽으며 질문을 다듬고 여러 차례 시도한 결과, 여의도 KBS에서 인터뷰가 진행되었습니다. '아나운서에게 가장 필요한 자질은 무엇입니까?'라는 질문에 '아나운서에게 가장 필요한 능력은 공감과 지혜입니다.'라고 말씀하셨던 것이 가장 기억에 남습니다. 사람에 대한 진심어린 애정과 위기 상황에 대처할 수 있는 지혜가 없다면 좋은 아나운서가 되기엔 어려움이 있다고 덧붙여 주셨습니다. 인터뷰를 마치고 저는 몇 가지 교훈 얻을 수 있었습니다.

우선, '하면 된다'는 용기와 '안 되더라도 해보자'는 배짱이 생겼습니다. 될 때까지 하나하나 노력하고, 실패하면 다시 새로운 계획을 세우고 실천해야 가능하다는 것 또한 알게 되었습니다. 제가 만들어낸 작은 성취는 도전할 수 있는 배짱이 되었습니다. 암기할 분량이 많아 스트레스를 받고 있던 사회문화도 '해보자'는 마음으로 될 때까지 노력한 결과, 만점을 받았습니다. 그리고 '진실한 마음으로 도움을 요청하면 그 문은 항상 열려있다'는 교훈을 얻었습니다. 영어 과목에서 해석이 되지 않는 문장을 두고 혼자서 계속 고민하다가, 정용실 아나운서를 만나기 위해 노력했던 것처럼 영어 선생님께 적극적으로 질문하고 이해되지 않는 부분은 또 질문했습니다. 그래서 그 문장을 완벽히 해석하게 되었을 뿐만 아니라 구문 독해의 어려움을 겪고 있던 저의 문제점 또한 파악할 수 있었습니다. 도움을 요청한다는 것은 제 자신의 부족함을 먼저 인식하고 그것을 보완하기 위한 또 다른 용기였습니다. 진실한 마음은 용기를 만들고 제게 자신감을 주었습니다. 그리고 실패에도 포기하지 않고 계획을 고치고 고치는 과정 속에서 제 자신이 조금씩 성장하게 된다는 것 또한 깨닫게 되었습니다.

[첨부 2] 2학년 문학 수업을 바탕으로 교사추천서를 작성한 사례

3. 지원자를 평가하는 데 도움이 되는 내용을 자유롭게 기술해 주시기 바랍니다(1,000자 이내).

2학년 문학시간엔 진로독서와 진로인터뷰를 과정중심평가로 진행했습니다. ○○이는 5월에 '한국인이 아닌 세계인으로 성공하라'를 읽고, 6월엔 공동저자 중 한 사람을 인터뷰 해왔습니다. 진로인터뷰는 1차시로 질문을 만들고, 2차시로 인터뷰 내용을 기사문을 작성하고 3~5차시는 반 친구들 앞에서 자신의 인터뷰 내용을 발표하며 진로를 다짐하는 말하기 수업이었습니다. ○○이는 우선 공동저자인 UN과 국제기구 운영진 11명에게 3월부터 SNS 메시지를 발송하고, 외국에 있어 어렵다는 저자들을 제외한 나머지 사람들에게 계속 메시지로 인터뷰를 요청했다고 합니다. 그 중 인터뷰 당일에 귀국한 한 사람을 6월에 어렵게 서울에서 만나 국제사회의 정책과 개발 과제에 대해 알게 된 이야기를 전해줬습니다. 무엇보다 돈가스를 얻어 먹은 이야기

며, 만나주신 분이 당신의 고등학교 때 모습을 보는 것 같다고 격려해 주신 말씀을 전했을 때 아이들은 환호했습니다. 발표를 하는 ○○이는 행복해 보였습니다. 자신의 진로를 제대로 모색해 볼 수 있는 멘토를 만났다는 점도 그랬겠지만 몇 개월 동안 인터뷰를 요청한 고생 끝에 성사된 인터뷰에 성취감을 느끼는 것 같았습니다. ○○이의 눈동자는 정말 반짝거렸고, 수업이 끝나고 몇 몇 아이들이 저를 따라와 자신들도 고생했는데 성사되지 못했다며 ○○이를 부러워했습니다. ○○이의 발표가 끝나고 나서 아이들은 더 진심을 담아 자신들의 인터뷰를 발표했습니다.

○○이는 그런 아이입니다. 말없이 경청하고 자신의 해야 할 일을 말보다 먼저 실천하는 아이입니다. 발로 먼저 뛰며 기회를 만들고 현실로 만들기 위한 최선의 방법을 찾아내기 위해 꼼꼼하게 고민하는 아이입니다. 그리고 이러한 모습에 주변 친구들도 변화하며 성장했습니다. 정책개발가에게 필요한 역량이 꼼꼼한 분석력과 발로 뛰는 실천력으로 대안을 찾고, 주변을 움직이는 것이라면 ○○이는 이미 그러한 역량을 갖추고 있는 아이입니다. ○○이를 통해 억울한 사람이 없는 아름다운 세상이 실현되길 항상 응원합니다.

9장

과학(물리)

고민성, 저현고등학교

일체화는 철학이다

며칠 전, TV를 보다가 괴테의 명언이 눈에 들어왔다.

"인간은 노력하는 한, 방황하기 마련이니라."

어떤 프로그램이었는지도 잊었지만, 그 순간 그 말은 뇌리에 박혀 잊히지 않는다. 아마도 지금의 내 모습을 수 세기 전 대문호가 지지해주고 있다는 이상한 상상 때문인 듯하다. 홀린 듯이 이 글귀를 찾아 파우스트를 찾고, 그 속의 글귀를 찾았다. 하느님이 악마 메피스토와의 내기 중 한 말이었다. '방황하기 마련이니라'란 말 속에 왠지 모르게 메피스토의 유혹에서 벗어나 자신의 길로 돌아올 것이란 믿음이 엿보이는 듯했다. 종교가 없는 사람이지만, 또 한 번 위로를 받는다. 문학작품 속이지만 하느님이란 존재마저도 지금 내가 방황해도 된다고 말한다.

일체화란 단어 하나에 가슴이 갑갑해져 온다. 주위에서 해야 한다고,

이게 옳은 길이라 하지만 왠지 모를 반항심에 불편한 구석을 찾아본다. '또 죽 끓듯 변하는 정책 중에 하나겠지'

그러면서도 '수업을 잘해보고 싶다. 일체화란 거 해보고 싶다'라는 생각 때문에 어떡할지 모르고 방황만 하다가 수업을 마주한 어느 날 생각을 정리한다. 교사의 삶을 시험에 빠뜨린 일체화란 도대체 무엇인가?

일체화가 무엇이냐는 질문 속에는 '나보고 도대체 뭘 어쩌란 말인가요?'라는 뜻이 숨어 있기 마련이다. 대답을 '일체화란 이렇게 하는 것이고 이것이 정답입니다'라고 말하기 어렵다. 일체화는 말 그대로일 뿐. 무엇을 가르칠지에 대한 교육과정 고민에서부터 교육과정을 풀어나갈 도구인 수업과 그 수업 속에서 이루어질 평가, 그리고 그 모든 과정에서 보여주는 학생들의 모습을 담는 기록까지. 이 모든 것이 자연스럽게 물 흐르듯이 이어지길 바라는 소망이고 노력이다. 일체화에 대해 이야기하면서 '일체화란 무엇인가'라는 질문에 답을 제시할 수도, 안 할 수도 없어서 내 마음대로 이렇게 대답한다. 일체화는 철학이다. 교육의 기본이자 본질이며 사고방식이다.

일체화를 잘하고 있어서, 완벽하게 하고 있어서, 모두에게 귀감이 되는 수업을 하고 있어서 글을 쓰는 것이 아니다. 이렇게 해보려고 노력하는 마음과 생각을 가지고 있어서, 그것을 부끄럽게 여기지 않고, 숨기지 않고 밝힐 수 있어서일 뿐. 모든 수업에는 부족한 부분이 있을 것이다. 하지만 그 '부족'은 누구의 부족인가? 누구 기준으로 이것은 부족하고 저것은 잘되었다 말할 수 있을까? 다른 이에게 그런 말을 하려면 현재 학교 수업에서 추구하고자 하는 가치를 찾고, 그 가치에 부합하는 수업을 바라보는 기준이 모두 똑같아야 할 것이다. 하지만 기준이 모두 같을 수 있을까? 불가능할 것이다. 중요하게 여기는 것은 단 두 사람만 모여도 일치시키기 어렵다. 그렇다면 기준 하나하나를 맞추기보다는 바라보는 방향을 제시하는 것이다. 모두가 똑같이 바라볼 하나의 방향, 그것이 일체화라고 생각한다. 교육과정을 수업하고, 수업한 걸 평가하며, 그 과정과 결과를 기록한다. 이렇게 당연한 이야기를 매우 새로운 것처럼 이야기하고 있다. Back to the Basic. 기본으로 돌아가겠다는 의지가 교수평기 일체화라고 생각하고 살아가고 있다.

교사와 학생이 수업에서 의미를 찾아야 한다. 수업을 하면서도 '무엇을 위해 수업을 하는지'보다는 그저 주어졌으니까 어쩔 수 없이 수업하는 선생님, 학교에 오면서도 매일 엎드려 자고 등교 자체가 단순히 귀찮은 일로만 인식하고 있는 학생들에게 의미를 찾도록 하고 싶다는 바람을 현실화하고자 한다. 특히 최근 학생의 행복, 학생의 의미에만 관심을 가져왔고 교사는 학생을 위해 희생해야 한다는 요구만 강해져 왔다. 교사가 행복해야 학생도 행복하다. 교사와 학생 모두가 행복해야 학교가 행복하다. 교사는 학생의 행복을 위해 짓밟히는 존재가 아니다. 거꾸로 교사의 행복을 위해 학생이 짓밟혀서도 안 된다. 제도에 얽매여 자신을 죽여 가며 보내는 암흑의 시간이 아니라 진실로 스스로 돌아보고 나아갈 수 있는 시간, 수업이 그런 시간이 되기를 바란다.

수업이 의미를 찾으려면, 그 수업 속에 평가가 녹아있어야 한다. 수업과 평가가 연계되지 않으면, 의미 있는 수업이 쓸데없는 수업으로 변해버린다. 대개 평가라고 하면 '시험'이 떠오른다. 여기서 시험이란 모든 학생이 조용히 앉아서 눈동자조차 움직이지 않고 아무도 말하지 않는, 필기구 움직이는 소리만 존재하는 그런 시험, 즉 지필평가이다. 하지만 지필평가는 학생을 평가하기 위한 도구 중 하나일 뿐이다. 지식적인 내용을 파악하는 데 비교적 객관적이고 필요한 평가 방식이라는 점에 이견은 없다. 학생이 지식을 많이 외우길, 혹은 답을 찾아내는 능력이 뛰어나길 바란다면 좋은 평가 방식이다. 하지만 지금 우리 현실 그리고 미래가 그런 학생들을 원하는가? 평가의 목적은 학생들의 성장을 위한 것임을 잊지 말아야 하겠다. 여느 부모님의 잔소리처럼 잘되라고 평가를 하는 것이지 상대적 순위에 밀려 자괴감을 만들어주기 위함이 아니다. 지식을 기억하고 꺼낼 수 있는 능력으로 줄 세우는 시험만이 평가가 아니다. 학생들이 어떤 부분에 어느 정도의 수준에 이르렀는지 확인하고, 그 학생이 더 적극적으로 계발해 나가야 할 부분을 탐색하고, 부족한 부분을 채워줄 수 있는 가이드 역할이 평가의 목적이다.

그리고 평가 속에 기록이 있다. 평가는 숫자로만 나타낼 수 있는 것이 아니다. 글로 기록할 수도 있다. 숫자로는 그 학생의 열정과 가능성, 그리고 관심과 흥미를 표현할 수 없다. 예를 들어, 수학 97점은 96점보다 높은 점수이다. 하지만 97점을 맞은 학생이 96점을 맞은 학생보다 의예과에 더 잘 어울린다거나 더 열정적일 것이라거나 더 뛰어날 것이라고 판단하기에는 정보가 너무 부족해 보이진 않는가? 물론 그렇다고 97점과 96점의 차이가 의미가 없다는 것은 아니다. 조금 더 문제 해결 능력이 뛰어날 것이라는 확률적 우위는 있으나 그 1점 말고는 학생들을 평가할 요소가 없다는 것이 오히려 너무 극단적인 평가라고 생각한다. 모든 것이 그렇듯이 한쪽의 극단으로 치우치는 것보다는 적절한 균형과 조화가 필요한 법이다.

그동안 우리는 어느 쪽에 치우쳐 있었는가 생각해보자. 학생들은 숫자 속에 갇혀 있었고 자신을 평균 3.5등급이라는 한 단어로 압축한다. 마치 소고기에 등급을 매기듯이. 다양한 상황과 가치를 고려하지 않아도 공평하고 편리하게 선발할 수 있다. 하지만 이 매력적인 방법은 평가 대상자에게서 희망을 앗아가 버렸다. 친구를 빼앗았다. 학생은 가능성을 찾기 위해 학교에 오지만, 학교는 '네 점수론 아무것도 못 한다'고 무시한다. 친구들을 만나기 위해 학교에 오지만, 학교는 '친구들을 짓밟고 한 등급이라도 더 올리라'고 요구한다. 물론 비교선발이란 것은 공급이 제한된 상황에서는 반드시 발생할 수밖에 없다. 비교선발 자체를 부정하는 것이 아니라 선발할 때, 점수'만' 보지는 말자는 것이다.

이상적이다. 많은 선생님이 그렇게 말한다. 현실을 보라고, 당신이 말하는 그런 방향으로는 결국 학생들을 좋은 대학을 보내지 못할 거라고. 그럼으로써 학생들의 인생을 망쳐 놓을 거라고.

하지만 이상을 이상으로 끝내면 아무것도 변하지 않는다. 이상을 위해 노력하고 방황하는 속에서 '나'를 찾고 나와 함께할 '너'를 찾는다. 그리고 '우리'가 되어 노력한다. 이상의 현실화를 위해 추구하는 가치가 '교육과정-수업-평가-기록 일체화'이다. 일체화에 접근하는 방식은 그것을 생각하는 사람의 수만큼 많을 것이다. 각 개인의 방식을 찾고 노력하되 그 노력을 공유하고 보완한다. 단순히 누가 하니까 그대로 따라 하기보다는 나에게 적합한 방식을 찾아간다. 이것이 우리가 이야기하고자 하는 목표이다.

이제부터 이 목표를 향해 달려왔던 이야기를 시작하려고 한다. 단,

경계할 것은 이 이야기가 정답(正答)이 아니라는 것이다. 강요된 선의(善意)는 악(惡)으로 느낀다. 이것이 옳으므로 강요하고자함이 아니라, 동감을 얻고 싶다. '이상적으로 보여도 이 방향으로 함께 나아가보는 건 어떠세요?' 하고 물어보는 과정이다. 동감하여 감동하면 행동한다.

폭력적인 평가에서 벗어나기

중학생들과 수업하면서 가장 많이 마주했던 질문이 "이거 배워서 뭐해요?"이다. 고등학교에 오면 이 질문은 "이거 입시에 도움 돼요?"로 바뀐다. 결국 이걸 배우면 나에게 어떤 이득이 생기냐고 묻는 것이다. 그럴 때마다 이렇게 대답한다. 네가 세상을 바라보는 눈이 달라진다고. 과학을 배우면 세상을, 자연을 일부분이지만 이해할 수 있다고. 대답을 들은 학생들의 태도는 말하지 않아도 알 것이다. 대부분 들은 척도 안한다. 그거 뭐에 써먹냐는 거다. 너의 삶이 모두 과학임을, 하다못해 지금 앉아있는 것도, 타이핑을 하고 있는 것도, 그림을 그리는 것도 과학임을 아무리 소리 질러 봐도 메아리조차 없다.

교과의 의미를 가르치기 위해 다소 폭력적인(?) 방법을 제시했다. 바로 시험에 내는 것이다. 시험이란 단어에 아이들은 잠시, 아주 잠시지만 집중한다. 요즘은 좀 변했지만, 예전에 학생들은 수행평가를 시험이라고 부르지 않았다. 지필평가만이 시험이다. 그것이 공정하고 정확하게 평가받는 것이라고 생각한다.

어쨌든 그래서 실생활의 요소를 지필평가에 넣었다. 운동에너지를 구하는 문제에서 실제 자동차의 질량과 속력을 제시했다. 운동에너지를 구하는 공식에 차례로 값을 대입하기만 하면 풀 수 있는 서술형 문제로 제시했다. 출제하고 나서 뿌듯했다. 너희의 삶이 과학과 연결되어 있음을 증명해냈다고. 하지만 학생들은 이 문제를 가장 어려운 시험문제로 뽑았다. 왜냐하면 지금까지 운동에너지를 구하는 문제에 질량은 항상 1, 2, 5, 10kg이었지, 실제 소형차의 질량인 1270kg은 시험이란 세계에 존재하지 않는 숫자였던 것이다. 그래서 질량에 1270이란 숫자를 대입해야 하는 이 문제를 풀지 못한 학생이 매우 많았다.

처음엔 학생들에게 화를 냈다. 왜 이렇게 쉽고 당연한 걸 못 풀지? 그리고 몇 시간 뒤, 나에게 화가 났다. 물리 수업에서 가장 많이 나오는 말 중 하나가 '질량'이지만, 단 한 번도 자동차의 질량에 대해 이야기해본 적 없다. 가르쳐 본 적도, 생각해볼 기회도 주지 않고서는 1점이라도 더 맞으려고 아등바등하는 지필평가에 출제했으니 마치 업무하나 가르쳐주지 않고 무조건 잘 해내라는 부장님의 억지와 다를 바 없었다. 때리고 발로 차는 것만이 폭력이 아니다. 시험이란 무기로 학생을 협박하는 것도 폭력이다. 그리고 나는 그런 폭력적인 교사였던 것이다. 수업하지 않은 것을 평가했다.

실험 수행평가는 또 어떤가? 실험을 평가 방법으로 정했지만, 정작 수업 중에 실험을 하지 않는다. 수행평가 당일에만 실험을 한다. 실험 주제가 뭔지도 모르는 학생들은 몇몇 선행한 친구에게 실험을 맡겨버리고는 보고서를 베끼고 좋은 점수를 덩달아 받는다. 실험을 수업하지도 않았는데, 실험으로 평가했다. 물론 입으로 말로 가르치는 실험도 있고 필요한 부분이 있다. 하지만 평가의 목적이 실험능력이라면 실험

능력 그 자체를 성취하기 위한 수업이 있어야 했다. 실험능력을 평가하는 것이 아니라 평가하기 위해 실험했다. 난 그저 내가 시키는 대로 움직이는 학생에게 좋은 점수를 주는 평가를 하고 있었던 것이다.

교과의 의미: '삶 속의 과학'을 전할 수 있을까?

그래서 수업을 바꿔보았다. 일기도에 나오는 기호를 알고, 계절별 일기도의 특징을 공부하는 단원이었다. 그 전해에는 '기호 외우세요, 계절별 일기도 특징 서고동저, 장마전선' 하면서 '이거면 겨울이에요 이거면 여름이에요' 하면서 수업했을 터였다. 하지만 앞선 경험에서 느낀 스스로를 향한 분노는 나를 변하게 했다. 일단 기상청 홈페이지에 들어가 오늘의 최신 일기도를 모둠 수만큼 인쇄해서 수업에 임했다. 학생들에게 일기도를 주고 묻는다.

"창밖을 봅시다. 날씨가 어떤가요? 구름이 많나요? 잘 안 보이면 밖으로 나가 봅시다. (손으로 무언가 만지듯이 허공을 쓸며) 바람을 느껴봅시다."

바람을 느끼라는 말에 학생들은 피식피식 비웃기 시작한다. 하지만 어느 순간 바람의 방향을 살피고 구름의 양을 보고, 비가 올지 말지 예보하는 아이들을 보게 된다. 물론 바람의 방향이 일기도랑 관계가 밀접하냐고 묻는다면 사실 자신 없다. 오히려 관계없다에 가까울 것이다. 우리나라가 2cm로 그려진 일기도에서 고양시의 어느 한 학교 운동장에 불어오는 바람을 정확하게 말하라고 이런 수업을 한 것은 아니다. 그저 학생들이에게 수업시간에 배운 일기도가 일상생활과 이어져 있음을 느끼길 바랐다. 그리고 그래서 매일 그 날의 일기도를 가지고 수업했고 평가했다. 많은 학생이 답을 작성했고 높은 점수가 나왔다.

* 2013학년도 중학교 3학년 과학 1학기 2차 지필평가 서술형 문항

(4) 아래 내용을 반드시 포함하여 우리나라 날씨예보를 작성하시오.

  ㉠ 일기도 작성 시각(한국시각 기준, 년 월 일 시를 정확히 기술)

  ㉡ 우리나라 주변 기압을 살피고 기압차에 따른 풍향을 화살표로 제시할 것(화살표 3개 그릴 것)

  ㉢ 우리나라 전반적인 구름의 양 해석(예시: 맑음, 흐림, 구름조금, 구름많음)

  ㉣ 일기도 상에서 가장 낮은 기압의 크기를 정확한 단위로 제시할 것

  ㉤ 내일의 날씨를 예측할 것(반드시 근거를 제시할 것)

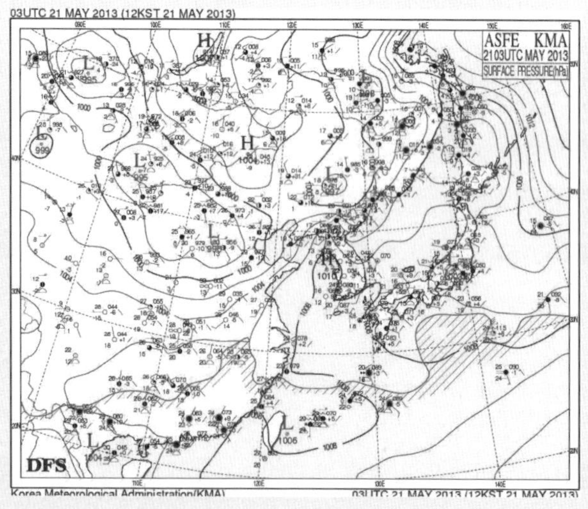

이후로 대규모 정전이 일어난 후 강제단전 순위를 정해보라거나, 뇌해부 실험의 장점과 단점 그리고 개선점을 작성해보고 뇌사와 식물인간을 구분하고 어디까지 죽음이라 할 수 있는가에 대해 논해보라고 했다. 물론 수업시간에 관련 내용을 수행하고 토론하고 이야기하고 나서 묻는 것이었다. 당연히 우려되는 부분이 있다. 이것이 공정한 평가 문항인가? 학생들에게 이런 내용을 묻는 것이 적합한가? 이런 게 고등학교 진학에 혹은 인생을 사는 데 도움이 되나? 그땐 용감했던 거 같다. 그저 학생들의 생각을 보여 달라고 떼를 썼던 것이다.

학교나 교육청의 요청을 받아 사례발표를 할 때 위와 같은 문항을 선생님들께 발표하면 평가기준안을 궁금해하신다. 도대체 어떻게 채점할 것인가 하는 것이다. 뭘 쓰면 3점이고 뭘 쓰면 1점인가? 그럼 이렇게 대답한다. 논리적으로 쓰면 3점이고 그렇지 않으면 1점이다. 그렇다면 논리적이란 기준은 무엇인가? 농담 삼아 이렇게 이야기한다. 헛소리만 아니면 다 맞게 한다. 근거를 바탕으로 자신의 이야기를 하면 다 맞는 것으로 채점했다고, 교과서의 예시들을 잘 외워서 쓰는 것보다 자신의 의견을 답안지에 작성할 수 있는 능력을 길러주고 싶었다고 대답한다.

비판적 사고 with PMI 노트

과학 수행평가로 자유탐구가 들어왔다. 자유탐구란 말 그대로 자신이 탐구하고 싶은 주제를 학생들 스스로 결정하여 실험을 하고 보고서를 작성하여 발표를 하는 활동이다. 취지는 좋으나 학생들은 탐구하기보다 점수 잘 받을 수 있는 정답을 갈구했다. 생각할 시간도 없고 생각하고 싶지도 않은 과제이지만, 수행평가이기에 어쩔 수 없이 유명 사이트의 검색창에 '자유탐구 주제'라고 입력한다. 그러면 이런 저런 주제들에 관한 보고서들이 유료 혹은 무료로 게시되어 있다. ctrl+C, ctrl+V는 이럴 때 쓰라고 있는 것인 듯 아무것도 없는 한글 파일 위로 복사, 붙여넣기를 실행한다. 이렇게 해서 과제를 손쉽게 해결한 학생들은 인쇄 버튼을 누르고 자기 이름을 써서 제출한다. 교사는 이런 자유탐구보고서를 각 학생에게 받을 경우 매해 200개 가까이 받는다. 모둠으로 하면 50개로 줄어든다. 하지만 크게 다르지 않다. 어떤 보고서는 오타 하나, 마침표 하나마저도 똑같다.

비판적 사고를 가르쳐야겠다고 다짐한 것은 이때쯤이었다. 학생들이 복사-붙여넣기를 한 것인지를 알기 위해 인터넷을 검사해가며 수행평가를 채점하던 무렵이었다. 검색에 지쳤고 이렇게 해도 못 찾을 여러 복사본에 좋은 점수를 줄까봐 두려웠다. 여러 가지 이유가 있었지만 다 차치하더라도 과제를 다른 사람의 저작물로 제출해도 아무런 양심의 가책도 느끼지 않고 그저 문장 한두 줄 바꾼 것으로 도리어 당당해하는 이 학생들에게 세상을 알려주고 싶었는지도 모른다.

비판적 사고를 가르쳐보기 위해 PMI 노트를 생각해봤다. 당시 발명연수를 듣고 왔는데 가장 기초적인 발명기법으로 배웠던 PMI, Plus-Minus-Interesting의 약자이다. 이걸 수업에 적용해보고자 했다. 학생들에게 노트필기를 하게 하는 것은 옛날 방식이라 할 수 있었다. 하지만 노트필기가 나쁜 것일까 생각해보고 기록을 함으로써 얻는 것, 그리고 무엇을 기록하는지가 중요하다고 생각했다. 그래서 매 수업이 끝나기 5분 전 학생들에게 수업에 대한 PMI를 적어보게 했다. 그 날 수업의 장점(혹은 배운 점, 긍정적인 점) P로 한 줄, 수업의 단점(혹은 모르겠는 점, 부정적인 점) M으로 한 줄, 마지막으로 수업에서 흥미로운 점(혹은 궁금한 점, 개선점) I로 한 줄로, 모두 3줄이었다. 적어도 그냥 매 수업 시간이 수동적인 자세로 교사가 던져주는 내용을 받아들이는 것보다는 오늘 수업에서 자신이 알게 된 것을 생각해보고 모르는 것을 찾아보고, 그리고 궁금한 것을 고민하는 시간이 되었으면 했다.

이 PMI 3줄을 매 수업마다 적게 하고 수행평가로 제시했다. 중학교는 수업시간이 45분이다. 45분 동안 단 3줄 쓰는 것이다. 2~3분이면 충분히 다 쓸 수 있을 거라 생각했다. 하지만 오산이었다. 학생들은 크게 2가지 이유로 PMI 노트를 어려워했다.

첫째, 글을 그리 꾸준히 써본 경험이 없다고 했다. 어떤 학생은 중학교 3년 동안 쓴 글의 총 양보다 과학 시간에 쓴 글의 양이 더 많다고 했다. 과장했을 수도 있겠으나 힘들어하는 것은 분명했다. 매해 학기 말 수업 피드백을 받아보면, 항상 가장 힘든 점으로 PMI 노트를 꼽는가 하면, 내가 고등학교로 옮겨 와서도 내년 선택과목 교육과정 소개 시간에 질문하는 것이 물리 선택하면 고3이 되어도 PMI 노트 쓰냐고 물을 정도니 이 평가가 학생들에게 녹록지 않음이 확실하다.

둘째, 자기 생각을 쓰는 것에 익숙하지 않다. 학생들은 A4크기의 학습지에 수많은 빈칸이 있고 이 빈칸을 채워넣는 것이 공부라 생각했다. 수많은 빈 칸에 정답을 채워나가는 것은 A4 한 장도 순식간에 써 내려가지만, 빈 종이에 자기 생각 3줄을 쓰는 것인데도 쉽사리 펜이 움직이지 않는다. 수업에 참여하지 않았던 학생들은 P 한 줄도 쓰지 못한다. 즉, 뭘 배웠는지 쓰지 못한다. 배우지 않았으니까. 수업에 참여했던 학생들도 I 한 줄을 쓰지 못한다. 즉, 궁금한 것을 쓰지 못한다. 궁금해 본 적이 없으니까. 의외로 열심히 하는 학생들도 M을 쓰지 못한다. 모르는 것이 없어서이기도 하지만 I와 구분이 잘되지 않아 섣불리 쓰지 못한다. 잘못 쓰면 점수 깎일까 봐. 이 노트마저도 맞고 틀리다로 채점할 거라는 두려움이 있는 것이다.

더욱 의지가 생겼다. 그냥 받아들이기만 하는 것이 아니라 생각하게 하고 싶었고 그것을 표현했으면 하는 바람을 이룰 수 있을 것 같았다. 그래서 다소 강제적인(?) 방법으로 시작한 이 수행평가를 유지했다. 이런 강요에도 학생들은 어쩔 수 없이 받아들인다. 평가권을 가진 교사가 제시한 평가이니까. 이것 또한 강요된 선의이지 않았을까? 그래서 매해 오리엔테이션을 통해 PMI 쓰기를 연습하면서 열심히 설득해본다. 동감을 얻어내 보려 하지만 아직까지도 쉬운 일은 아니다. 그렇지만 학기 말에 수업에 대한 피드백을 받아 보면 'PMI를 그만둘까' 하는 물음에 극구 반대했다.

나는 학생들의 바람을 실현하기 시작했다. 3줄로 시작한 PMI는 수업 중간에 책을 읽어주는 코너가 생기며 다시 3줄을 보탰고, 매 수업 시작 전 복습하는 코너가 생기면서 다시 3줄을 보태어 총 9줄이 되었다. 그렇게 진행한 PMI에서 학생들의 물음, 즉 I 부분에 즉각적인 피드백이 안 된다는 점 때문에 학생들이 서로 I에 대해 답글을 달아주라고 10줄까지 늘리고 마지막에 사인까지 시켰다. 너무 과하다 싶어 그다음 학기에는 프린트 형식으로, 굳이 비교하자면 6줄 분량을 한꺼번에 쓰는 방식으로 바꿔보았다. 그리고 17년 올해는 다시 9줄로 돌아왔다.

이렇게 자꾸 바뀌는 이유는 학생들의 피드백과 나의 피드백이 매해 다르기 때문이다. 사실 누구나 다하는, 혹은 다 해봤던 노트 평가이다. PMI는 형식을 빌려온 것일 뿐이다. 이 노트를 쓰는 학생들과 평가하는 나의 목적이 다를지언정 여기서 학생들과 나에게 배움이 혹은 작은 변화라도 만들어진다면 그것으로 좋은 수업이고 평가이지 않은가. 이 평가방식이 정답이어서 '이대로 하세요'라고 말하는 것이 아니라 끊임없이 달라지는 학생들과 끊임없이 이야기하고 변화해 나가는 것 자체로 의미를 갖지 않을까 생각한다.

노트 평가는 이미 많은 분이 오래전부터 했던 것이라 평가가 어렵다고 생각하지는 않는다. 다만, 평가의 목적이 어디에 있는가에 대해 고민해보는 것, 그 자체가 일체화의 목적인 것이다. 기존의 노트 평가가 그것을 썼는가 안 썼는가를 가장 중요한 평가요소라고 봤다면, PMI 노트는 학생들이 자신의 생각을 기록했는가 안 했는가가 중요한 평가요소이다. 작성한 내용이 '옳은가, 옳지 않은가'보다는 매시간 자신을 반성하고 알게 된 것, 모르는 것, 궁금한 것을 생각하고 작성했는지에 따라 성취도가 결정된다.

교육과정 성취기준, 어쩌면 평생 몰라도 되는

학교급을 옮기거나 새로운 학년을 맡게 되었을 때, 그래서 새로운 수업을 준비할 때 가장 필요한 것은 무엇일까? 당연히 교과서다. 다른 걸 떠올려본 적이 있는가? 휴직을 했다가 복직하는 교사도 제일 먼저 챙기는 것이 교과서이다. 교과서를 가르치면 교사로서 임무는 다하는 것이다. 2011년 즈음, 교사는 교육과정 재구성을 반드시 하라는 압박이 가해졌다. 진도계획, 평가계획 등 교사라면 반드시 제출해야 하는 서류에 '교육과정 재구성'이라는 과제가 생겼다. 과제는 꼭 해야 하는 거라고 배운 세대로서는 도저히 그냥 넘어갈 수 없는 서류상의 공란이 생긴 것이다. 하지만 어쩌란 말인가? 아무렇게나 바꿔도 교육과정 재구성이라고 할 수 있을 것만 같은데 막상 그 '아무렇게나'도 되지 않는 것이 문제다.

잘 모를 땐, 단순하게 일단 해보는 것이다. 교과서 순서를 바꿨다. 중학교 과학은 물리, 화학, 생물, 지구과학이 각 1개 단원씩 2번, 총 8개 단원으로 구성되어 있었다. 예를 들면, 물-화-생-지-물-화-생-지 이런 순으로 8개 단원이 배치되어 있었던 것이다. 그래서 순서를 물물-화화-생생-지지로 단순히 같은 종류끼리 묶어서 단원 순서를 바꿔보았다. 학생들 말로는 학원이 적잖이 당황했다고 한다. 왜냐하면 모든 학교가 같은 순서로 단원을 나가기 때문에 학생들을 학교별로 나누지 않고 섞어도 내용이 같으므로 수업을 한 반에 몰아넣고 할 수 있었는데, 순서가 바뀌어 진도가 다르니 그에 맞게 학교마다 수업을 따로 만들어야 하는 상황이 생겼기 때문이다. 학원을 힘들게 하려고 한 일은 아니었다. 그저 하라고 하니 어쩔 수 없이 단순하게 한 것일 뿐이었다. 그런데 이 시도는 교육과정의 변화가 많은 것을 바꿀 수 있다는 사실을 알게 된 하나의 계기였다.

학교급을 옮겨 고등학교로 가게 되었을 때, 가장 먼저 쳐다본 것은 당연히 교과서다. 하지만 안타깝게도 화학과 생물에 집중했던 지난 6년간의 중학교 생활이 고등학교 물리1이라는 과목을 가르칠 역량을 다 지워버린 듯했다. 어떤 개념을 어떻게 가르쳐야 할까? 두렵고 미안했다. 아직 만나보지도 못한 그 학생들에게 무시당할 것이 두려웠고, 그래도 나를 바라보고 있을 학생들에게 미리 미안해했다. '교과서대로 하면 되겠지'라는 안일한 생각은 진즉 버렸다. 교과서도 자신이 없었기 때문이다. 그래서 찾은 해답이 '하던 대로 하자'였다. 대학물리로 임용고시를 보고, 합격하자마자 간 학교에서 생물을 가르쳤듯이. 우선 내가 가르쳐야 하는 최소한의 것을 찾기 시작했다. 기본, 학생들에게 꼭 가르칠 것. 그래야 욕먹지 않고 그래야 월급을 받아도 양심에 찔리지 않을 그것. 그런 것이 존재했다. 바로 교육과정 속 성취기준이었다.

뉴턴의 운동법칙을 가르칠 때 EBS 교재에 나온 수많은 문제 상황을 모두 설명하면서 가르칠 수 없다. 그럴 자신도, 필요도 없었다. '무엇을 가르쳐야 하는가'라는 근본적 물음에 답이 이미 정해져 있었던 것이다. 사실 교육과정이란 걸 쳐다본 첫 순간이었다. 임용고시를 준비하던 때를 제외하곤, 합격 후 진짜 수업을 6년간 해오면서 단 한 번도 교육과정을 보지 않았다. 그러면서 교육과정 재구성을 말하고, 교육과정이 별로라고 교육부는 도대체 뭐하는 곳이냐며 비판해왔던 것이다.

교육과정을 검색하다 보니 NCIC라는 곳이 나왔다. 국가교육과정 정보센터란다. 말 그대로인 곳이었기에 내용은 놀랍지 않았으나 이런 사이트의 존재 자체가 놀라웠다. NCIC에서 교육과정을 다운로드 받고 성취기준을 살펴보기 시작했다. 국가 단위에서 생각하는 인재와 교육의 목적이 꽤 설득력 있게 제시되어 있었다. 동시에 드는 생각은 수업을 하면서 이런 내용을 염두에 둔 적이 있던가 하는 것이다.

한 번도 쳐다본 적 없던 교육과정, 그리고 한 번도 생각해본 적 없던 성취기준을 보면서 적어도 내가 가르칠 학생들에게 제시할 교육의 방향성에 대해 생각해볼 수 있었다. 순서만 바꾼다고, 교육과정의 틀을 바꿨다고 해서 재구성이 아니라, 진정 학생들에게 무엇이 필요한지 생각해보고, 그 필요에 의한 재구성을 해야겠다는 생각을 했다.

예를 들어, 성취기준을 보고 현재 내가 가르치는 학생에게 바로 이 성취기준을 적용하기 어려웠을 때, 기준을 나누거나 수준을 낮춘 후에 다시 원래의 기준을 성취하고자 노력해보는 등 다른 무엇보다도 자유롭되 그만큼 강한 책임감을 가지고 변화시켜야겠다는 생각을 했다. 어쩌면 평생 몰라도 되는 부분이다. 실제로 교육과정을 읽어보지 않아도 교과서라는 훌륭한 교재는 수업을 진행하는 데 아무런 불편을 느끼지 않게 해준다.

하지만 교과서를 가르치는 것이 교사의 존재이유인지 한 번 생각해볼 필요는 있겠다. 비판을 하더라도 최소한 한 번은 읽고 비판해야겠다는 생각이 들었다. '왜, 무엇을 가르치는가?'에 대한 논의와 국가가 제시하는 방향은 교육과정 속에 있음이 분명하다. 이젠 그중에서 무엇을 가르칠지 혹은 누락된 것은 무엇인지 고민하여 '교사 교육과정'을 만들어 낼 때이다. 어떻게 할 것인가는 이 물음에서 시작해보자. 이 물음은 교육과정의 시작이자 끝이다. "나는 ○○과목의 교사로서 학생들에게 무엇을 가르치고 싶은가?"

기록, 창조의 고통에서 벗어나기

가수 서태지와 아이들이 해체할 때의 인터뷰가 아직도 머릿속에 생생하게 남아있다. 한 시대를 대표했던 뮤지션의 고백, '창조의 고통.' 시대의 리더를 울먹이게 했던 그 마음을 지금 선생님들이 느끼고 있지 않을까 생각한다. 학교, 학생, 학부모가 기대하고 있는 지금, 교사들이 그만큼 큰 부담을 느끼고 있다.

어떤 기록이 좋은 기록인가? 어떤 기록이 학생들을 대학에 잘 보낼 수 있는가? 교사가 어떤 학교생활기록부를 작성해 줄 것인가? 사실 이 부담은 '대학이 학생부에서 무엇을 보는가?'에 초점이 있다. 교사는 대학에 보내기 위해 잘 써줘야 한다는 부담감에 시달려 학생을 바라보기보다 기록 자체를 바라본다. 그러다 보니 좋은 대학에 갈 학생들만 신경 쓰게 된다. 다소 과장되고 몰아주는 기록이 만들어진다. 학부모와 학생의 기대는 교사의 부정을 부추기는 부분이 있다. 입시는 공정해야 한다고 말하면서 내 자식의, 내 학생의 기록은 다소 과장해도 괜찮다고 생각한다. 그런 주관적인 생각을 비난하고자 함이 아니다. 당연한 것 아닐까? 법에서도 자식의 잘못에 대해 숨기는 것은 처벌하지 않는다. 말하고 싶은 바는 그 어느 것도 객관적일 수 없다는 것이다. 어떤 사실이 '객관적이다'라는 것은 그 사실을 듣고 있는 '내 생각과 비슷하다'는 걸 의미한다. 내 인식과 다르면 교사의 기록은 주관적인 기록, 불평등한 기록이고 내 인식과 같으면 좋은 기록 마음에 드는 기록이다. 다시 돌아보면 객관적이면 정의롭다고 생각하지만 사실 객관은 주관을 바탕으로 한다. 다수의 주관이 일치하면 객관적인 것이다.

기록을 객관화할 수 없으니 학생부종합전형 따위 없애버리라고 한다. '담임 잘못 만나면 인생 망치는' 전형이라고 한다. 하지만 학생부종합전형은 한 명이 한 가지만을 보는 전형이 아니다. 행동발달 상황만 보고 그 학생을 그대로 보지 않는다. 입장을 바꾸어 생각해보자. 내가 입학사정관이고 우리 대학에 인재를 뽑아 대학 홍보도 하고 우수인재도 배출하고 싶은데 고3 담임의 기록만 보고 학생을 판단할까? 말 그대로 종합적으로, 봉사도 보고 진로도 보고 가장 중요한, 그리고 가장 많은 시간을 보내는 수업 활동에서도 그 학생을 보고자 하는 것이다. 그래서 과목별 세부능력 및 특기사항이 중요해졌다. 왜냐하면 고등학교에서 그 학생이 이수하는 과목이 여러 개이기 때문이다. 즉, 작성하는 교사도 여러 명이다. 여러 명의 주관을 통해 그것도 다양한 교사들이 바라보는 다양한 입장에서 공통된 특징을 찾고자 함이다. 다수의 주관적 기록을 통해 객관성을 찾는 것이다. 그렇기에 가능하면 많은 교사가 그 학생을 바라보고 기록해주는 문화가 필요한 것이다.

그리고 수치화하여 줄을 세워 1등부터 좋은 학교 들어가자고 한다. 무엇이 1등인가? 문제 잘 풀면 1등인가? 좀 과격하게 예를 들면 문제만 매우 잘 풀고 다른 것은 정말 꽝인, 함께할 줄도 모르고 다른 사람의 입장을 생각하지 않는 그런 사람과 함께 일하고 싶은가?

중학교에 근무할 때는 기록에 대해 그다지 고민하지 않았다. 담임교사로서 학년 말에 적는 행동발달사항이나 특목고를 진학하려는 학생의 한두 가지 항목이 걱정되었을 뿐이다. 하지만 고등학교에 왔더니 이야기가 달라졌다. 고등학생들에게 학교생활기록부는 이제 입시에 가장 중요한 요소 중 하나였다. 이제 고등학교들은 교사에게 다양한 활동을 강요한다. 학교생활기록부를 꼭꼭 채우기 위해 교사를 압박하고, 교사는 학생을 압박한다. 기록할 것이 없으니 학생들에게 발표를 시키고 과제를 내주고 그것을 기록한다. 학생들은 10시간짜리 방과후 수업을 들으면서 무엇을 배웠느냐보다 생기부에 한 줄 적히는지를 걱정한다. 학생과 학부모들은 압박에 지쳐 모두 다 잘해야 한다며 입시 너무 어렵다고, 학생부종합전형 같은 거 다 없애버리자고 한다. 사실 교사도 마찬가지다. 학생활동을 기획하는 것은 학교이고 교사이다. 교사의 능력에 따라 참신한 활동이 나오고 그것은 마치 그 학생의 능력인 양 포장된다. 그리고 잘 포장된 학생은 소위 명문대에 진학한다.

여기서 답답하다. 대학들은 왜 이런 것에 빠져 화려한 활동에 속아 학생들을 바라보는가. 이런 대학의 평가 때문에 교사는 지쳐가고 수행하는 학생들도 지쳐가고 학생을 바라보는 학부모님들은 속이 타들어간다. 이 평가에 경종을 울릴 수 있는 것은 교사들이다. 학생들이 활동을 했다고 훌륭한 것이 아니다. 활동을 하는 과정에서 보여주는 학생들의 모습, 성장의 과정 같은 것들을 보여주고 그 속에서 발전가능성을 찾도록 유도해야 하지 않을까? 일방적으로 대학 문제라고 이야기하면 대학 입장에서 억울할 것 같다. 정부에서는 학교생활기록부를 보고 뽑으라는데 활동밖에 안 적혀있는데 어떻게 평가하냐고 이야기할 것 같다.

교사들이 학생들을 보여줄 수 있는 방법 중 가장 믿음직한 것이 학교생활기록부이다. 믿음직하다는 말이 공평하다는 말은 아니다. 어느 누구도 과학고 1등급과 일반고 1등급을 똑같이 생각하지 않듯이 어떤 생기부도 공평할 수 없다. 학교가 다르고 교사가 다르고 학생이 다른

데 어떻게 그 기록들이 공평하다고 말하겠는가. 내가 생각하는 학교생활기록부는 졸업하고 나서 가끔 찾아보고 싶은 옛 추억의 일기장이다. 한 장 한 장 넘기다 보면 그때 추억이 떠오르며 슬며시 미소 짓게 되는 일기장. 그러기 위해 학교생활기록부에 담는 기록은 '이 학생은 이런 성향이다. 이런 걸 생각할 줄 안다', '이런 활동을 하고 이런 모습을 보여주었다'이길 바란다. 일기장은 지극히 주관적인 시선의 기록이다. 하지만 그 주관 속에야말로 학생 자신의 진짜 모습이 담겨 있다. 이 일기장에서 학생들의 열정을 찾아보면 어떨까? 무언가 해내려는 모습과 그 과정에서의 좌절과 성공을 이야기하면 어떨까?

그럼 이제 방법론으로 들어가 보자. 어떻게 기록할 것인가? 내 일기장도 쓰지 못하면서 학생들의 일기장을 쓴다는 것은 너무나도 힘든 일이다. 하지만 조금씩 일기장 흉내를 내보는 것은 어떨까? 매일 쓸 수 없다면 일주일에 한 번이라도 쓰고, 글쓰기가 어렵다면 그림일기를 그려보면 어떨까?

처음엔 메모장을 들고 다녔는데, 크고 귀찮아 잘 가지고 다니지 않게 되었다. 그리고 반별로 구분하는 것도 힘들었다. 포스트잇을 붙여 구분했는데 어느 반은 기록이 넘쳐 다른 곳에 덧붙여 써야 했고 어느 반은 기록이 적어 공간이 남기도 했다. 반별로 구분이 돼야 할 것 같아서 파일을 들고 다녀봤다. 그랬더니 어느 날은 7반 수업에 9반 파일을 들고 가서 기록하려다 김이 새버리기도 했다. 이것도 저것도 안 되서 노트북에 엑셀 파일로 기록해 보았다. 그런데 매번 컴퓨터를 가지고 다니는 것도 아니고 쉬는 시간에 잊지 않고 50분의 과정 중에 몇몇 학생의 기록을 붙잡고 있는 것이 쉽지 않았다. 쉬는 시간에도 학생들은 질문을 하거나 외출증을 받으러 온다. 제정신을 차릴 수가 없었다. 결국 그 시간에 그 순간에 바로바로 적어야겠다는 생각에 핸드폰을 들고 다니며 적기 시작했다. 처음엔 에버노트라는 앱을 활용해보았다. 그런데 사전작업도 귀찮고 핸드폰으로 문자 보내듯이 기록하는 방식이 중간중간 수정도 어려웠고 꽤 어색했다.

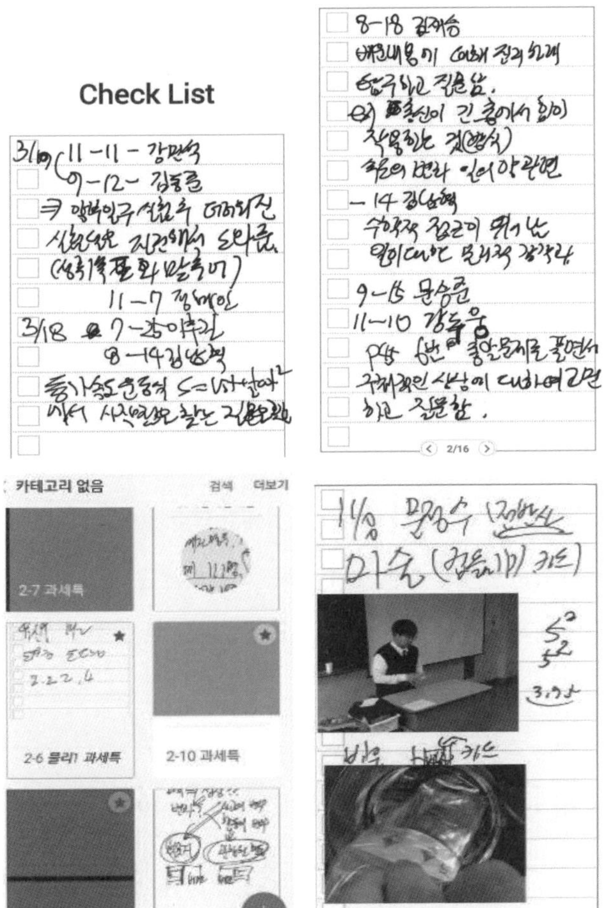

결국 현재 안착한 방식은 스타일러스 펜이 있는 휴대폰을 구입하여 바로바로 꺼내 적는 것이다. 학급별 주제별 노트를 10권을 만들어도 핸드폰만 챙기면 되었다. 실제로 글을 쓰듯이 기록할 수 있었고 그림도 그릴 수 있었다. 아니 그림을 그리기보다 아예 그 순간 사진을 찍고 첨부하는 것도 간단했다. 잘 기억나지 않던 내용도 사진을 보면 마치 동영상을 재생하듯 그 순간의 기억을 되돌려준다.

학교생활기록부 중 과목별 세부능력 및 특기사항의 기재 예

국토순례 중 마지막 일정인 경복궁 답사에서 궁 안에 있는 앙부일구를 찾아 배웠던 해시계를 직접 읽고 시간을 맞춰보는 모습을 목격함. 광전효과와 광합성의 관계에 대하여 각 용어에 대한 정의부터 에너지 관련 기작까지 내용을 이해하고 교사에게 설명할 수 있을 정도로 열심히 조사하여 보고서로 제출함. PMI(장,단,개선점)논술 과제를 하면서 매시간 빠짐없이 PMI뿐만 아니라 내용정리까지 하였으며 특히 광전효과 단원에서 아인슈타인의 노벨상 논문임을 알고 신기하게 생각함. 1학기 창의적교과활동-인포그래픽 그리기 활동에서 역학적 에너지 보존을 단순히 그림으로 표현하지 않고 미니 롤러코스터를 직접 만들고 두꺼운 도화지를 이용하여 오르막내리막을 만들어 위치에너지와 운동에너지가 전환되는 과정을 표현함.

물리과목을 배우며 우주와 핵에너지에 관해 학문적 호기심이 많은 학생으로 자신의 궁금증을 스스로 해결하려는 모습을 보이며 적극적이고 긍정적인 모습을 보여줌. PMI(장,단,개선점)논술 과제를 하면서 매 수

업시간 빠지지 않고 내용을 작성했을 뿐만 아니라 수업시간 강의내용까지도 잘 정리하였으며 특히 강의를 듣는 도중 궁금했던 점을 그때그때 노트에 써놓은 다음(예: 청색편이관찰여부, 중력자관찰방법등의 질문) 수업이 끝나고 쉬는 시간마저 아끼지 않고 찾아와 질문하고 이해가 되지 않는 부분에 대해서 끝까지 파고드는 탐구력이 있는 학생임. 내용정리, 질문내용, 질문방식이 모두 충분히 사고해보고 이루어지며 자신의 언어와 이해방식을 통해 지식을 받아들이고 자신 혹은 자신의 생활 속에 적용한 질문(예: 발전소에서 전기를 송전하는 방식)을 하는 모습을 보면서 학생의 발전가능성이 매우 크다고 생각함. 이러한 탐구심을 바탕으로 과학논술작성에 우수한 모습을 보임. 개인적으로 우주의 신비와 핵에너지에 깊은 관심을 보이며 많은 질문을 하면서 PMI주제 중 랜달 먼로의 TED강의 주제인 'Comics that say "what if"' 관련 영상을 보고 NASA에 가서 일해보고 싶다는 생각을 함.

이런 방법론은 각자에게 맞는 방법을 사용하면 되니 어떤 방식인가는 중요하지 않다. 다만 이런 기록을 할 시간이 어디 있냐고 질문한다면 수업을 바꿔야 한다고밖에 말할 수 없을 듯하다. 학생들이 움직여야 교사가 움직일 수 있는 시간이 생긴다. 모든 학생이 교사만 쳐다보고 있어야 하는 시스템에서는 불가능하다. 그래서 무엇 하나 별개일 수 없다. 수업이 바뀌지 않으면 기록마저도 쉽지 않을 것이다. 학생이 주도하는 수업, 교사의 누가기록, 이 두 가지가 학생의 일기장을 그리는데 중요한 키워드라고 생각한다.

일체화 도전기: {수업 = 숨쉬기}

앞의 이야기를 거쳐 온 수업 중 하나를 소개하고자 한다. 거듭 봐도 일체화라는 말에 어울리는 수업인가 고민되지만, 그렇기에 더욱 보이고 싶다. 이 수업을 보고 있는 당신에게 피드백 받고 싶다.

물1112. 거리와 위치 측정에 대한 다양한 방법을 알고, 길이 표준의 의미와 확립 과정을 진술할 수 있다.

위와 같은 성취기준을 가지고 아래와 같이 수업을 진행했다.

복습 및 동기 유발	5분	복습 PMI(①)를 작성한다. - 출결확인 및 수업준비도를 확인한다. 물리부장은 시작종과 함께 복습발표를 시작한다. 발표는 누구나 할 수 있으나 기본적으로 3명의 부장이 돌아가며 실시
	10분	주제 PMI(②)를 작성한다. —동기유발 책으로 관련 책의 일부나 기사 혹은 동영상 등을 통해 학생들의 관심을 끈다. 오늘 수업의 학습목표(성취기준)를 제시한다.
강의	15분	15분간 시범실험과 함께 핵심 개념 강의 —15분간 강의하되 최대한 집중력을 발휘할 수 있도록 시범실험 및 간단한 사고실험 등을 통해 자극을 주고 설명은 간결하고 확실하게 전달한다.
과제 및 정리	5분	개인 과제 수행 - 예) 조선 시대 시계 만들기 아이디어 - 개인 과제 시 학생들과 많은 교류를 유도하며 수업 이해를 돕는다.
	10분	모둠 과제 수행 - 예) 교실 세로 길이 측정하기 손 발전기를 만들어서 불이 들어올 수 있도록 하고 교사는 확인하면서 동영상 촬영을 통한 예시를 제시, 올바른 과제 수행이 될 수 있도록 한다.
	5분	수업 PMI(③)를 작성한다. - 정리 및 평가 : 모둠 마무리 및 수업 PMI를 통해 오늘 수업에 대한 정리 (수업일기)

수업 종이 울린다. 2-7반 물리부장 3명 중 오늘 담당인 엄○○은 칠판 앞에 서서 학급 친구들이 있는지 확인하고 복습 발표를 시작한다. 내용은 지난 시간에 배운 '시간 표준'의 의미이다. 태양시, 역표시, 원자시 등을 이야기하고 지난 시간 과제였던 '조선 시대에서 시계 만들기 아이디어'에 대해 이야기한다. 듣는 학생들은 PMI 노트를 꺼내 복습 PMI 3줄을 작성한다.

교사는 발표하는 부장에게 방해되지 않도록 교실 뒷문으로 슬며시 들어온다.(3월까지는 학생들이 교실 앞뒤로 눈치를 본다) 아직 교사가 들어왔음을 인지하지 못한 친구에게 무얼 하고 있냐고 조용히 물어보고, 앞에서 용기 내어 이야기하고 있는 부장의 발표를 들어달라고 부탁한다.

교사가 교단 앞에 선다. 부장은 발표를 마치고 자기 자리로 돌아와서 인사를 지휘한다. "자세 바르게, 공수, 배례" 구호에 맞춰 교사와 학생은 상호 공손히 인사한다.

교사는 책을 꺼낸다. '선생님도 궁금한 101가지 질문사전' 중 한 주제를 교실을 걸어 다니며 읽는다. 읽을 때는 빠르지 않게, 강조할 것은 더욱 천천히 크고 단호하게. 학생은 이야기를 들으며 주제 PMI 3줄을 작성한다. 몇몇 친구는 책 내용을 요약, 기록하며 적은 후 다시 3줄을 쓰기도 하고, 몇몇 친구는 듣는 순간순간 작성한다. 다 읽은 교사는 자신의 견해를 이야기하기도 하고 학생들의 질문에 대답을 해주기도 한다. 어느 정도 다 적었다고 보이면, 오늘 수업의 성취기준을 제시한다.

"거리와 위치 측정에 대한 다양한 방법을 알고, 길이 표준의 의미와 확립과정을 진술할 수 있다."

물리부장 5분 복습

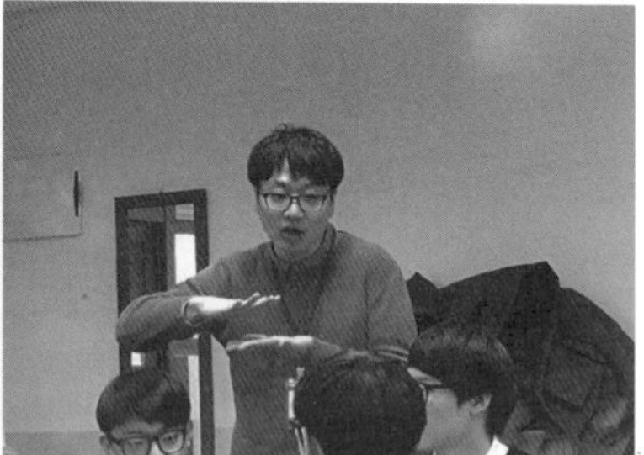

15분 강의

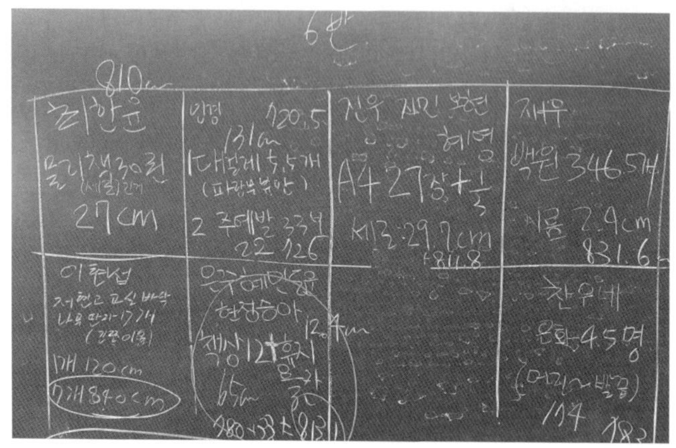

모둠 과제(교실 길이 측정하기)

교사가 휴대폰의 스톱워치 앱을 실행하고, 15분으로 세팅된 시작 버튼을 누른다. 15분간 강의하되 최대한 집중력을 발휘할 수 있도록 간단한 시범실험 및 사고실험을 통해 자극을 주고, 설명은 간결하면서 확실하게 전달한다. 오늘은 길이를 측정하는 여러 단위를 이야기해 보고 길이 표준의 역사를 전달한다. 1m를 어떻게 정하게 되었는지 프랑스를 통과하는 자오선부터 금속원기를 지나 원자시까지 설명한다.

이제 과제 시간이다. 오늘의 과제는 '교실 세로 길이 측정하기'이다.

학생들에게 길이를 측정할 만한 것('자'라고 할 수 있는 것)을 결정하게 하고 모둠별로 교실의 세로 길이(칠판에서 뒷벽까지)를 측정하게 한다.

학생들은 물리 교과서, 학생의 신장, 타일, 샤프심, 두루마리 휴지까지 측정이 정확하면서 용이하다고 생각하는 도구를 결정하여 측정한다. 교사는 학생들이 적절한 도구를 사용하도록 유도하기 위해 적절한 길이 측정 도구의 조건을 생각해볼 수 있는 질문을 한다. 그리고 끊임없이 돌아다니며 학생들의 활동 상태를 확인하고 학생들의 측정 모습과 오고가는 이야기를 유심히 관찰하며 학생들의 특기사항을 기록한다.

과제를 수행하는 학생들은 예를 들어 '물리 교과서 세로로 27'이라는 길이가 측정된다. 이렇게 모든 모둠에서 측정 활동이 끝나면 교사는 학생들에게 자신이 측정한 도구를 자를 이용해 m 단위로 변환해서 알려주라고 한다. 그렇게 모든 모둠이 각자의 도구로 측정한 길이가 결정되면 물리부장과 함께 직접 교실 길이를 측정하여 오차가 적은 모둠을 결정해보고 어떤 도구를 선정했기에 그런 결과가 나왔는지 확인해보며 수업을 마친다.

수업이 끝나기 5분 전, 학생들은 다시 노트를 펼치고 오늘 수업의 PMI를 3줄 적는다. 수업시간에 알게 된 것은 무엇인지, 모르겠는 것은 무엇인지 그리고 흥미로운 점 혹은 개선점은 무엇인지를 적는 것이다. 교사는 작년 선배들의 아이디어를 소개하면서 재밌었던 점을 이야기한다.

종료종이 울리면 다시 공손히 인사하고 수업을 마친다.

이번엔 위와는 달리 수업 1시간에 대한 설명보다는 큰 틀에서 올해 2017년 고3 학생들과 함께한 고급물리 수업과 평가를 소개하려고 한다. 고급물리라는 과목은 전문교과로 보통 과학고 학생들이 이수하는 과목이지만 일반고에서도 개설이 가능하다. 대학에서 배우는 일반 물리학 수준의 물리학을 가르치고 있지만, 그것보다 고3이라는 대상에 좀 더 주목했다. 이 정도 학습을 마친 학생들이 무엇을 할 수 있어야 할까? 어느 정도 지식이 쌓여 있다면 이제 서로 물리에 대해 이야기하고 토론할 수 있어야 하지 않을까? 그래서 생각한 것이 '물리 세미나'라는 수행평가이다. 학생들에게 무엇을 가르치고 싶은지 먼저 결정하고 그것을 알아보기 위해 평가를 디자인했다. 굳이 백워드 설계가 필요할지는 모르겠으나, 그리고 그런 것을 의도한 바는 아니나 자연스럽게 이런 순서가 되었다.

평가의 종류와 점수는 수행평가 20점으로 정했다. 방식은 크게 3단계로 구성했다. 1단계(5점) 제안문, 2단계(10점) 세미나, 3단계(5점) 수정 제안문. 평가 시기는 당연하게도 1학기 수업시간 내내이다. 고급물리는 3단위로 일주일에 3시간 수업한다. 그중 1시간을 '물리 세미나' 시간으로 고정했다. 예를 들어, 매주 목요일 4교시는 세미나 시간인 것이다. 1학기는 17주, 즉 주당 1시간이니 17시간이 세미나 시간이지만 1차 지필, 2차 지필, 그리고 결정적으로 6월 말에는 수행평가의 결과를 제출해야 하니 7월의 3시간 정도를 제외하면 실제로 시행한 시간은 11시간 정도이다. 세미나 평가의 목적과 의의를 설명하는 데 1시간, 평가 방법과 모의 수업을 하는 데 1시간을 사용해서 실제 세미나는 9시간 진행했다.

1단계 제안문에서는 학생들이 관심 있는 주제에 대해 조사해보고 질문을 만들어 그 질문에 스스로 답하는 과정이다. 예를 들면 우주 멸망

시나리오에 관심 있는 학생은 빅뱅 이후 어떻게 우주가 멸망할 것인가에 대한 시나리오를 조사하고 여러 시나리오 중 가장 가능성 큰 시나리오를 선택하고 이를 기반으로 자신만의 시나리오를 답해보는 것이다. 사전조사에 2점, 질문에 1점을 부여하지만 내가 생각한 가장 중요한 평가 요소는 질문에 대한 자신만의 대답이 있냐는 것이다.

2단계 세미나에서는 자신이 써온 제안문을 발표하고 그 주제에 흥미 있는 학생끼리 모여 세미나를 진행한다. 발표는 PPT를 사용하지 않고 했다. 발표를 PPT의 화려함이나 숙련도로 평가하는 게 아니라 자신의 이야기를 다른 사람에게 전달할 수 있는, 과학적 의사소통 능력을 키워주고 싶었다.

한 시간에 4명 정도가 발표하게 했으니 4가지 주제에 대한 세미나가 동시에 진행되는 것이다. 4명이 발표하고 나면 제안자들은 교실 앞쪽에 적절히 나눠서 있고 그 앞으로 나머지 학생들이 이동하는 형태이다. 제안자들은 질문을 받거나 나머지 학생들과 토론한다. 이때 제안자를 제외한 모든 학생에게 포스트잇을 한 장씩 나눠준다. 그 주제에 대한 의견을 적어내는 것이다. 아주 충분한 시간은 아니라고 생각하지만 25분 정도 세미나를 하고 포스트잇에 자신의 의견을 작성하여 제안자에게 제출한다. 그러면 제안자는 자신의 제안문 뒷면에 가장 합리적이고 내 생각의 변화를 준 의견 5개를 선정해 붙여서 제출한다. 반드시 5개를 뽑을 필요는 없다. 최대 개수를 5개로 제한한 것이다. 제안자가 아닌 학생들 입장에서는 자신의 포스트잇이 이 뒷면에 5번 붙어야 세미나 점수 10점을 받는다. 35명 수업에 4명씩 발표하니 9번의 기회 중 5번 선정되면 만점이다. 교사는 가능하면 선정에 관여하지 않는다. 자신의 생각을 바꾸고 타인의 생각을 바꾸며 서로 합의해 나가는 과정, 즉 과학적 의사소통능력을 보고 싶었다.

3단계 수정 제안문에서는 다른 학생들의 의견을 활용하여 수정한 제안문을 작성하여 제출하는 것이다. 기존 제안문에서 변화된 부분만 작성하라고 한다. 간혹 다른 학생들이 다 틀려서 어떤 의견도 변화를 만들지 못했다며 쓸게 없다는 학생들에게는 왜 그렇게 생각했는지 이유를 작성하여 제출토록 했다.

사실 많은 교사가 하고 있는 별다를 것 없는 발표 수업이다. 다만 이 수업을 이야기한 것은 발표 수업이 단순히 과제 형식의 한 순간의 발표로 평가하지 않았으면 하는 마음에서 비롯한다. 발표 수업은 학생중심수업, 기록하기 좋은 수업이라는 장점이 있지만, 과제형태로 부여한다면 학생들은 수십 번의 발표를 준비하느라 머리를 싸매고 힘들어 하기 때문이다. 앞서 이야기했지만 과정중심평가가 일회성 발표를 여러 번 하는 것이 아니라 발표라는 평가과정 속에서 발표 준비, 발표, 발표 후의 변화까지 담아내고 싶었다.

변화, 불파만 지파참

팩트폭력. 언제부터였을까 '팩트'가 '폭력'이 된 것이. 분명 이야기를 읽고 나서 누군가는 나에게 그리고 이 글에 팩트폭력을 가할지도 모른다. 헛소리하지 말라고, 어차피 현실에서 서열화되어 있는 대학과 학벌주의가 강한 사회, 지하철에서 각기 다른 목적지를 가면서도 한 발이라도 먼저 앞서나가려, 남들을 이기려고 노력하는 우리나라에서 그런 수업 하면 뭐하냐고 결국은 서울대 몇 명 가는지가 중요한 거 아니냐고. 이상적인 이야기일 뿐이라고. 여러 학교에 다니며 일체화 이야기를 하다 보면 이와 비슷한 반응을 볼 때가 많다. 이런 이야기, 이런 연수 필요 없는데 바쁜 사람 강제로 앉혀다 놓고 귀찮게 한다며 불만 가득한 얼굴로 쳐다보고 있다.

이제 거꾸로 이야기를 들어보자. 그럼 수업시간 내내 자고 학원에서 공부하여 1등급인 학생들, 어차피 내신 8등급이니 내버려두라고 말하는 학생들을 어떻게 해야 할까? 서열화되어 있는 이 환경에서 굳이 학교에서 수업할 필요가 있을까? 공립학교 교사가 필요할까?

"나는 왜 이 과목을 가르치고 있나?"

원론적인 대답, 듣기 좋은 대답은 많다. 하지만 정말로 그런 대답 때문에 수업하고 있는가? 솔직한 나의 대답은 바로, 내가 하고 싶어서이다. 물론 학생을 위해서, 학교를 위해서라는 비중이 0이 아니라, 모든 이유 중에 가장 큰 것이 '하고 싶어서'이다. 거짓말 같지만 진심이다. 마음속에 분명 내 생각과 지식을 전달하고 싶다는 욕구가 있다. 교직 경력 25여 년 되신 분께서 수업에 대해 이렇게 말씀하셨다. "내가 할게 뭐 있어. 이거나 해야지." 이제 선생님들에게 묻고 싶다.

"선생님, 왜 수업하세요?"

"보이지 않는다고 빛나지 않는 게 아니다."

밤하늘의 별을 보다 보면 보이지 않던 희미한 별이 어느샌가 선명하게 내 시선을 붙잡는다. 이미 변화를 위해 노력하고 있는 모든 이를 위해, 즉 이 책을 읽고 있는 당신에게 이 말을 하고 싶다. 보이지 않지만 빛나고 있는 당신이란 별을 어떤 천문학자가 찾아주고 이름을 붙여 다정하게 불러 주리라 생각한다. 이 천문학자는 학생일 수도 있고, 교사일 수도 있고, 학부모일 수도 있다. 누가 될지 모른다. 그리고 그 천문학자도 또 하나의 빛나는 별이다. 김춘수 시인이 '꽃'이란 시에서 이야기하듯 이름은 존재의 의미를 만든다. 서로가 서로에게 존재의 의미를 부여할 때 살아갈 힘을 얻는다. "네가 있어 고마워", "네 덕분에 잘 해결되었어"라는 한마디에 힘이 불쑥 난다. 나를, 그리고 내가 하고 있는 일들을 알아주고 격려해주고 칭찬해주는 사람들이 있어 지치고 반복된 삶을 살아간다. 학생들은 자신의 이름을 불러주는 것만으로도 교사에 대해 긍정적인 감정을 갖는다. 한 TV 프로그램에서 나온 작가 박완서 님의 말, "작가는 사물의 이름을 아는 자다." 다소 유치해 보일 수도 있지만 이렇게 바꿔보면 어떨까?

"교사는 학생의 이름을 아는 자다."

이름을 안다는 것은 공자의 정명(正名)사상과 일치한다고 생각한다. 앞에서 말한 이름이 비단 이름 세 글자만 의미하지 않음을 모두 느끼리라. 사물의 실상을 나타내기 위한 도구로서의 이름이 아닌 사물의 내면이 가지고 있는 모습과 그 가치, 즉 그 학생이 어떤 인간인지, 무얼 좋아하는지 어떤 성향 또는 어떤 능력을 가지고 있는지를 아는 것이 이름을 아는 것이지 않나 싶다. 그리고 교사는 그 학생이 무엇을 계발하고 나아갔으면 좋겠다는 방향을 제시하고 이끌 수 있어야 한다. 그것이 교사라는 이름에 주어진 명분인 듯하다. 그 명분을 수업에서 이뤄내고 싶다. 그러기 위해 던지는 화두,

"수업을 고민하세요."

일체화 이야기의 시작과 끝. 고민 끝에 마음먹고 수업하다 보면 똑같은 수업을 해도 어느 날은 그럴듯해 보여 스스로 뿌듯한 날도 있고, 또 어느 날은 이게 아닌가 싶어 두렵고 불안한 날들도 있을 것이다. 답도 없고 에너지는 소모된다. 하지만 두려워할 것은 그것이 아니다. 중국 명언 중에 이런 말이 있다.

不怕慢, 只怕站(불파만 지파참)
느린 것을 두려워하지 말고, 멈추는 것을 두려워하라.

끊임없이 고민하는 이유는 학교를 위해서만이 아니다. 학생을 위해서만도 아니다. 수업이라는 삶 속에 있는 나 스스로를 위한 고민이다. 같은 에너지를 쓰더라도 내가 스스로에게 동감하고 감동하여 행동한다면 좀 더 행복하게 인생을 살아갈 것 같다. '수업 좋았다'라고 했던 날은 대부분 고민하고 고민한 방법을 적용해보고 학생들 반응이 좋았던 날이었다. 내 이야기가 저 어린 친구들에게 전해진 날이었다. 그 날 행복했다. 이 책을 읽는 모든 선생님의 행복한 날이 하루라도 더해지길 바란다.

일체화 실습해보기

이명섭, 나루고등학교 수석교사

교육과정-수업-평가-기록 일체화를 하기 위해서는, 학기가 시작되기 전의 계획수립이 필요하며, 학기 중에 실천해 가면서 성찰하고 환류하는 것이 중요하다. 그 단계는 다음과 같다.

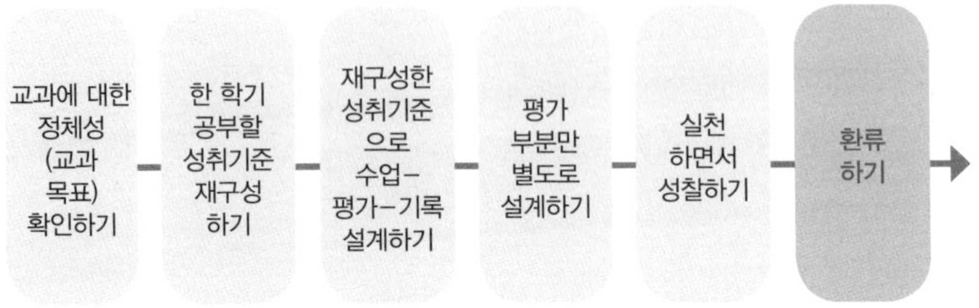

이와 같은 계획 수립을 하기 위해서는, 필연적으로 템플릿(양식)이 필요하다. 분명한 것은 양식은 목적을 이루기 위한 도구에 불과하다는 것이다. 종종 이러한 양식들 자체가 목적이 되어서 지침화되거나, 매뉴얼화되는 경향이 있다. 그런 면에서 여기에 소개하는 양식을 활용하되, 고정하지 않고 다양하게 수정되어 사용되기를 바란다.

1단계: 교과의 정체성 확인하고 재진술하기

1-1단계는 '나는 이 과목의 교사로서 학생들에게 무엇을 가르쳐야 하는가?' 하는 가장 근본적인 물음에 답해보는 부분이다. 그러기 위해서는 일단 교과 교육과정상에 나타나 있는 '목표와 성격'을 읽고, 이를

성찰 단계	성찰의 내용
교육과정상의 목표 확인하기	1. 국어활동, 국어, 문학에 대한 기본적인 지식 2. 다양한 유형의 담화와 글을 비판적이고 창의적으로 수용, 생산 3. 국어의 가치 인식, 국어 생활을 능동적으로 하는 태도
내가 생각하는 목표로 재진술하기	나는 국어 과목의 교사이다. 　국어 수업은 함께 말하고 듣고 읽고 쓰는 통합적 의사소통능력과 협업능력을 향상시켜 사물과 사람, 그리고 세계에 대한 이해력을 높이고, 자신의 삶을 성찰하게 하는 것이다.
좋은 수업의 의미 (이상 3가지)	1. 삶과 맞닿을 수 있는 경험을 주는 수업 2. 스스로 계획하고 탐구하고 표현하는 수업 3. 관계와 경험을 통해 성장하는 수업
내가 하고 싶은 수업의 의미 (가능성 3가지)	1. 말하고 듣고 읽고 쓰는 통합 활동의 지속적 반복 2. 교사의 안내에 따라 학생들이 스스로 움직이는 수업 3. 도구보다는 내용에 의지하는 수업
내가 지금 하고 있는 수업의 의미 (현실 3가지)	1. 교육과정−수업−평가−기록 일체화를 추구하는 수업 2. 여전히 산만한 수업 3. 집중도 70%를 넘지 못하는 수업

생각이 깊음	실천적임	부끄러움	끈기있음
조용함	솔직함	주장이 강함	당황을 잘함
습관적임	변화를 좋아함	침착하지 못함	규칙을 지킴
상상력이 풍부	충고를 잘들음	감정이 예민함	쾌활함
적극적임	도전적임	충동적임	잘 참음
소극적임	경쟁을 즐김	긍정적임	남을 배려함
부드러움	낙천적임	흥분을 잘함	덤벙거림
창의적임	혼자있기 좋아함	기분이 앞섬	감동을 잘함

연결한 단어를 바탕으로 자신을 표현해보기

나는 상상력이 풍부하고 변화를 좋아하며 부드럽고 낙천적이며 감동을 잘하나,
가끔 침착하지 못하고 충동적이며, 당황을 잘하는 사람이다.

어떤 성향의 교사인지 표현해보기

나는 학생들에게 긍정적이고 풍부한 상상력으로 감동을 주고자 노력하나,
가끔 충동적으로 일을 벌여 당황케 하는 교사이다.

나의 교과 철학과 경험 등에 비추어 재진술하는 것이다. 이것은 교과
정체성이 흔들릴 때마다 기본 정신으로 돌아가게 해주는 가장 중요한
진술 부분이다.

그런 후에 자신이 생각하는 좋은 수업(이상적인 수업)이란 무엇인지? 어떤 수업(가능성 있는 수업)을 하고 싶은지? 그러나 실제로는 어떤 수업(현실적 수업)을 하고 있는지를 확인하는 실습의 첫 단계라 할 수 있다.

1-2단계는 자신의 과목에 대한 정체성을 확인한 후, 이러한 수업을 하기 위해 학생들에게 긍정적인 자세를 가지고 있는지를 스스로 확인하는 과정이다. 즉, 주어진 단어 중에서 본인에게 해당된다고 생각하는 단어들을 골라 낸 후, 이를 연결하여 자신의 성향을 점검하고, 이를 다시 교실 현장에서의 교사의 성향을 점검하는 부분이다.

2단계: 한 학기 공부할 성취기준을 재구성하기

한 학기 동안 가르쳐야 할 성취기준을 확인한 후, 이것을 재구성하는 것이다. 모든 과목은 학기별로 배우고, 학기별로 평가하기 때문에 이 과정은 단원별 계획보다 더 중요하다고 생각한다. 이때 성취기준 자체를 재구성하는 방법에는 단계별로 4가지가 있다.

소극적 재구성	성취기준을 단순히 분류하거나 구체화하는 것
적극적 재구성	성취기준을 + (합치거나 더하기), − (빼거나 덜어내기), × (융합하기), ÷ (나누거나 쪼개기) 하는 것
적극적 변형	성취기준의 내용을 다른 것으로 바꾸는 것
창조	성취기준 자체를 새롭게 만드는 것

문제는 '기존의 성취기준을 벗어나는 것이 가능하느냐?'는 것인데,

교사의 의도에 의해 성취기준이 가지는 의미를 크게 훼손하지 않는 범위 내에서는 가능하다고 본다. 또는 교과 교육목표에 구현되지 않은 것이 있을 경우에는 교사가 새롭게 만드는 것도 허용해야 한다고 생각한다.

교육과정은 문서상에 있는 고정된 것이 아니라, 교실 현장에서 구현될 때 비로소 존재하는 것이다. 따라서 전문가들이 만들어 보급했다 하더라도, 이것을 교사가 다양한 맥락, 즉 학습자, 학교, 교사 등을 고려하여 재구성하는 것은 당연한 일인 것이다. 성취기준을 재구성한 후, 어떤 제재를 사용할 것인지(교과서라면 쪽 수 정도)를 기입하도록 한다. 교과서 해설자처럼 교과서의 진도 순서대로 가지 않는 것은 당연한 것이다. 아래는 2009 개정 교육과정의 문학을 예로 들어 한 학기 계획을 짜본 것이다.

시기	성취기준	문학작품(교과서 쪽)	평가
3월	31052–1. 문학이 내용과 형식의 유기적 구조체임을 이해하고 감상할 수 있다.	정일근의 흑백사진 –7월 등 (122쪽) 다양한 작품의 예	짝활동 평가
4월	310513–2. 작품 속 인물들이 처한 상황을 바탕으로 다양한 삶의 방식을 이해할 수 있다. 310511–1. 작품을 읽고 작품에 나타난 작가의 문제의식과 주제를 설명할 수 있다.	햄릿(128쪽) 등 다양한 작품의 예	TBL (쪽지 시험)
5월	310512–1. 문학 작품을 읽고 타인의 생각을 이해하고 수용할 수 있다. 310513–1. 작품 속 인물들의 삶과 생각을 통해 자신의 삶과 생각을 평가하고 성찰할 수 있다. 310512–3. 문학 작품을 창의적으로 재구성하고 창작할 수 있다.	돌담에 속삭이는 햇발(13쪽) 이성부의 봄(14쪽) 신석정의 꽃덤불(32쪽) 김춘수의 꽃(57쪽) 윤동주의 별헤는 밤(58쪽) 김광섭의 저녁에(93쪽),	PBL (프로젝트 수업 –10 분 발표)

다음은 2015 개정 교육과정 문학과목을 가지고, 성취기준을 재구성한 것이다. 두 개의 성취기준을 해체한 후, 다시 결합하는 방식이다. '자신의 삶을 성찰한다,' '타인의 삶을 이해한다.'라는 활동을 중시하는 수업을 해 보고 싶은 의도에서 재구성한 것이다.

순서	기본 성취기준		성취기준 재구성	재구성 방법
	번호	성취기준		
1	[12문학02-04]	작품을 공감적, 비판적, 창의적으로 수용하고 그 결과를 바탕으로 상호 소통한다.	1. 문학작품을 공감적 비판적으로 읽고, 자신의 삶을 성찰한다.	기존 성취기준 해체 후 다시 결합
2	[12문학04-01]	문학을 통하여 자아를 성찰하고 타자를 이해하며 상호 소통하는 태도를 지닌다.	2. 문학작품을 공감적 비판적으로 읽고, 타인의 삶을 이해한다.	

3단계: 재구성한 성취기준을 가지고 수업-평가-기록 설계하기

한 학기 교육과정을 재구성한 후, 실제로 성취기준별로 또는 차시별로 수업과 평가와 기록까지 설계해보는 과정이다.

크게 3단계로 구성되어 있다.

3-1단계: 무엇을 배우는가?

먼저 2단계에서 했던 재구성한 성취기준을 써 보고, 이를 지식(~을 안다)과 기능·태도(~을 할 수 있다)로 분류하여 학습 요소를 만든다. 이 학습 요소를 분명히 명기해야, 학생들이 무엇을 배우는지가 명확해질 수 있다.

학생이 배웠다는 것은 '아는 것'을 넘어서서 '하는 것'으로 귀결되어야 한다. 즉, 자신의 삶으로 적용하거나 성찰해야 한다는 뜻이다. 수업에서 우리가 흔히 지식만을 가르치는 오류를 범하지 않기 위해서 강조되는 것이 '한다'를 작성해보는 것이다. 국어과의 예를 들면, 소설을 읽고 주제 등을 맥락적으로 이해하고 현대적 의미로 비판하는 것은 '아는 것'이라 할 수 있다. 반면에 이를 적용하여 현대사회의 문제점에 관해 토론하고, 자신의 삶을 반성하는 글을 쓸 수 있다는 것은 '하는 것'에 해당된다. 활동 자체라기보다는 앎의 실천 부분이라고 인식해야 한다.

다음은 그 성취기준을 바탕으로 핵심질문을 만들어보는 것이다.

핵심질문은 '중요한', '기본적인', '이해를 위해 필수적인', '지속적으로 탐구하는'이라는 의미를 가진 것으로, 이 질문을 학생들에게 지속적으로 던짐으로써, 학생들이 스스로 탐구할 수 있도록 하는 장치이다. 다음은 그 예이다.

재구성한 성취기준 써 보기	번호 [12문학02-04], [12문학04-01]		윤동주의 작품을 공감적, 비판적, 창의적으로 수용하고 경험을 통하여 자아를 성찰한다.
학습 요소 만들기	지식(~을 안다)		기능·태도(~을 할 수 있다)
	윤동주의 작품에 나타난 다양한 정서와 사상		정서와 사상에 대한 공감과 비판 경험을 통해 자아를 성찰함.
핵심질문 만들기	작품을 공감적 비판적으로 수용하고, 자신의 삶을 경험을 통해 성찰할 수 있는가?		

3-2단계 : 어떻게 배우는가?

3-1단계의 내용을 학습경험으로 만드는 부분이다. 즉, 학생들이 '무엇을 어떻게 배우는가?'를 설계하는 부분이다. 차시별로 해도 좋고, 성취기준별로, 또는 단원별로 다양한 방식으로 설계를 해보되, 반드시 교사의 가르침보다는 학생의 배움을 중심으로 설계해야 한다. 다음은 그 예이다.

학습경험 만들기	배움 열기	1. 시 여기저기 무조건 읽어 보기 　→ 재미있거나, 경험해 봤음직한 시 골라 보기 2. 자기가 골라 읽은 시에 대해 공감되는 부분 서로 이야기해보기
	배움 쌓기	1. 내가 좋아하는 시 2편 고르기 　조건) 재미, 공감, 나의 경험과 연계 2. 시 적어 보기 3. 시 그림 그리기 4. 그 시를 고른 이유에 대해 적어 보기 　조건) 가. 자신의 경험을 중심으로 구체적이고 생생하게 서술할 것 　　　　나. 이 시가 왜 자신의 삶과 맞닿아 있는지 설명할 수 있을 것
	성장 하기	내가 좋아하는 시에 대해 그림을 그리고 낭송한 후, 그 이유를 발표하기

3-3단계: 무엇을 어떻게 평가하고 기록할 것인가?

평가와 기록을 미리 설계해보는 부분이다. 성취기준을 재구성한 것을 평가하는 것은 당연한 원칙이다. 기록은 대체로 다음과 같은 사항을 관찰하여 누가 기록함을 원칙으로 한다.

- ·무엇에 호기심을 가지는가? / 무엇에 지속적인 관심을 가지는가?
- ·무엇을 탐구하였는가? / 무엇을 발표하였는가?

· 무엇을 표현하였는가? / 다음에 무엇을 하였는가?

· 어떻게 협력하였는가?

실질적인 기록은 다음과 같이 질문의 형태로 설계하는 것이 좋다.

· 탐구하는 주제가 무엇인가?

· 어떻게 탐구하였는가?

· 무엇을 어떻게 표현하였는가?

· 탐구하는 도구를 무엇을 사용하였는가?

· 태도는 어떠하고, 배우고 느낀 점은 무엇인가?

	평가 항목	평가내용	상(잘함, 5점)	중(보통, 4점)	하(못함, 3점)
수행 평가	3. 문학을 통한 자아의 성찰	나의 삶(경험)과 만나는 시 골라보고 이유쓰기	윤동주의 시를 읽고, 나의 삶(경험)을 구체적으로 연결하여, 근거를 들어 자아를 성찰하는 설명을 할 수 있다.	윤동주의 시를 읽고, 나의 삶(경험)과 만나는 지점을 찾아 자아를 성찰하고 설명할 수 있다.	윤동주의 시를 읽고, 나의 삶(경험)과 만나는 지점을 찾을 수 있으나, 자아를 성찰하여 설명하는 데 어려움이 있다.
지필 평가	논술	윤동주의 시 중 자신의 경험과 유사한 시에 대해 논술하기			
기록하기 (말 평가 하기)	1. 어떤 시를 선택하였는가? 2. 그 시에서 무엇을 공감하였는가? 3. 그 시와 자신의 경험이 어떻게 만나는가? 4. 시와의 만남을 어떻게 써서 발표하였는가? 4. 배우고 느낀 점이 무엇인가?				

기록 시 주관적으로 역량을 평가하기는 쉽지 않다. 대체로 탐구력, 자기주도성, 지적 호기심, 창의성, 정보활용능력, 협력, 배려, 감상능력, 비판력, 공감력, 대인관계 능력, 표현력, 발표능력, 말하고 듣고 쓰고 읽는 능력 등 다양한 인지적 정서적 요소를 측정하고 평가할 수 있을 것으로 보인다.

4단계: 수행평가를 추가로 설계해보기

충분한 시간이 주어진다면, 이 부분을 별도로 실습해 보는 것도 의미가 있다. 기본적으로 백워드 교육과정의 루브릭 구조를 사용하였으며, 상·중·하의 3단계로 성취수준을 구분할 수 있도록 하였다. 그 예는 다음과 같다.

성취 기준		[12 문학 02–02]작품을 작가, 사회 문화적 배경, 상호텍스트성 등 다양한 맥락에서 이해하고 감상한다. [12 문학 02–04], [12 문학 04–01] 문학작품을 공감적 비판적 창의적으로 읽고, 경험을 통해 자신의 삶을 성찰한다. 문학작품을 공감적 비판적 창의적으로 읽고, 관계 통해 타인의 삶을 이해한다. [12 문학 02–05] 작품을 읽고 다양한 시각에서 재구성하거나 주체적인 관점에서 창작한다.			
평가 영역	평가 성취 기준	평가 주제	상(5)	중(4)	하(3)
문학에 대한 탐구 (총 5점)	1. 맥락적 이해와 감상 1	내가 아는 동주의 세계 말해보기	윤동주의 시를 읽고, 다양한 맥락에서 비판적으로 발표할 수 있다.	윤동주의 시를 읽고, 맥락적으로 이해하고 발표할 수 있다.	윤동주의 시를 읽고, 맥락적으로 발표하는 데 어려움이 있다.

	2. 맥락적 이해와 감상 2	영화 동주 를 통해 동주 알아 보기	영화 동주를 통해, 작가, 사회문화적 배 경을 다양하고 비판 적으로 발표할 수 있다.	영화 동주를 통해, 작가나 사회문화적 배경에 대해 발표할 수 있다.	영화 동주를 보고, 작가나 사회문화적 배경에 대해 이해하 기 어려워한다.
문학 에 대한 탐구 (총 5점)	3. 경험을 통한 자신의 삶 성찰	나의 삶 (경험)과 만나는 시 골라 보고 이유쓰기	윤동주의 시를 읽 고, 나의 삶(경험)과 만나는 지점을 찾고 자아를 잘 성찰하고, 그 이유를 설명할 수 있다.	윤동주의 시를 읽 고, 나의 삶(경험)과 만나는 지점을 찾아 자아를 성찰할 수 있다.	윤동주의 시를 읽 고, 나의 삶(경험)과 만나는 지점을 찾을 수 있으나, 자아를 성찰하는 데 어려움 이 있다.
	4. 관계를 통한 타인의 삶 이해	사랑하는 너와의 관 계와 만나 는 시 골 라보고 이 유쓰기	윤동주의 시를 읽고, 나와 가까운 사람과 의 관계 및 경험을 떠올리고, 그 이유를 설명하고 시편지를 써서 전달할 수 있 다.	윤동주의 시를 읽고, 나와 가까운 사람과 의 관계 및 경험을 떠올릴 수 있고 시 편지를 써서 전달할 수 있다.	윤동주의 시를 읽고, 나와 가까운 사람과 의 관계 및 경험을 떠올리는데 어려움 이 있다.
	누적 점수 19∼20점은 A(5점), 17∼18점은 B(4점), 16∼15점은 C(3점), 기타 2점, 미응 시자 1점				
문학 에 대한 표현 (총 5점)	1. 작품의 재구성 1	우리 반만 의 시낭송 회	나만의 시를 각자 암송하고, 이를 반 전체의 시나리오를 작성하여 연습한 후, 창의적이고 협력적 으로 실연할 수 있 다.	나만의 시를 각자 암송하고, 이를 반 전체의 시나리오를 작성하여 연습한 후, 실연할 수 있다.	나만의 시를 각자 암송하고, 이를 반 전체의 시나리오를 작성하여 연습하고 실연하는 데 어려움 이 있다.
	2. 작품의 창작	동주의 시 를 바탕으 로 창작하 기	나만의 시를 이용하 여, 자신의 삶에 대 하여 다양한 장르로 창작하여 발표할 수 있다.	나만의 시를 이용하 여, 자신의 삶에 대 하여 창작하여 발표 할 수 있다.	나만의 시를 이용하 여, 자신의 삶에 대 하여 다양한 장르로 창작하여 발표하는 데 어려움이 있다.
	3. 작품의 재구성 2	윤동주 시 주제탐구	우리만의 시를 이 용하여, 근거를 들 어 시의 주제 및 정 서 등을 창의적으로 탐구하여 보고서로 작성하고 발표할 수 있다.	우리만의 시를 이용 하여, 시의 주제 및 정서 등을 탐구하여 보고서로 작성하여 발표할 수 있다.	우리만의 시를 이용 하여, 시의 주제 및 정서 등을 탐구하여 보고서로 작성하고 발표하는 데 어려움 이 있다.
	누적 점수 15점 이상은 A(5점), 13∼14 점은 B(4점), 11∼12점은 C(3점), 기타 2점, 미응 시자 1점				

1-1단계: 교과의 정체성을 확인하고 재진술하기

단계	내용
교육과정상의 목표 확인하기	
내가 생각하는 목표로 재진술하기	나는 ＿＿ 과목의 교사이다. 　＿＿ 과목수업은
좋은 수업의 의미 (3가지)	
내가 하고 싶은 수업의 의미 (3가지)	
내가 지금하고 있는 수업의 의미 (3가지)	

1-2단계. 정체성 + 긍정성

생각이 깊음	실천적임	부끄러움	끈기있음
조용함	솔직함	주장이 강함	당황을 잘함
습관적임	변화를 좋아함	침착하지 못함	규칙을 지킴
상상력이 풍부	충고를 잘들음	감정이 예민함	쾌활함
적극적임	도전적임	충동적임	잘 참음
소극적임	경쟁을 즐김	긍정적임	남을 배려함
부드러움	낙천적임	흥분을 잘함	덤벙거림
창의적임	혼자있기 좋아함	기분이 앞섬	감동을 잘함

연결한 단어를 바탕으로 자신을 표현해보기

나는

사람이다.

어떤 성향의 교사인지 표현해보기

나는 학생들에게

교사이다.

2단계. 한 학기 공부할 성취기준을 재구성하기

순서	기본 성취기준		성취기준 재구성 (무엇을 배울 것인가?)	학습경험 (어떻게 배울 것인가?)	평가 (무엇을 어떻게 평가할 것인가?		선택 제재, 단원 등
	번호	성취기준					
1					상		
					중		
					하		
2					상		
					중		
					하		
3					상		
					중		
					하		
4					상		
					중		
					하		
5					상		
					중		
					하		

3단계. 재구성한 성취기준을 가지고 일체화 설계하기

1단계: 무엇을 배우는가?		
재구성한 성취기준 써 보기	번호	
학습요소 만들기	지식(~을 안다)	기능 · 태도(~을 할 수 있다)
핵심질문 만들기		
2단계: 어떻게 배우는가?(차시별 또는 영역별)		
학습경험 만들기		
3단계: 무엇을 어떻게 평가하고, 기록할 것인가?		
평가하기	수행평가	지필평가
기록하기 (말평가 하기)		

4단계. 수행평가 계획만 추가로 세우기(선택)

		루브릭			
평가 영역	평가주제	관련 성취기준	상(3)	중(2)	하(1)

일체화 동아리 이야기

- 최미현, 수원여자고등학교

2017년 6월 16일 금요일 저녁 7시, 안산의 부곡고등학교 도서관에 40여 명이 넘는 교사가 모였다. 부곡고 김명환 교장 선생님께서 인사말씀을 하신다.

"저는 정말 이해가 안 됩니다. 지금 이 시간이면 고속도로나 휴양지에 계셔야 할 선생님들께서 왜 여기에 오셨을까? 공부하겠다고 이렇게 모였다고 들었는데요, 정말 그 열정이 부럽기도 하고 멋지십니다."

그랬다. 어느 직장인이나 그러하겠지만, 금요일 오후가 되면 주말의 휴식이나 여행 등을 생각하며 마음이 가벼워지거나 들뜨거나 하는 것이 일반적이다. 그런데 업무의 연장일 수 있는 수업에 대한 이야기를 나눈다? 교육청에서 활동 지원금이 나오지도 않고, 승진에 도움이 될 만한 가산점도 없다. 하다못해 한 달에 만 원씩 활동경비를 내기까지 한다. 도대체, 왜 이곳에 경기도 각지에서 선생님들이 모인 것일까?

일체화 동아리는 2015년 6월 한 장의 공문으로 시작되었다. 한창 바뻔 시기, 그냥 제목만 보고 열어보지도 않은 선생님이 많았을 것이다. '교육과정-수업-평가의 일체화로 학교 문화 바꾸기'라는 긴 제목으로 동아리 회원을 모집한다는 공문이었다. 어떤 자격 조건도 없이 교육과정을 재구성했던 자신의 경험을 포함하여 A4 두 장으로 자기소개서를 제출하라는 것이 전부였다. 무엇에 홀린 듯 공문을 열어본 선생님도 있었고, 일체화가 뭔지 궁금해서, 학교 문화 바꾸기라는 문구가 마음에 들어서, 담당 장학사님께 질문을 하다가, 누군가가 등 떠밀어서 등등 동아리에 가입한 선생님들의 사연은 다양했다.

7월 첫 모임, 지금은 사라진 수원의 한 중국집에서 선생님들이 모였다. 어색한 첫 모임, 고등학교 교사라는 한 가지 공통점으로 선생님들은 수업으로 대화를 이어나간다. 인사를 나누다 보니 어떤 분은 수석교사, 어떤 분은 입학사정관, 그리고 동아리를 조직하신 장학사였다. 조용히 불편한 밥을 먹으며 분위기를 파악해본다. 도대체 무엇을 하는 동아리일까? 왜 우리는 입학사정관과 만나고 있는 것일까? 무슨 상관이 있는 것일까? 자연스러운 대화 속에서 입학사정관(강남대학교 김현승)께서는 여러 선생님의 성토를 받기도 한다. 이유인즉슨, 선생님들의 근무 학교 학생들의 입시 결과에 대해 이해하기 어려웠다는 점이었고, 그러한 여러 선생님의 반응에 입학사정관은 진땀을 뺐다. '입시'라는 무거운 주제에 대하여 고등학교와 대학교 사이의 불신과 괴리감은 여전하기만 하다.

얼마 후, 강남대학교 자문위원으로 위촉되었다고 위촉장 수여식에 참석해달라는 연락을 받았다. 나는 입시도 잘 모르는데, 도대체 이 동아리의 회원이 뭐라고 이렇게 대학교에 왔다 갔다 해야 하는 것일까?

일단 참석한 위촉장 수여식 자리에서 어색하고 민망하게 앉아 있던 중, 지난번 모임에서 뵌 것이 기억나는 한 분(고민성 선생님)과 인사를 나누고 대화를 나누었다.

"선생님, 혹시 이 동아리는 무엇을 하는 동아리인지 아시나요?"

"글쎄요, 저도 잘 모르겠습니다."

"우린 여기에 왜 앉아있는 걸까요?"

"그러게요, 저도 잘 모르겠네요."

그렇게 우리는 위촉장을 받으며 알 수 없는 궁금점만 가득한 채로 곧바로 8월부터 강남대학교에서 진행하는 〈대학-고교 연계 교과담당교사 대상 연수〉에 참여하게 되었다.

강남대에서 준비한 교사 연수는 꽤 알차게 구성되어 있었다. 다양한 분야의 강사들로 채워져 있었고, 그분들의 수업을 어떻게 내 수업에서 구현할지 고민할 수 있었다. 실제로 동아리 선생님들은 2학기부터 연수 내용을 수업에 적용하기 위해 노력하기 시작했고, 계속되는 동아리 모임에서 우리는 자신의 수업 이야기를 늘어놓기도 하고, 다른 선생님의 수업 이야기에 고개 끄덕이며 공감하기도 했다.

10월, 나이 고하를 철저하게 따져 최고령의 나루고 이명섭 수석교사가 회장직을, 가장 젊은 양평고 정윤리 선생님이 총무직을 맡는 것으로 조직이 정비되었다. 밴드도 개설하고 동아리 회원을 모두 초대했지만, 여전히 서먹함이 많아서인지 밴드가 쉽게 활성화되지 않았고 모일 때마다 참석자가 바뀐 적도 많아 사람이 많지 않음에도 결집력이 강하지 않던 시기였다.

그러던 동아리의 결집력이 확 강해졌던 것은, 강남대학교에서 겨울

방학에 개설하기로 한, 두 번째 교과담당교사 연수를 준비하는 과정을 겪으면서다. 여러 차례 어떤 연수가 필요한지에 대해 의견을 모아 전달하고, 그 연수의 마지막 시간은 일체화를 위해 노력한 우리의 이야기를 담아 교과별로 분반하여 같은 교과 선생님들과 나누는 시간을 가지는 것으로 결정되었다. 발표자를 선정하는 것이 쉽지만은 않았으나 누군가는 해야만 했기에 처음으로 자신의 수업에 대해 발표하는 선생님도 계셨고, 이미 여러 차례 이런 기회가 있어 조금은 여유가 있는 선생님도 계셨다.

그리고 그 고민을 사전에 나눠보기 위해 발표자 선생님들이 모인 2016년 1월 19일 강남대학교의 열 명 남짓 겨우 들어갈 수 있는 작은 회의실. 그 자리의 4시간 넘는 수업에 대한 이야기는 그야말로 감동의 순간이었다. 사실, 다른 연수도 많이 들어봤지만 동교과가 아니면 나와 상관없는 이야기라고 생각하는 경우도 많았고, 내 교과에는 쉽게 적용할 수 없을 것이라고 생각하는 경우가 많았다. 그런데 그냥 마음을 터놓고 나누어 왜 수업을 고민했는지, 어떤 수업을 하고 싶었는지, 어떻게 도전해보았는지에 대한 경험은 교과와 상관없이 마음에 와닿기 시작했다. 서로의 고민과 도전, 노력에 진심으로 공감하면서 오히려 다른 교과에 대한 이해의 폭을 넓힐 수 있는 매우 소중한 시간이었다. 그 긴장감 넘치던 발표가 끝난 뒤풀이에서, 드디어 우리는 생년을 공개하며 서열을 정리했다. 그리고 총무 역할의 어려움을 호소하던 정윤리 선생님의 제안으로 두 명의 서기를 철저하게 나이와 성별을 고려하여 고민성 선생님과 내가 맡게 되었다.

그렇게 동아리의 결집력이 생겨나면서, 동아리 선생님들은 여기저기

불려 다니기 시작했다. 일체화 혹은 수업 개선 등과 관련된 연수에 강의를 하러 가기도 하고, 특히 2016학년도 신설학교 맞춤장학도 도맡게 되었다. 가장 중심이 되어야 하는 내가 근무하는 학교, 나와 함께 수업하는 학생들에 대한 고민이 여전한 채로, 내가 하는 수업 혹은 평가가 정답이 아닌데 이렇게 이야기를 해도 되는 것인지에 대한 의문을 가진 채로, 그렇게 솔직하게 여러 선생님을 만나 뵙고 다녔다.

동아리 내부로도 무엇을 해야 할지에 대해 고민을 하고 조금씩 틀이 정해지기 시작했다. 일단 〈미즈내일〉 교단일기 지면을 확보하여 우리 이야기를 담아보는 것에 도전했고, 에듀니티와 연결하여 책으로 담아내고자 하는 이야기도 이때(무려 2016년 3월부터!) 시작되었다. 한 달에 한 번 모여 수업 사례를 나누고 그에 대한 깊이 있는 이야기를 나누게 된 것도 2016년부터였다.

그 외에도 7월, 엄청난 규모의 선생님들이 모인 경기대에서 진행된 '학생부 기록 나눔 한마당'에서 이명섭, 고민성, 연현정 선생님은 수업 사례를 통해 참가한 선생님들의 탄성과 감동을 자아냈다. 다음 해 1월에는 단국대(죽전)에서 고은정 선생님의 사례가 발표되었고, 분반으로 진행된 2부에서는 전보다 더 많은 동아리 선생님이 입학사정관을 포함한 여러 선생님과 일체화 실천에 대한 이야기를 나누는 시간을 가지기도 했다. 또한 고교-대학 연계 연구를 진행하여 김덕년 장학사, 이명섭 수석, 강민서, 김학미, 연현정, 정윤리 선생님께서 〈학생부 종합전형 도입 이후 '교육과정-수업-평가-기록 일체화' 운영실태 분석〉이라는 논문을 작성하고 발표하며 고교와 대학의 연계를 통해 학생부종합전형의 공정성과 신뢰성 확보라는 측면의 필요성을 강조하기도 했다.

2017년으로 넘어가면서 동아리 내에서는 조용하지만 중요한 논쟁이 있었다. 우리 동아리가 어떤 조직이 되어야 할까에 대한 것이었다. 경기도교육청 소속의 연구회로 자리매김하는 것이 어떻겠냐는 의견도 있었고, 새로운 회원모집에 대한 의견도 분분했다. 결국, 교육청 소속의 연구회가 되면 지원을 받고 그에 상응하는 결과물을 제출해야 하는 점과 지정된 활동에 묶여 자유롭지 못할 수 있다는 점을 근거로 삼아 연구회보다는 교사들의 자발적인 모임이라는 정체성을 유지하기로 했다. 2017년에도 동아리가 언제나 열려 있는 공간으로 확장해나가자는 의미로 다음 카페도 개설하고 회원가입의 조건을 전제하지 않기로 했다.

2017년이 되면서 부곡고 강민서 선생님(회장직)을 필두로 하여 2기 집행부가 꾸려지고, 1기를 이끈 이명섭 수석님과 정윤리 선생님은 대외협력팀이라는 이름으로 활동을 이어가기로 했다. 여전히 학교나 지역 교육청별로 강의 요청이 있을 때 저 멀리 제주도까지 달려가기도 하고, 새로 영입된 여러 능력 있는 선생님과 함께 6월에 '수업에 물들다 – 일체화 과목별 사례와 실습' 연수를 진행하기도 했고, 교원대와 연계하여 일체화 관련 연수를 진행하기 위해 준비하고 있기도 하다.

동시에 진행된 〈미즈내일〉의 교단일기도 2016년에는 우리 이야기를 간단하게 담았지만, 2017년에는 수업과 기록 사례 나눔이라는 선명한 주제로 사례를 담아내기 시작했다. 투박한 학교 현장의 글이 미즈내일 편집팀의 수고로움 덕분에 멋진 제목을 달고 지면을 채워나가기 시작했다.

함은희)

학생들과 함께 만들어간 수업 변화의 기록 (부곡고등학교 강민서)

교사와 학생이 함께 만들어간 우리의 수업 (수원여자고등학교 김형근)

솔직하게 말하면, 동아리 활동에 지속적으로 참여하는 것에 대해 모든 선생님이 쉽다고 여기지는 않았을 것이다. 이렇게 수업을 꾸려나가고 새로운 시도를 해나가는 것 하나만으로도 많은 에너지를 쏟아내고 있는데, 학교에서 맡은 업무 혹은 담임까지 해가며 외부 활동을 해 나가는 것에 대해 부담감도 컸을 뿐더러 심신의 피로도도 높아져 갔다.

그럼에도 동아리 활동을 지속해나간 이유는 대체 무엇일까? 아마도 같은 길을 걷고 있다는 끈끈한 동지애가 생겼기 때문일 것이다. 수업과 평가를 조금 다르게 시도해보고 기록을 위해 관찰하는 과정에서 서로에게 조언을 구하고 자료도 흔쾌히 나눠주는 모습, 학교 현장에서 동료 교사나 관리자, 학생들과의 갈등에 대해 호소하고 그 힘든 마음을 공감받고 이해받는 모습, 무엇보다도 내가 하고 있는 노력에 대한 무한한 인정과 지지의 따뜻한 말들 때문이 아닐까 생각한다.

조금 더 솔직하게 말하자면, 일체화에 대해서 알게 되고 그 의미에 공감하게 되었다고 해서 한순간에 수업과 평가를 바꾸기는 쉽지 않을 것이다. 지역과 학교 상황에 따라 다르겠지만, 여전히 40명이 넘는 학생이 있는 교실에서 학생 개개인을 관찰하는 것이 과연 쉬운 일일까? 업무가 더 급하다면서 수업하고 있는 교실 문을 두드려 업무 처리부터

하고 수업을 하라는 학교 분위기에서 과연 교사가 수업에 집중할 수 있을까? 하루에도 몇 번씩 학급 아이들이 교칙을 어겨 쉬는 시간마다 생활인권부(예전 '학생부'라 지칭하던)를 오락가락하고 학부모의 민원 전화가 끊임없이 걸려온다면 수업에 들어가서 웃음 지을 기력이라도 남아 있을까?

그럼에도 불구하고 '나의 교과수업을 통해 학생들의 의미 있는 성장을 이끌어내고 싶다'는 간절한 교사들의 마음이 모여 일체화 동아리는 유지되고 있다. 현란한 수업 기술, 누구나 탄성을 자아낼 결과물에 박수치기보다는, 작은 변화에 함께 기뻐하고, 작은 고민에 위로와 공감을 나누고 해결방안을 함께 찾아보기 위해 노력하는 모습이 일체화 동아리의 진정한 힘이라고 생각한다. 수업의 본질에 대한 순수한 고민으로 시작된 일체화에 대한 논의가 전국적으로 확산되면서 부디 그 뜻이 왜곡되지 않길 바란다. 또한, 우리의 움직임이 작은 꽃씨가 되어 수업을 중심에 두는 학교를 만들어가고, 교사 간 수업에 대한 장벽을 허무는 계기가 되고, 교사와 학생이 함께 성장하는 수업을 만들어가며 함께 행복한 학교 문화를 만들어가기를 기대해본다.

책읽기 좋은 봄, 여름, 가을, 겨울
교과 정규수업시간에 책 읽는 선생님들의 독서교육 이야기

교사가 지치지 않는 독서교육

다양한 교과 수업 적용 사례, 학급과 동아리 독서교육 지도법, 교사공부모임에서 하는 독서,
가정에서 하는 자녀 독서교육 지도법까지 모두 다룹니다.

독서교육의 기본

01. "독서교육, 이렇게 하면 될 줄 알았는데!"
02. "내가 고른책, 왜 인기가 없었지?"
03. "같은 책을 읽었는데, 왜 다르지!"
04. "독서감상문, 진짜 너희들의 감상이 궁금해."
05. "무엇이 문제인가! 누구의 문제인가!"

독서교육의 여러 방법

06. [재미] 시집으로 하는 독서교육
07. [쉬움] 네 시간 독서토론
08. [기본]지적 단련을 위한 서평쓰기
09. [소통]책 대화하기
10. [만남] 책 읽고 인터뷰 하기
11. [탐구]주제 보고서 쓰기

교과 독서교육 시작하기

12. 교과 독서교육 들여다보기
13. 교과 독서교육 들여다보기
14. 국어교사 김진영, 책읽기 수업
15. 체육교사 김재광, 책읽기 수업
16. 윤리교사 김현주, 책읽기 수업
17. 역사교사 정태윤, 책읽기 수업
18. 역사교사 우현주, 책읽기 수업
19. 특성화고 사회교사 허진만, 책읽기 수업
20. 특목고 국어교사 남승림, 책읽기 수업
21. 국어교사 구본희,
　　자유학기제를 활용한 책읽기 수업
22. 제자들이 기억하는 그 시절,
　　송승훈 선생님의 책읽기 수업

독서교육의 확장

23. 지치지 않는 교과 독서교육을
　　함께 만들다!
24. 지치지 않는 교과 독서교육을
　　함께 만들다!
25. 동아리와 공부모임에서 책읽기
26. 담임교사가 하는 독서교육
27. 독서로 하는 학교폭력 예방수업
28. 자녀 독서교육에 대한 궁금증 해소
29. 실적이 필요할 때 쓰는 방법과
　　학교 예산 활용법
30. 학교에서 독서교육을 하는 의미

강의 송승훈

함께한 선생님 구본희, 김진영, 김재광,
김현주, 남승림, 우현주, 정태윤, 허진만

생활지도의 새로운 패러다임

회복적 정의와 비폭력대화를 기반으로 한
회복적 생활교육

학교 내 폭력과 다양한 갈등에 대해 평화적으로 대처할 수 있는 교사 역량을 강화하고자
기존의 권위적, 처벌적인 생활지도에서 벗어난 회복적 생활교육의 패러다임의 확산을 다루려고 합니다.

모듈 I. 회복적 생활교육

01. 왜 회복적 생활교육인가

02. 회복적 생활교육이란

03. 정의 패러다임

04. 무엇을 회복할 것인가

05. 회복적 정의의 뿌리와 역사

06. 회복적 정의 적용사례

07. 회복적 도시를 디자인하라

모듈 II. 회복적 실천_비폭력대화

08. 비폭력대화란

09. 관찰

10. 느낌과 욕구(Need)

11. 부탁

12. NVC 모델로 자기표현하기

13. 공감으로 듣기 1

14. 공감으로 듣기 2

15. 분노 1

16. 분노 2

17. 감사

모듈 II. 회복적 실천_회복적 서클

18. 갈등에 대한 이해

19. 회복적 서클이란

20. 회복적 서클의 과정과 시작

21. 사전 서클

22. 진행자의 사전 서클

23. 본 서클

24. 대화 지원

25. 사후 서클

26. 서클 진행자의 역할과 시스템 구축

모듈 II. 회복적 실천_평화로운 학급 공동체 만들기

27. 공유된 목적과 약속 세우기

28. 서클을 활용한 체크인, 체크아웃

29. 배움과 성장을 위한 Feedback과 성찰

모듈 III. 교사역할과 앞으로의 과제

30. 교사 역할론과 회복적 생활교육의 과제

(사)좋은교사운동, 한국평화교육훈련원(KOPI),
한국비폭력대화센터(NVC센터)와 함께 만들었습니다.

강의 박숙영, 이재영, 캐서린 한